Ein Handbuch zur historischen Verzierung,

das sich mit der Entwicklung, Tradition und Entwicklung der Architektur und anderer angewandter Künste befasst. Vorbereitet für den Einsatz durch Studenten und Handwerker

Richard Glazier

Writat

Diese Ausgabe erschien im Jahr 2023

ISBN: 9789359254180

Herausgegeben von
Writat
E-Mail: info@writat.com

Inhalt

Vorwort.

DIESES Handbuch wurde mit dem dreifachen Ziel erstellt, grundlegende Kenntnisse über Architektur und historische Ornamente zu vermitteln, ein empfängliches und mitfühlendes Gefühl für die vielen schönen und interessanten Überreste der antiken und mittelalterlichen Zivilisation zu wecken und schließlich die Aufmerksamkeit zu lenken Studenten und Handwerker werden von der Schönheit, Eindringlichkeit und Vitalität der industriellen Künste der Vergangenheit und ihrer engen Verbindung zum sozialen und religiösen Leben der Menschen beeindruckt.

Die Vorteile, die Studenten und Handwerker aus einem solchen Studium ziehen können, sind vielfältig, denn durch ein sorgfältiges Studium dieser Künste können wir die Fähigkeiten und Grenzen des Materials, die Angemessenheit und Anwendung von Ornamenten, die Kontinuität von Linie und Form erkennen – doch mit einer deutlichen Vielfalt an Bereicherung und Behandlung – dem Interesse und der Bedeutung von Details und den Bräuchen, Mythen und Traditionen der Vergangenheit mit ihrer Kontinuität in Gedanken und Ausdruck.

Die Illustrationen, die ausdrücklich für diese Arbeit ausgewählt wurden, sind typische Beispiele für jede Epoche oder jeden Stil und werden in Übereinstimmung mit der Methode erstellt, die den Anforderungen der Schüler am besten entspricht, indem sie Definition, Betonung und die konstruktiven Qualitäten von Design und nicht von Bildhaftigkeit vermitteln Wirkung.

Im Anhang finden Sie eine Liste von Lehrbüchern und Nachschlagewerken, die von Studierenden, die weitere Informationen zu diesem wichtigen Thema wünschen, mit großem Nutzen studiert werden können.

RICHARD GLASIER.

MANCHESTER
1899.

ORNAMENT VON OZEANIEN. Platte 1.

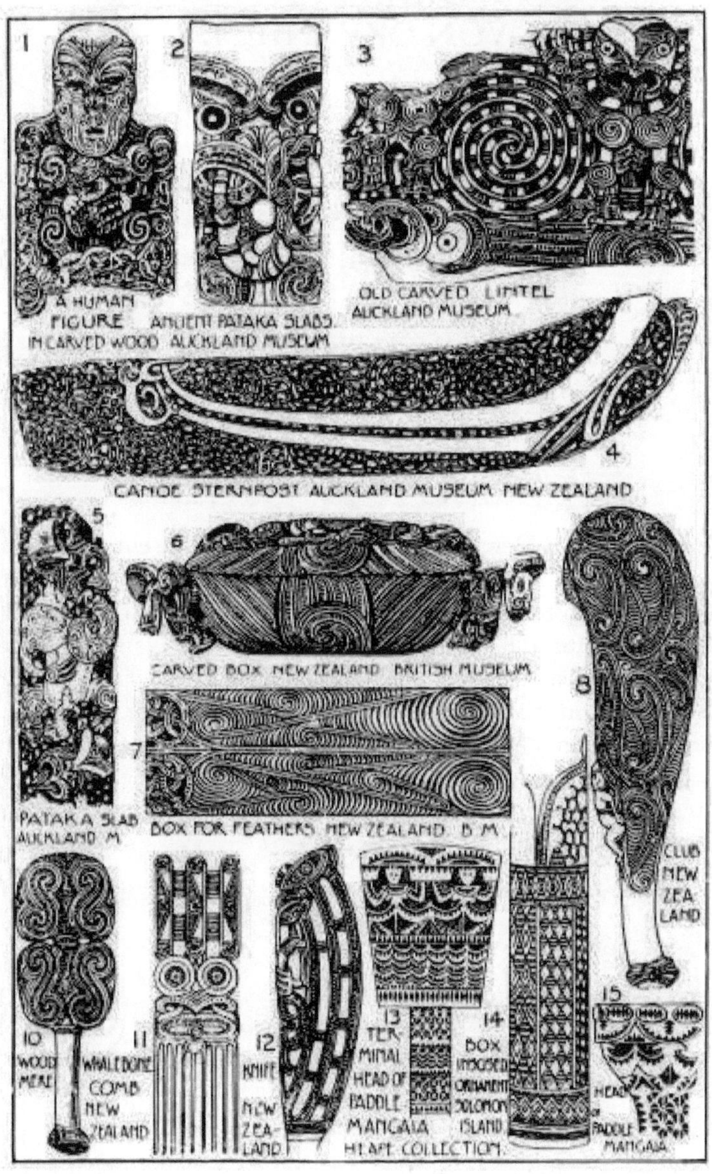

ORNAMENT
VON OZEANIEN.

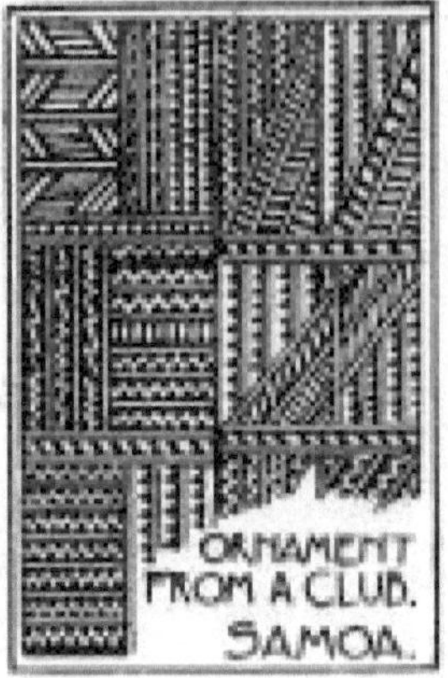

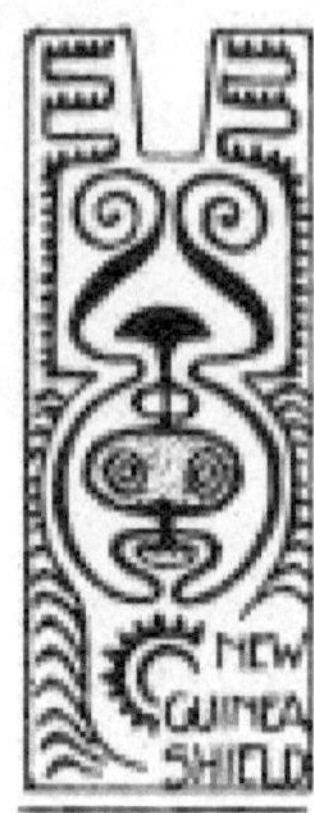

Die Ornamentik der Menschen auf den pazifischen Inseln ist von großem Interesse und zeichnet sich durch die Entwicklung und Perfektionierung eines ornamentalen Stils durch ein primitives Volk mit rein lokalen Mythen und Traditionen aus, die in keiner Weise von anderen Nationen beeinflusst wurden. Es handelt sich um einen Ornamentstil voller Bedeutung und Symbolik, der dennoch einfach in Details und Anordnung ist und nicht auf der wunderschönen Vegetation und Flora ihrer Inseln basiert, sondern auf abstrakten Formen, die von der menschlichen Figur abgeleitet sind und mit einer angenehmen geometrischen Präzision angeordnet sind, die für a bemerkenswert ist primitive Menschen.

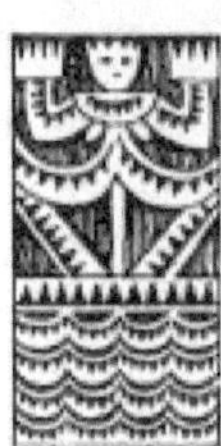
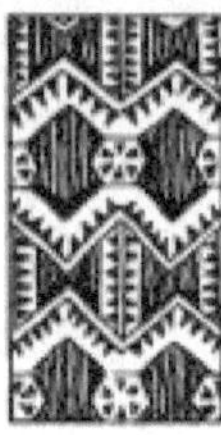
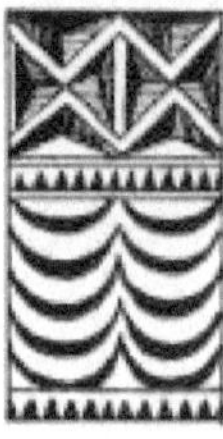

Die Zierkunst dieser Völker lässt sich grob in Provinzen einteilen, jede mit ihren eigenen Ziermerkmalen und Traditionen, wobei Neuseeland die höchste Entwicklung und Australien die niedrigste in der Ornamentik Polynesiens und Melanesiens aufweist.

Ein Großteil des Ornaments ist rein linear und besteht aus parallelen und Zick-Zack-Linien; die von Australien besteht fast ausschließlich aus diesen in den Boden eingeschnittenen und gelegentlich mit Farbe ausgefüllten Linien . In Neuguinea wird eine höhere Entwicklung erreicht, wobei das

Ornament aus geraden und geschwungenen Linien in flachem Relief
geschnitzt wird. In der Provinz Tonga-Samoa ist die Fläche in kleine Felder
unterteilt und das lineare Ornament verläuft auf jedem Feld in eine andere
Richtung. Die Hervey- und Austral-Inseln zeichnen sich durch
bemerkenswerte Adaptionen der menschlichen weiblichen Figur aus. Die
hier gezeigten Abbildungen zeigen den ursprünglichen Typus und seine
ornamentale Entwicklung. Diese Beispiele bilden zusammen mit dem
kreisförmigen Augenmuster die Elemente der Hervey-Provinz, von der die
Heape- Sammlung viele schöne Beispiele enthält. Auf den Salomonen wird
das lineare Ornament gelegentlich mit einer Einlage aus eckigen
Perlmuttstücken durchsetzt. Die neuseeländische Provinz zeichnet sich
durch ihre kunstvoll durchbrochenen Schnitzereien und die Schönheit ihrer
spiralförmigen Formen aus, die der menschlichen Figur nachempfunden
sind, Abb. 1. 12. und die ständige Verwendung der hier gegebenen Grenze.

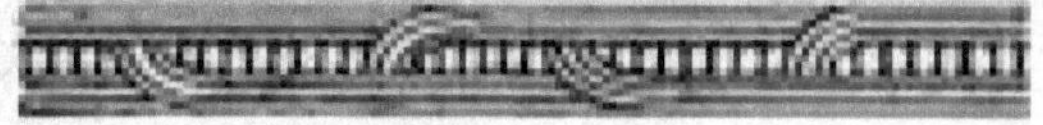

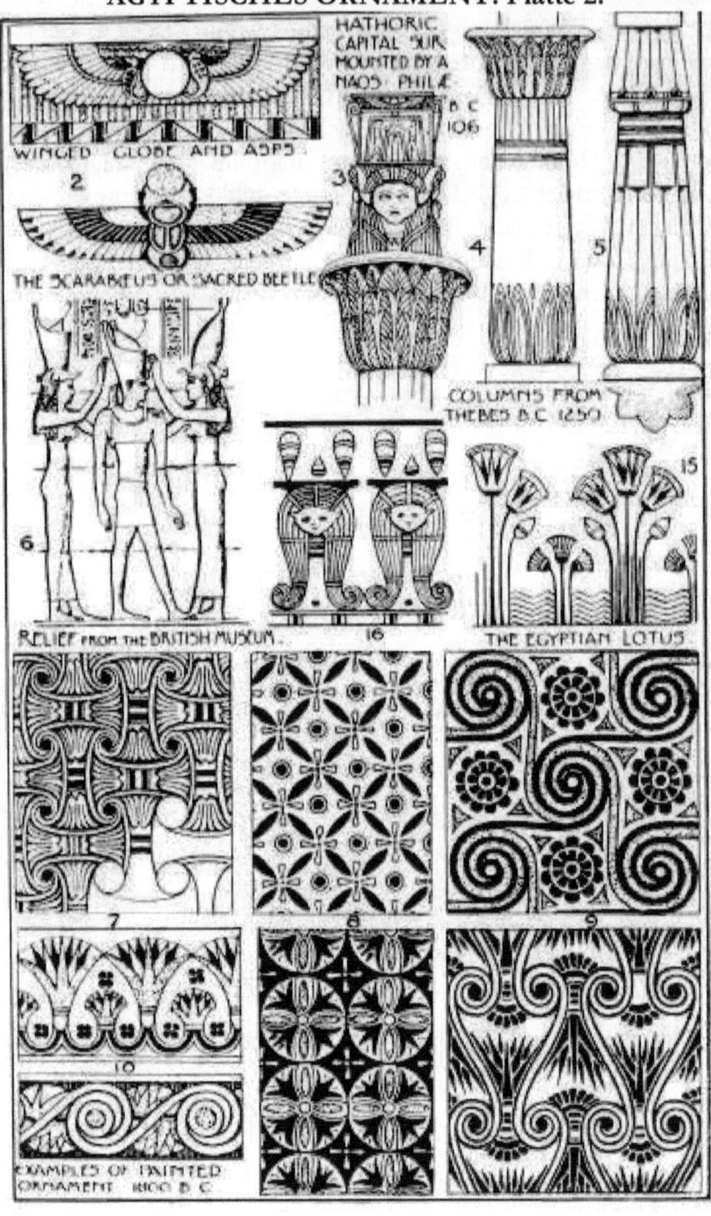
WINGED GLOBE AND ASPS
THE SCARABEUS OR SACRED BEETLE
HATHORIC CAPITAL SURMOUNTED BY A NAOS PHILÆ
B.C 106
COLUMNS FROM THEBES B.C 1250
RELIEF FROM THE BRITISH MUSEUM
THE EGYPTIAN LOTUS
EXAMPLES OF PAINTED ORNAMENT 1100 B.C
2
3
4
5
6
16
15
7
8
9
10

ÄGYPTISCHES
ORNAMENT.

Die Geschichte Ägyptens, die von 4400 v. Chr. bis 340 v. Chr. reicht und in der 30 Dynastien existierten, wird üblicherweise in drei Gruppen eingeteilt: (1) Das Antike Reich, I.-XI. Dynastien, 4400-2466 v. Chr. (2) Das Mittlere Reich, XII.-XIX., 2466-1200; und (3) das Neue Reich, XX.-XXX. Dynastien, 1200-340 v. Chr

Zu den Hauptstädten des Alten Reiches gehörten Memphis und Abydos; des Mittleren Reiches, Theben, Luxor und Tanis; und des Neuen Reiches, Sais und Bubastes . Die bemerkenswerte Zivilisation dieser frühen Dynastien wird durch die vielen schönen Überreste von Architektur, Bildhauerei und dekorativer Kunst bezeugt, die unsere Nationalmuseen bereichern. Die Großen Pyramiden wurden während der vierten Dynastie erbaut, die größte von Kheops , 3733–3700 v. Chr., ist 756 Fuß × 756 Fuß groß und 480 Fuß hoch; die zweite, von Kephren , 3666-3633 v. Chr., ist 707 Fuß × 707 Fuß und 454 Fuß hoch; und die dritte, 333 Fuß × 330 Fuß und 218 Fuß hoch, wurde von Mykerinos , 3633-, errichtet. 3600 v. Chr

Die Sphinx, halb Tier und halb Mensch, ist die älteste bekannte Skulptur und stammt wahrscheinlich aus der 1. und 2. Dynastie. Es ist jedoch einzigartig, dass alle frühesten Skulpturen der 3. und 4. Dynastie, die wir kennen, realistische Porträts waren. bemerkenswert für seine Treue zur Natur. Könige, Königinnen und bedeutende Persönlichkeiten waren fein geschnitzt, oft von kolossaler Größe. Aber die Gottheiten Amen Sckhet , Horus, Hathor, Iris und Osiris wurden in den späteren Dynastien durch kleine Votivstatuetten dargestellt, die eher durch ihre Anzahl als durch ihre künstlerischen Qualitäten auffielen und nie die Exzellenz oder Vitalität der früheren Zeit erreichten. Ein Großteil der architektonischen Bereicherung fand im Cavo Relievo statt, einer besonders ägyptischen Art der Verzierung, bei der die Umrisse der Figuren, Vögel oder Blumen in die Oberfläche des Granits oder Basalts versenkt und dann in diesen vertieften Umriss eingraviert wurden, so dass sie aus dem Boden herausragten oder Bett erhöht, wobei diese Reliefs ausnahmslos rot, blau, grün und gelb bemalt sind. Der Fries, der in den Händen der Griechen zu einem späteren Zeitpunkt zu ihrem Hauptornamentfeld wurde, wurde von den Ägyptern in übereinanderliegenden Bändern verwendet und zeigte in cavo relievo die gewerblichen Künste und Beschäftigungen, Weberei, Glasbläserei usw Herstellung von Töpferwaren; Pflügen, Säen und Ernten, außerdem Jagen und Fischen. Die Komposition und Skulptur dieser Ereignisse war einfach, raffiniert und rein dekorativ, mit einer *Naivität* und Gleichgültigkeit, die den architektonischen Bedingungen so angemessen war. Zu diesen Ereignissen gehörten auch die wunderschönen Hieroglyphen oder Bilderschriften der Ägypter. Feigen. 7-13 sind Beispiele für gemalte Dekorationen, die den spiralförmigen Aufbau von Linien zeigen, zusammen mit der symbolischen Behandlung des Lotus, der von den Ägyptern als Symbol der Fruchtbarkeit und eines neuen Lebens angesehen wurde, weshalb er häufig verwendet wurde in ihrer dekorativen Arbeit. Ein großer Erfindungsreichtum zeigte sich darin, ihre architektonischen Hauptstädte mit dem Lotus, dem Papyrus und der Palme zu bereichern. Ein einzigartiges Merkmal, das während der 18. Dynastie eingeführt wurde, war die Hathor-Hauptstadt, die von einem kleinen Naos überragt wurde. Während der ptolemäischen Zeit, 300 v. Chr., wurde das Hathor-Kapitel auf dem vertikalen glockenförmigen Kapitell platziert (Abb. 3).

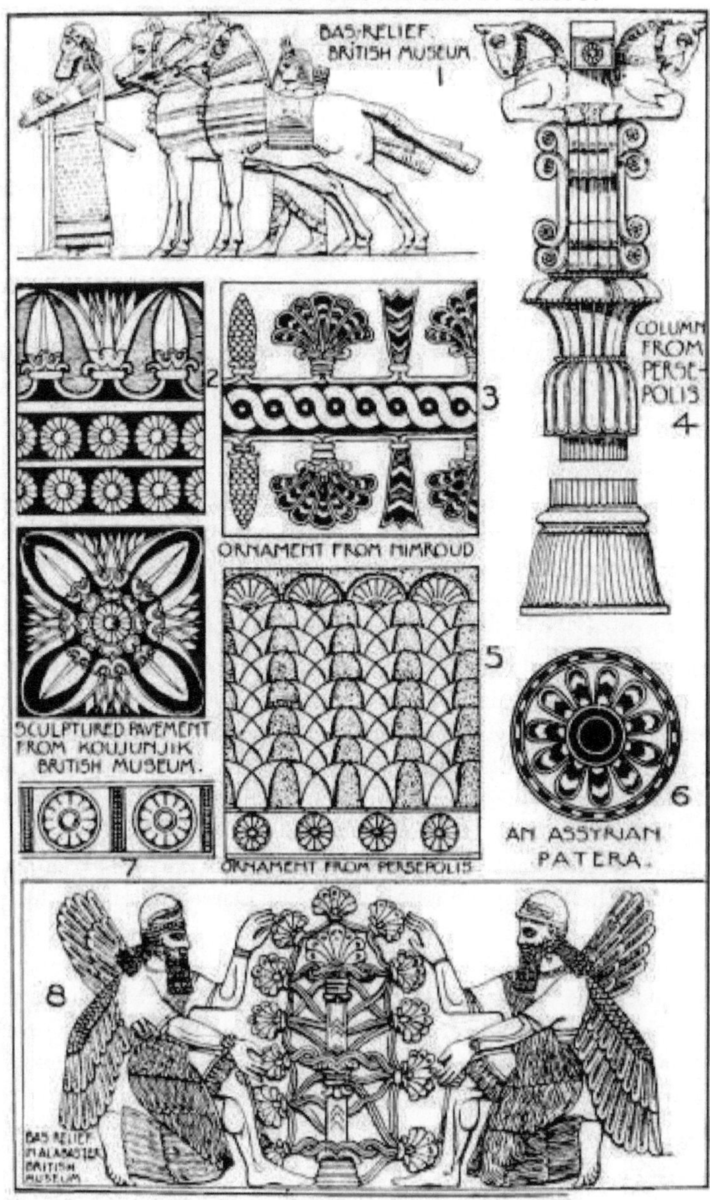

BAS-RELIEF.
BRITISH MUSEUM.
1
COLUMN FROM PERSE-POLIS
4
2
3
ORNAMENT FROM NIMROUD
5
ORNAMENT FROM PERSEPOLIS
6
AN ASSYRIAN PATERA.
7
SCULPTURED PAVEMENT FROM KOUJUNJIK. BRITISH MUSEUM.
8
BAS RELIEF IN ALABASTER BRITISH MUSEUM

ASSYRISCHES ORNAMENT.

Die frühe Geschichte Babyloniens und Assyriens ist eine lange Reihe von Kriegen und Eroberungen. Ursprünglich eine Nation, wurden sie geteilt, und das jüngere Assyrien im Norden wurde zum mächtigsten Reich dieser Zeit unter Tiglath Pileser I., 1100 v. Chr., Ashur- Nasir -pal, 885-60 v. Chr., Salmanassar II., 860 v. Chr. 25, Tiglath-Pileser III., v. Chr. 745–27, der Große Sargon, v. Chr., 722–705, Sanherib, v. Chr. 705–681, Esarhaddon, v. Chr. 681–668, und Ashur-ban-pal, v. Chr. 668–626. Im Jahr 609 v. Chr. wurde die Hauptstadt Ninive von Cyaxares dem Meder zerstört, und Babylon erlangte erneut die Macht unter Nebukadnezar, 604–562 v. Chr.; Diese Stadt wurde 539 v. Chr. von Kyros dem Perser zerstört.

Die assyrische Kunst mit ihren rassischen Einflüssen, religiösen Überzeugungen und klimatischen Bedingungen unterscheidet sich in bemerkenswertem Maße von der ägyptischen Kunst. Obwohl es in Assyrien Stein gibt, wurden die großen Städte aus Ziegeln gebaut, was zweifellos darauf zurückzuführen ist, dass die Künste und die Zivilisation aus Chaldäa kamen, wo Stein knapp und Lehm reichlich vorhanden war. Sowohl in Babylon in Chaldäa als auch in Ninive in Assyrien war der traditionelle Gebäudetyp rechteckig, mit gewölbten Öffnungen und Gewölben, gebaut aus sonnengetrockneten Ziegeln; Der untere Teil der Wand war mit großen Alabasterplatten bedeckt, auf denen in Flachreliefs Szenen dargestellt waren, die den König und seine Krieger bei der Jagd oder im Kampf darstellten (Abb. 1). Der obere Teil der Wand bestand aus emaillierten Ziegeln oder farbigem Stuck mit Details von Lotus und Knospe sowie der Rosette, die oft um die Archivolte herum getragen wurde. Die Darstellung der industriellen Künste und der Landwirtschaft, die auf den ägyptischen Reliefs so bewundernswert dargestellt ist, fehlt in Assyrien völlig. Die emaillierten Ziegel von Chaldäa wurden im Flachrelief mit Emaillen in Türkisblau, Gelb, Weiß und Schwarz von feiner Qualität und Farbe modelliert . Ein prächtiges Beispiel ist der Bogenschützenfries aus dem Palast von Susa. Die emaillierten Ziegel Assyriens waren normalerweise flach oder nur leicht modelliert, und die Emails waren weniger rein. Die Außenwände ähnelten den Innenwänden, hatten jedoch größere Friese und kräftigere Reliefs und zeigten meist religiöse Motive (Abb. 9). Die Portale der Türen waren mit kolossalen, geflügelten und menschenköpfigen Stieren aus Alabaster verziert, die fein in Reliefs geschnitzt waren. Typische Beispiele assyrischer Ornamente sind der Lotus und die Knospe (Abb. 2 und 3), die Patera oder Rosette (Abb. 6 und 7) und das Horn oder der Baum des Lebens (Abb. 8). Die Lotus-Anreicherung zeigt ägyptischen Einfluss und kam erst im 7. Jahrhundert v. Chr. zum Einsatz, als der Verkehr zwischen den beiden Nationen etabliert wurde. Sie unterscheidet sich von der ägyptischen Lotusblume durch ihr kräftiges Wachstum und ihr geschwungenes Profil sowie durch die geometrische Form des Blütenkelchs und der Knospe (Abb. 2).

Das Anthemion oder *Hom* mit seinen abwechselnden Knospen und Tannenzapfen und den starken seitlichen Markierungen ist wunderschön in der Linie und im Massenverhältnis (Abb. 3). Das *Hom* wird häufig als Blume auf dem heiligen Baum verwendet, eine Form der Bereicherung, die viele der späteren persischen und sizilianischen Textilstoffe beeinflusste.

GRIECHISCHE ARCHITEKTUR. Tafel 4.

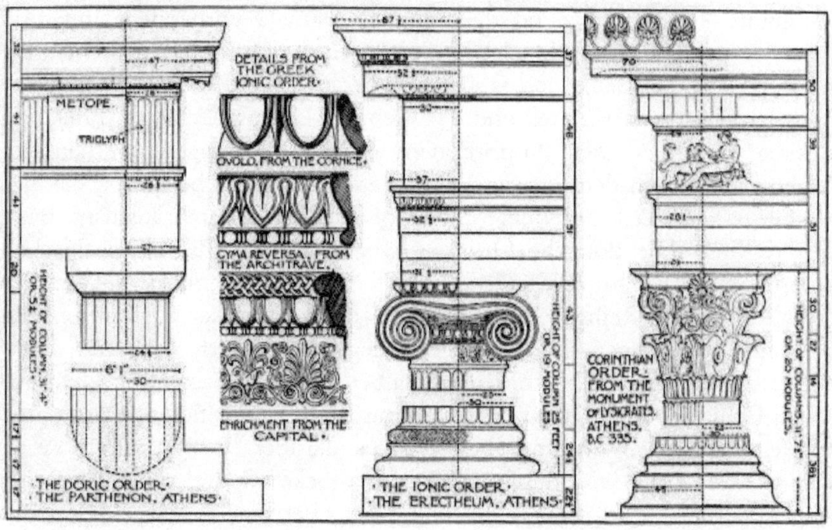

GRIECHISCHE ARCHITEKTUR.

Die klassische oder Säulenarchitektur wird in den griechischen und den römischen Stil unterteilt, und jeder Stil umfasst mehrere Architekturordnungen; Die griechischen Orden sind die dorischen, die ionischen und die korinthischen, und von jedem dieser Orden gibt es noch viele Beispiele in Griechenland und seinen Kolonien: Kleinasien, Süditalien und Sizilien. Bei einem Vergleich dieser Gebäude wird festgestellt, dass bestimmte konstruktive und dekorative Merkmale vorhanden sind, und daher werden sie als Merkmale des Stils oder der Ordnung angesehen, die aus der Basis, der Säule und (außer im griechisch-dorischen Stil, die keine Basis hat) bestehen Kapitell und das Gebälk, das aus Architrav, Fries und Gesims besteht. Die Proportionen dieser Ordnungen werden im Allgemeinen durch den unteren Durchmesser der Säule bestimmt, die in 2 Module oder 60 Teile unterteilt ist; die Höhe der Säule, immer inklusive Basis und Kapitell. Die dorische Ordnung wurde für die frühen griechischen Tempel ab 600 v. Chr. verwendet und gipfelte im Parthenon 438 v. Chr.. Die SÄULEN in dieser Reihenfolge sind 4½ bis 6 Durchmesser hoch und haben 20 flache Riffelungen mit dazwischen liegenden scharfen Kanten ; Das KAPITELL hat eine Höhe von einem halben Durchmesser und besteht aus einem Echinus- oder Ovolo- Formteil mit Ringen oder tiefen Rillen unten und einem großen quadratischen Abakus darüber. Der ARCHITRAV ist schlicht; Der FRIES wird durch rechteckige Blöcke mit drei vertikalen Rillen in der Vorderseite, sogenannten Triglyphen, bereichert, abwechselnd mit quadratischen Metopen, die häufig skulptural gestaltet wurden. Das GESIMS , das aus einfachen Zierleisten besteht und in der Mitte der Triglyphen und Metopen mit Mutulen verziert ist, ragt deutlich über die Vorderseite des Frieses hinaus.

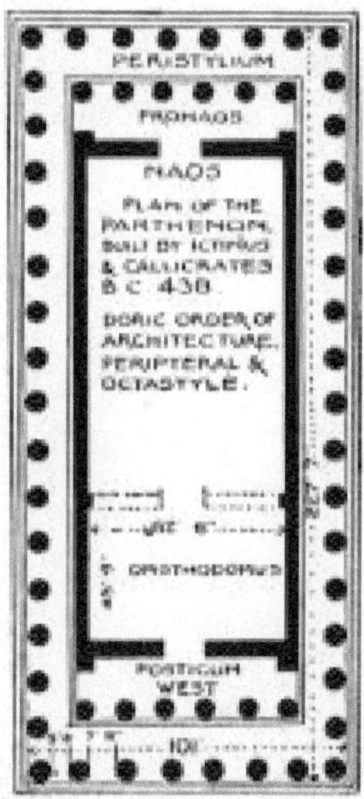

Die IONISCHE Ordnung hat Säulen mit einem Durchmesser von 9 bis 9½ und einer Höhe mit 24 Riffelungen, die durch schmale Filets unterteilt sind. Die *Basis* hat eine Höhe von einem halben Durchmesser und besteht aus Sockel, Torus, Hohlkehle, Hohlkehle, Hohlkehle, Torus und Hohlkehle. Das KAPITELL hat eine Höhe von 7/10 eines Durchmessers und besteht aus einem Paar Doppelrollen oder Voluten, die von einer Echinusleiste getragen werden, die mit Ei und Zunge verziert ist, mit einem Astragal darunter.

Das GEBÄLK hat ein Viertel der Höhe der Säulen, der ARCHITRAV besteht aus einer oder mehreren Blenden , der FRIES ist durchgehend und häufig mit Skulpturen in Flachrelief bereichert. Das GESIMS besteht aus einfachen und zusammengesetzten Zierleisten , die von einem Zahnband getragen werden. Gelegentlich wurden Karyatiden in diese Ordnung eingeführt; Es handelte sich um weibliche Figuren in Gewändern mit vertikalen Falten, die an die Kannelierung der ionischen Säule erinnerten. Diese Karyatiden stützten das Gebälk anstelle der Säulen; Ein schönes Beispiel hierfür ist der Südportikus des Erechtheion in Athen.

Die korinthische Ordnung wurde von den Griechen nicht oft genutzt; Die Beispiele zeigen jedoch eine beträchtliche Raffinesse und Feinheit der Details. Die SÄULEN haben eine Höhe von 10 Durchmessern und 24 Riffelungen; die BASIS ist ½ Durchmesser hoch; Das KAPITELL ist etwas höher als ein Durchmesser und mit Akanthusblättern und spiralförmigen

Voluten verziert. Das GEBÄLK ist reicher; und das GESIMS ist tiefer und kunstvoller als die der anderen Orden.

Hier finden Sie eine Tabelle, die die relative Höhe des Gebälks in Teilen (ein Teil entspricht 1/60 des Durchmessers) in einigen typischen griechischen Beispielen zeigt.

		Architrav	Fries	Gesims	Totales Gebälk
Dorisch	Parthenon	43	43	32	118
	Theseus	50	48	19	107
Ionisch	Erechtheion	43	48	47	140
	Priene	37	49	47	133
Korinthisch	Lysikrate	53	41	49	143
	Jupiter Olympius	40	26	46	112

Die wichtigsten dorischen Gebäude in Griechenland sind: Die Tempel in Korinth 650 v. Chr., Ägina 550 v. Chr., der Parthenon und das Theseum 438 v. Chr., die Tempel des Jupiter in Olympia, Apollo Epicurius in Bassæ 436 v . Chr., Minerva in Sunium und die Propylæa in Athen 431 v. Chr. Der Parthenon ist der einzige Oktastil-Tempel in Griechenland.

den ionischen Gebäuden in Griechenland gehören: Tempel von Ilyssos , Nike Apteros und das Erektheion . In Kleinasien die Tempel von Samos, Priene, Teos sowie die Tempel der Diana in Ephesus und des Apollon in Milet .

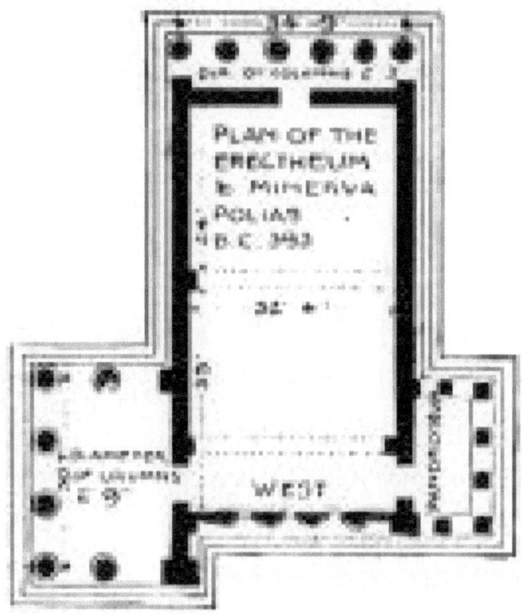

Zu den korinthischen Gebäuden in Griechenland gehören: das Lysikrates - Denkmal , der Turm der Winde und der Jupiter Olympius , alle in Athen.

Im 5. Jahrhundert v. Chr. wurde die dorische Ordnung in den griechischen Kolonien Siziliens ausgiebig genutzt. In Akragas oder Agrigentum wurden die Überreste von sechs schönen sechseckigen und peripteralen dorischen Tempeln gefunden, von denen der Zeustempel aus dem Jahr 450 v. Chr. mit 354 mal 173 Fuß der größte ist. In diesem Tempel wurden die Telemones oder Atlantes gefunden , männliche Figuren von 25 Fuß Höhe mit erhobenen Armen, die wahrscheinlich das Dach des Tempels stützten.

In Selinus gibt es sechs große dorische Tempel, fünf davon sind sechseckig und peripteral , der andere achteckig und pseudodipteral, 372 mal 175 Fuß. Dieser Tempel hat Säulen mit einer Höhe von 57 Fuß und einem Gebälk von 19 Fuß. In Egesta gibt es einen hexastylischen, peripteralen , dorischen Tempel mit nicht geriffelten Säulen, und in Pæstum in Süditalien gibt es zwei dorische Tempel, den Tempel des Neptun und den Tempel der Vesta, mit der üblichen hexastylischen und peripteralen Form, aber Die Basilika ist pseudodipteral und zeichnet sich durch ihre zwei Portiken mit jeweils neun Säulen aus. Alle diese Gebäude in Sizilien und Pæstum stammen aus der Zeit zwischen 500 und 430 v. Chr.

Klassifizierung klassischer Tempel:—

1. Die Anordnung der Säulen und Wände

(*a*) Wenn die Seitenwände keine Kolonnade haben   *Apteral*

(*b*) Wenn es eine von den Seitenwänden getrennte
Kolonnade gibt   *Peripheral*

(*c*) Wenn die Kolonnade seitlich an den Seitenwänden   *Pseudoperipteral*
befestigt ist
—

(*d*) Wenn es eine Doppelkolonnade gibt, die von der
Wand absteht   *Dipteral*

2. Das Verhältnis der Enden des Tempels

   (*a*) Wenn die Säulen nicht über die Wände hinausragen   *In Antis*

   (*b*) Als vor dem Tempel ein Portikus stand   *Prostyle*

   (*c*) Als es an jedem Ende einen Portikus gab   *Amphi -Prostyle*

   (*d*) Wenn der Portikus eine Säule tief wäre   *Mono-Prostyle*

   (*e*) Wenn der Portikus zwei Säulen tief wäre   *Di-prostyle*

3. Die Anzahl der Säulen im Portikus

   (*a*) Wenn aus 2 Spalten   *Distyle*

   (*b*) Wenn aus 4 Spalten   *Tetrastil*

   (*c*) Wenn aus 6 Spalten   *Hexastil*

   (*d*) Wenn aus 8 Spalten   *Octastyle*

4. Die Interkolumniation

   (*a*) Bei einem Abstand von 1½ Durchmessern   *Pyknostil*

   (*b*) Wenn 2 Durchmesser voneinander entfernt   *Systyle*

   (*c*) Bei einem Abstand von 2¼ Durchmessern   *Eustyle*

   (*d*) Bei einem Abstand von 3 Durchmessern   *Diastil*

   (*e*) Wenn 4 Durchmesser voneinander entfernt   *Aerostil*

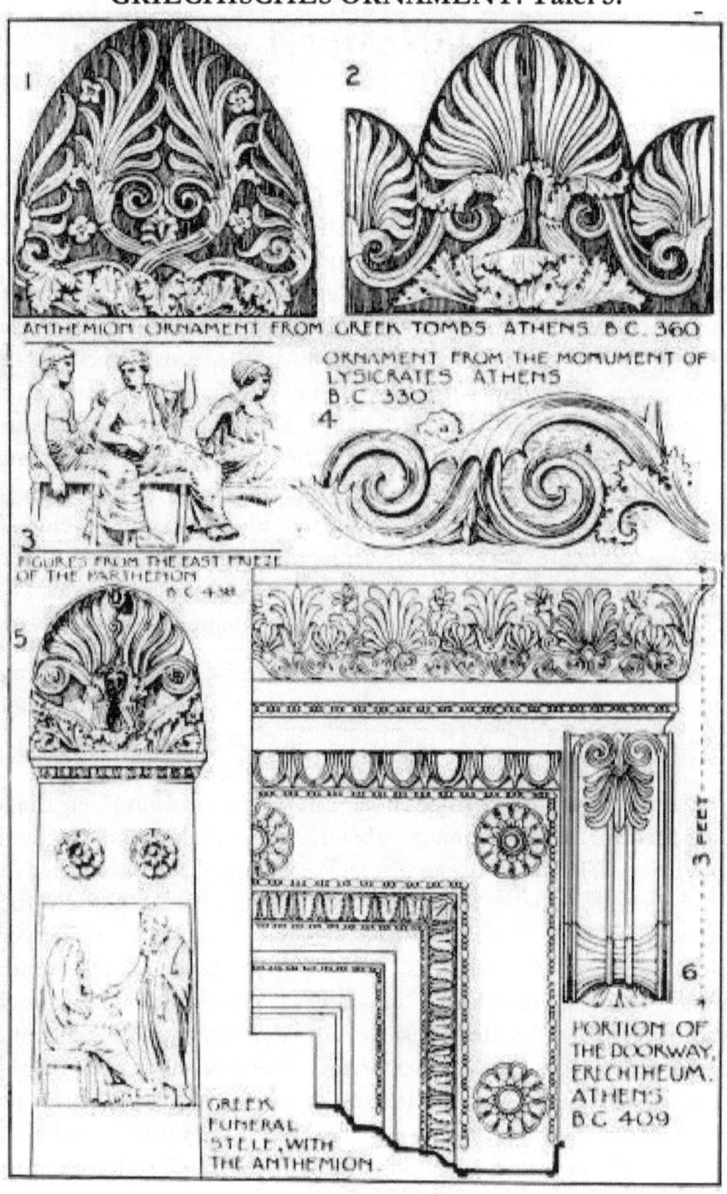

1
2
ANTHEMION ORNAMENT FROM GREEK TOMBS. ATHENS. B.C. 360
ORNAMENT FROM THE MONUMENT OF LYSICRATES ATHENS B.C. 330.
4
3
FIGURES FROM THE EAST FRIEZE OF THE PARTHENON B.C. 4-38.
5
GREEK FUNERAL STELE, WITH THE ANTHEMION.
PORTION OF THE DOORWAY, ERECHTHEUM. ATHENS B.C 409
6
3 FEET

GRIECHISCHES ORNAMENT.

Griechenland oder Hellas bestand aus einer Reihe kleiner Staaten, die dieselbe Sprache sprachen und dieselben Götter verehrten. Fast die gesamte ägäische Küste Kleinasiens war in frühen Zeiten von griechischen Kolonien besetzt, die die der Phönizier von Tyrus und Sidon verdrängten. Der südliche Teil dieser Küste war von den Dorern und der nördliche von den Ioniern besetzt. Im Laufe der Zeit entstanden weitere griechische Siedlungen an der Schwarzmeer- und Mittelmeerküste Kleinasiens; sowie in Syrakus, Gela und Agrigentum , auf Sizilien sowie in Etrurien und Magna Grecia in Italien. Diese Kolonien scheinen schon früh einen höheren technischen Stand erreicht zu haben als Griechenland selbst. Den Vorrang in der Kunst in Griechenland hatten die Dorer um 800 v. Chr.; Danach übernahm Sparta die Führung, wurde aber wiederum von den Ioniern übertroffen, als Athen zum Mittelpunkt der griechischen Kunst wurde und in dieser Hinsicht einen Grad an Perfektion erreichte, der bis heute seinesgleichen sucht. Athen wurde 480 v. Chr. von den Persern unter Xerxes zerstört; doch unter Perikles (470-29 v. Chr.) erreichte die griechische Kunst ihren Höhepunkt.

Die zahlreichen, wenn auch fragmentarischen Überreste der griechischen Architektur, Bildhauerei und industriellen Kunst zeigen am deutlichsten das künstlerische Empfinden und die Kultur der frühen Griechen mit ihrer großen Persönlichkeit und ihrem religiösen Gefühl, an dem das persönliche Interesse der Götter und Göttinnen lag mit dem Leben und den Bräuchen der Menschen in Zusammenhang gebracht. Ihre Mythen und Traditionen, ihre Verehrung legendärer Helden, die Perfektion ihrer physischen Natur und ihre intensive Liebe zum Schönen waren charakteristisch für das griechische Volk von der Belagerung Trojas bis zu seiner Unterwerfung durch Rom im Jahr 140 v. Chr. Das nahezu Unerschöpfliche Die Sammlung griechischer Kunst, die heute im British Museum und in anderen europäischen Museen zu finden ist, ist eine der wertvollsten Illustrationen der vielen glorreichen Traditionen der Vergangenheit. Die Vitalität der Empfängnis, die Würde und edle Anmut der Götter, die vollkommene Kenntnis der menschlichen Figur und die exquisite handwerkliche Geschicklichkeit werden hier in der größten Vielfalt der Behandlung und Begebenheit deutlich.

Das Werk von Phidias, dem berühmtesten griechischen Bildhauer, ist im British Museum größtenteils durch edle Beispiele vertreten, die seine große Persönlichkeit, seine wunderbare Kraft und seinen bemerkenswerten Einfluss auf die zeitgenössische und spätere bildende Kunst zeigen.

Der Parthenon oder Tempel der Göttin Athene, der von Iktinus und Kallikrates (454–438 v. Chr.) auf der Akropolis in Athen erbaut wurde, wurde von Phidias mit prächtigen Skulpturenwerken bereichert. Viele der Originale befinden sich heute im British Museum und sind Teil der Elgin Marbles, die 1815 vom Earl of Elgin erworben wurden. Die beiden Giebel des Tempels enthielten runde, überlebensgroße Figurenskulpturen. Die östliche Gruppe stellt die Geburt Athenes dar, die westliche Gruppe den Kampf zwischen Athene und Poseidon um den Boden Attikas. Die Fragmente dieser Giebelgruppen befinden sich heute im British Museum und zeigen, obwohl leider verstümmelt, die Perfektion der Skulptur während der Phidian-Zeit.

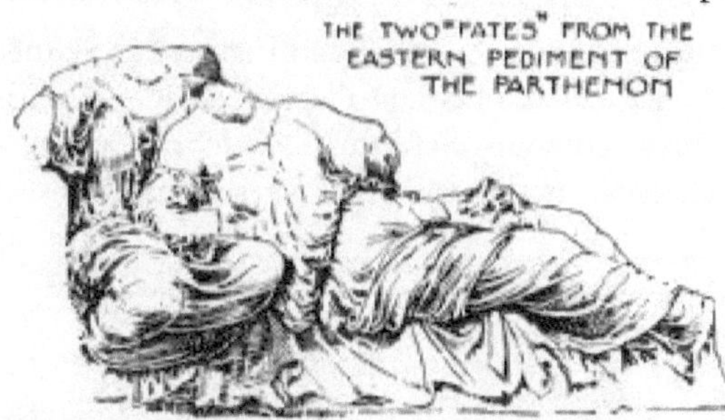

Hier wird eine Illustration der „Schicksale" vom Westgiebel gegeben, die eine perfekte Beherrschung der menschlichen Figur mit seltener selektiver Kompositionskraft zeigt. Die Angemessenheit von Linie und Masse für seine Position verleiht ihm einen einzigartig schönen und architektonischen Charakter. Von den 92 quadratischen Metopen im Hochrelief, die den dorischen Fries bereicherten, sind 15 in den Elgin Marbles enthalten. Das auf diesen Metopen dargestellte Thema war der Kampf zwischen den Zentauren und Lapithen , den Griechen, und sie sind schöne Beispiele für die Komposition von Linien und Massen sowie die dramatische Ausdruckskraft.

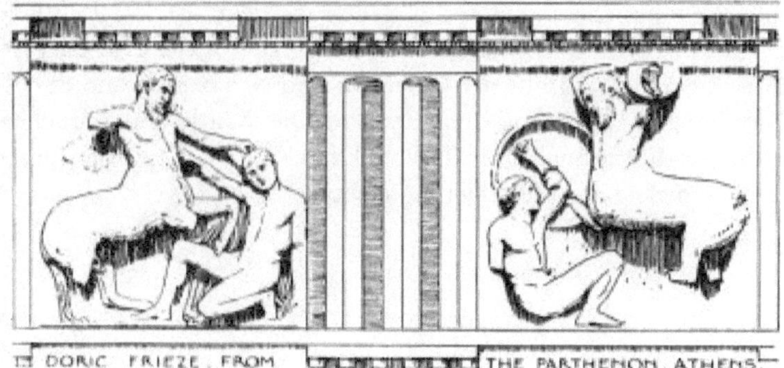

Der durchgehende Fries auf dem oberen Teil der Cellawand , unter der Kolonnade oder dem Peristyl, war 40 Fuß über dem Boden, 40 Zoll hoch und 523 Fuß lang. Es war in Flachreliefs geschnitzt und thematisierte die

Panathenäische Prozession, das heiligste und prächtigste religiöse Fest der alten Griechen. Dieser Fries mit seinem Bewegungsrhythmus und seiner einheitlichen Komposition, seinen Gruppen schöner Jünglinge und Mädchen, Söhnen und Töchtern adliger Bürger, seinen Helden und Gottheiten, Herolden und Beamten; seine Opferochsen sowie seine Pferde und Reiter sind zweifellos die vollkommenste Darstellung der Kunst des Bildhauers. Jede Figur ist voller Leben und Bewegung, bewundernswert im Detail, individuell in Aktion und Ausdruck, jedoch mit einer Einheit in der Komposition, die ihrem architektonischen Zweck als Fries oder Band angemessen ist.

Der Parthenon war jedoch nur der Schrein der stehenden Figur oder Statue der Göttin Athene, die 37 Fuß hoch war und aus Platten aus Gold und Elfenbein bestand und als Chryselephantin-Skulptur bezeichnet wurde. Wahrscheinlich aufgrund des Eigenwerts des Materials verschwand dieses Werk des Phidias schon früh.

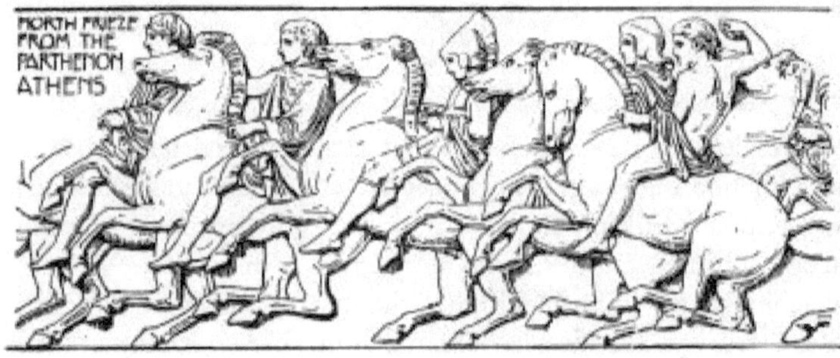

Zu den Beispielen für Marmorskulpturen im British Museum gehört der wunderschöne Fries aus dem Inneren des Apollontempels in Phigaleia , der von Ictinus zwischen 450 und 430 v. Chr. errichtet wurde. Dieser Fries, der eine außergewöhnliche Vitalität und Bewegung zeigt, ist 101 Fuß lang und besteht aus 23 Platten mit einer Breite von 25½ Zoll. Die dargestellten Ereignisse sind die Schlacht der Griechen und Amazonen und der Kampf zwischen den Zentauren und den Lapithæ . Die Würde und Zurückhaltung des Parthenon-Frieses wird hier durch Aktivität und Energie der Linien und einen Überschwang der Modellierung ersetzt.

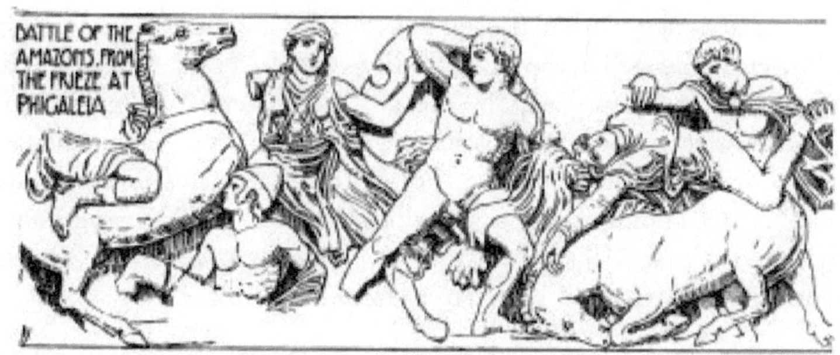

Einige der Murmeln im British Museum stammen aus dem Nereidendenkmal von Xanthos (372 v. Chr.), das so genannt wird, weil die weiblichen Figuren feuchte, anschmiegsame Kleidungsstücke tragen und Fische und Seevögel zwischen ihren Füßen haben. Diese Skulpturen weisen ein hohes Maß an Perfektion auf und waren wahrscheinlich das Werk des athenischen Bildhauers Bryaxis .

Ein weiteres Beispiel für die griechische Behandlung des Frieses ist das des Erektheion aus dem Jahr 409 v. Chr. mit seinem schwarzen eleusinischen Steinhintergrund und weißen Marmorreliefs. Der Nike- Apteros- Tempel aus etwa derselben Zeit ist bekannt für die wunderschönen Reliefs der Balustrade, die die hohe Bastion krönt, auf der der Tempel steht

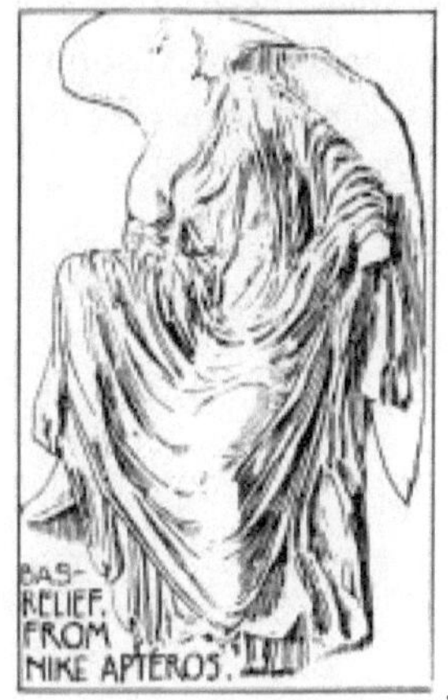

. Hier ist ein Beispiel für Nike oder Victory, die ihre Sandale anpasst. Diese Reliefs zeichnen sich durch ihre Feinheit und Raffinesse in der Bearbeitung sowie die exquisite Darstellung der drapierten weiblichen Figur aus. Weitere Friese, die sich heute im British Museum befinden, stammen aus dem Mausoleum, das Artemisia 357–348 v. Chr. für ihren Ehemann Mausolos errichtete. Dieses Grab bestand aus einem soliden Keller aus Mauerwerk, der eine Cella trug , die von einer Kolonnade aus 36 Säulen umgeben war. Der obere Teil des Untergeschosses wurde mit einem Fries bereichert, der die Schlacht der Zentauren und Lapithæ darstellt ; Der Fries der Cella war mit Trauerspielen zu Ehren von Mausolos illustriert.

Siebzehn Platten des Ordensfrieses aus der Kolonnade befinden sich im British Museum; Sie stellen die Schlacht der Griechen und Amazonen dar. In ihrer Zusammensetzung zeigen diese Platten eine außergewöhnliche Bewegungsenergie und Erfindungsreichtum. Dieser Fries unterscheidet sich deutlich vom Parthenon-Fries durch die Ergiebigkeit des Geschehens und die Intensität der Handlung. Bryaxis , der Bildhauer des Nereidendenkmals, schuf den Nordfries, während der Süden von Timotheus, der Osten von Scopas und der Westen von Leochares stammten .

Ein bemerkenswertes Gebäude, bei dem wiederum der Fries ein wichtiges Merkmal war, war der große Altar in Pergamon, der von Eumenes II. im Jahr 168 v. Chr. errichtet wurde. Er hatte einen Keller aus Mauerwerk mit einer Größe von 160 Fuß mal 160 Fuß und einer Höhe von 16 Fuß mit einem skulpturalen Fries von 7½ Fuß Höhe. Das Thema ist die Gigantomachia oder der Kampf der Götter und Riesen; Die Behandlung zeichnet sich durch leidenschaftliche Energie und Ausdruck sowie gewagte Fähigkeiten in der Gruppierung und Technik aus. 94 der

Originalplatten dieses Frieses befinden sich heute im Berliner Museum.

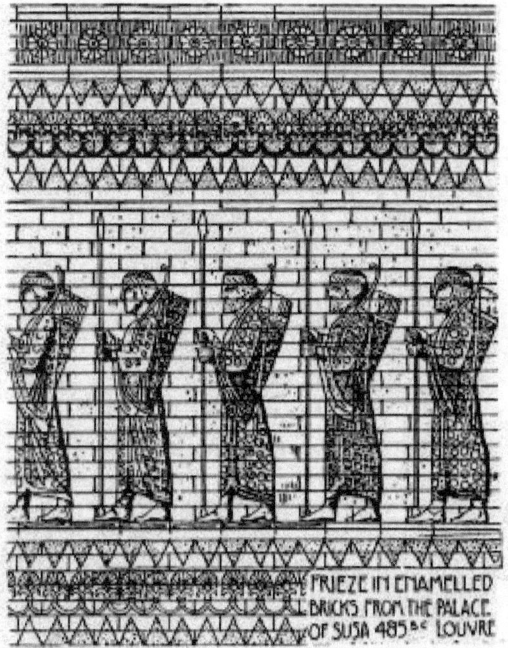

Der Fries war ein wichtiges dekoratives Element bei den Assyrern und Griechen. Die Kontinuität des Vorfalls und der Bewegungsrhythmus, die mit dem durchgehenden Fries möglich war, sowie die funktionale Verwendung von Streifen trugen zweifellos dazu bei, seine traditionelle Form zu bewahren, daher haben wir viele Überreste dieser schönen dekorativen Gestaltung aus der Antike. Ein frühes und schönes Beispiel ist der Bogenschützenfries aus dem Palast des Darius in Persepolis (532 v. Chr.), der sich heute im Louvre befindet. Dieser Fries, von dem hier eine Illustration gegeben wird, wurde aus glasierten und emaillierten Ziegeln ausgeführt. Eine würdevolle Konzeption und Einheitlichkeit der Komposition wurden hier mit einer geschickten Modellierung der Reliefarbeit und einer feinen Farbgebung in Blau, Türkis und Gelb kombiniert. Diese Behandlung des Frieses beeinflusste zweifellos die spätere Arbeit der Griechen, die diese Tradition des Frieses so edel weiterführten.

Griechische Ornamente zeichnen sich durch Einfachheit der Linien, Verfeinerung der Details, Ausstrahlung der Teile, Einheitlichkeit der Komposition und perfekte Symmetrie aus. Das Anthemion, die typische Form, leitet sich vom traditionellen Lotus und der Knospe Ägyptens, Assyriens und Indiens ab. Es unterscheidet sich jedoch durch seine abstraktere Darstellung und das Fehlen von Symbolik, hat einen Charme der Komposition und eine Einheit und Ausgewogenheit der Teile, es mangelt ihm jedoch an dem Interesse und der tieferen Bedeutung, die mit vielen Kunstepochen verbunden sind.

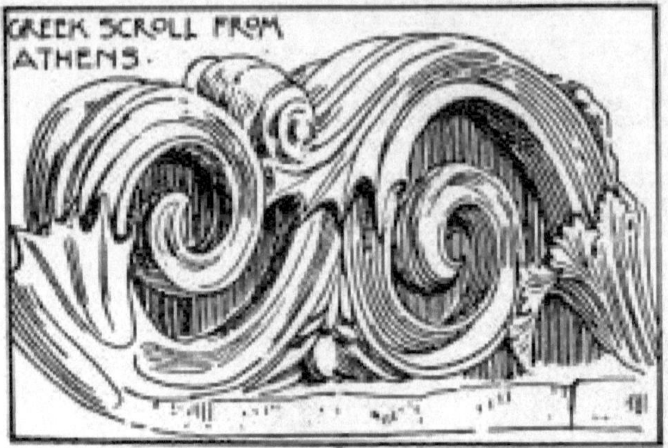

Die Anthemion wurde auf der Spitze der Grabstele (Abb. 1, 2 und 5, Tafel 4), auf dem Architrav der Türen (Abb. 6) und über der Einschnürung der ionischen Säulen (Tafel 6) gemeißelt; oder auf die Paneele der tiefen Kassettendecken gemalt. Es wurde auch auf tausende Arten für die vielen schönen Vasen und anderen Keramikwaren dieser Zeit verwendet. Die Einfachheit und

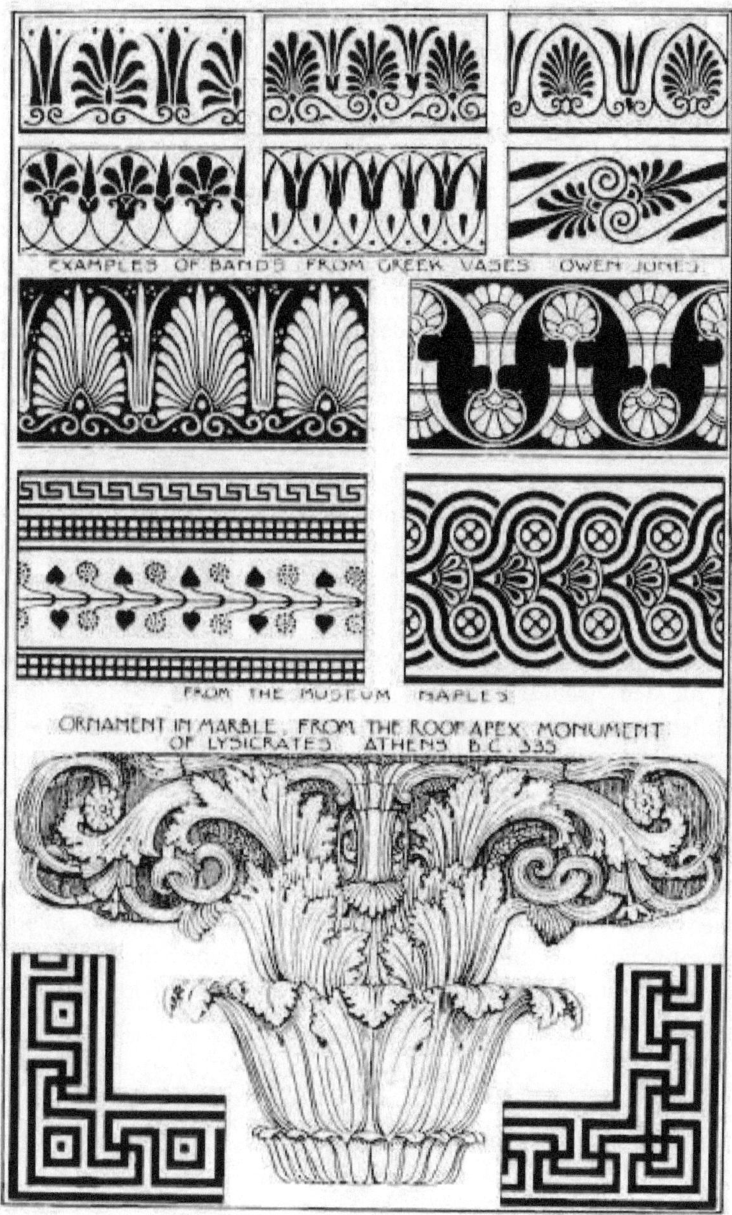

Die Schönheit des Anthemions und seine leichte Anpassungsfähigkeit haben es zweifellos zu einer der bekanntesten Arten von Ornamenten gemacht. Wie das ägyptische und assyrische Vorbild ist das griechische Anthemion meist abwechselnd mit Blüten und Knospen angeordnet, die durch eine geschwungene Linie oder häufiger durch eine Doppelspirale verbunden sind. Auf der gegenüberliegenden Tafel sind einige typische Beispiele dargestellt, deren Rhythmus und Schönheit der Komposition auf die Kultur und Perfektion der griechischen Handwerkskunst hinweisen.

Ein weiteres Merkmal, das zu einem späteren Zeitpunkt beträchtlich weiterentwickelt wurde, war die auf der vorhergehenden Seite dargestellte Schriftrolle, die ein schönes Beispiel vom Dach des Lysikrates -Denkmals darstellt . Die mit V-förmigen Abschnitten geschnittene Schnecke entspringt einem Nest aus scharfem Akanthuslaub. Die gleichen Merkmale sind auch bei dem Laubnest zu beobachten, das den Dreifuß auf der Dachspitze trägt (Tafel 6). Diese Rolle besteht aus einer Reihe von Spiralen, die voneinander abgehen, wobei die Verbindungsstelle der Spirale von einer Hülle oder Blume bedeckt ist; Die Spirale selbst wird oft durch eine ähnliche Hülle unterbrochen.

Diese Spiralform mit ihrer Ummantelung ist die Grundlage des römischen und italienischen Renaissancestils und unterscheidet sie deutlich vom gotischen Ornament, bei dem die Konstruktionslinie durchgehend und ununterbrochen ist.

Die Rosette, ein Überbleibsel der traditionellen assyrischen Form, wurde häufig für den Architrav (Abb. 6) und die Grabstele (Abb. 5, Tafel 5) verwendet, wo ihre kreisförmige und strahlende Form einen so schönen Kontrast zu den funktionalen geraden Linien der architektonischen Gestaltung bildet . Die außergewöhnliche Vitalität und Vielseitigkeit der griechischen Handwerker lässt sich anhand einer prächtigen Münzserie aus der Zeit von 700 bis 280 v. Chr. nachvollziehen. Das Interesse an Motiven, die Schönheit der Komposition und die Größe des Stils, gepaart mit der äußersten Feinheit der Technik, zeichnen diese Goldmünzen aus , Silber- und Elektrummünzen sind ein Reflex auf das künstlerische Schönheitsgefühl der frühen Griechen.

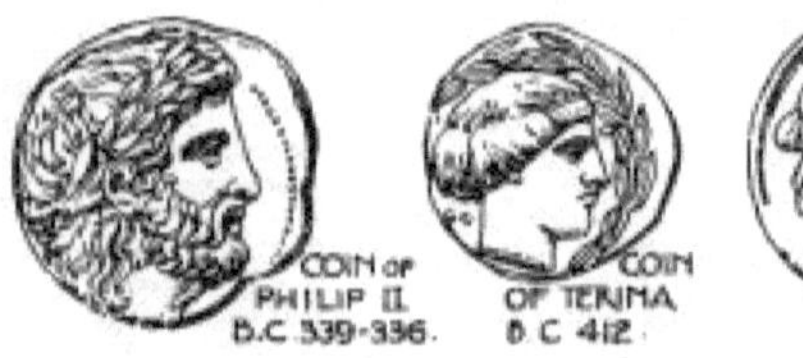

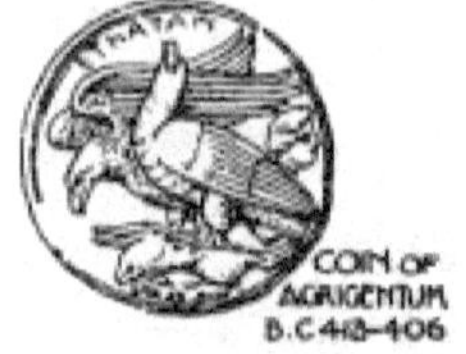

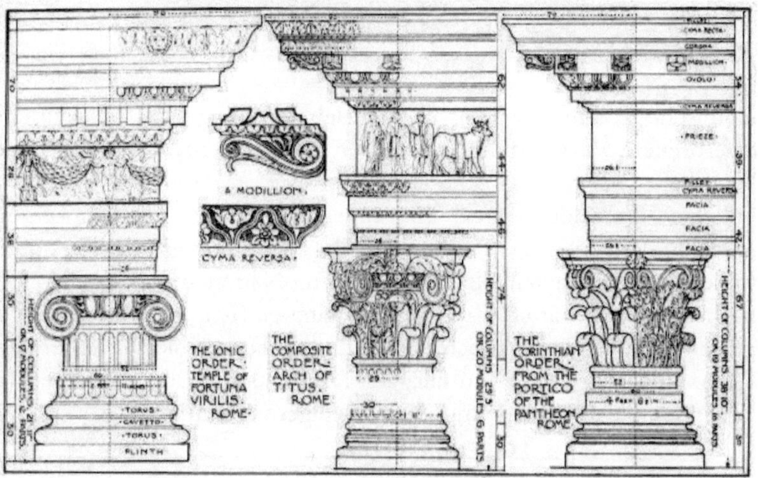
A MODILLION
CYMA REVERSA
THE IONIC ORDER. TEMPLE OF FORTUNA VIRILIS. ROME.
THE COMPOSITE ORDER. ARCH OF TITUS. ROME.
THE CORINTHIAN ORDER. FROM THE PORTICO OF THE PANTHEON ROME.
TORUS
CAVETTO
TORUS
PLINTH
HEIGHT OF COLUMNS 21' 1" OR 17 MODULES 12 PARTS
HEIGHT OF COLUMNS 29' 5" OR 20 MODULES 6 PARTS
HEIGHT OF COLUMNS 38' 10" OR 19 MODULES 10 PARTS
CYMA RECTA
CORONA
MODILLION
OVOLO
FRIEZE
FILLET
CYMA REVERSA
FACIA
FACIA
FACIA

RÖMISCHE
ARCHITEKTUR.

Die römische Architektur unterscheidet sich von der griechischen durch die weit verbreitete Verwendung von Bögen und übereinander angeordneten Ordnungen. Die vielen schönen Überreste römischer Tempel und öffentlicher Gebäude zeigen die außergewöhnliche Vielseitigkeit und Konzeption der römischen Architekten, ihr konstruktives Können und ihre bemerkenswerte Fähigkeit, die Künste anderer Nationen zu assimilieren. Die römischen Tempel hatten im Grundriss eine gewisse Ähnlichkeit mit den griechischen Vorbildern, jedoch meist ohne seitliche Kolonnade, größer im Maßstab und mit einer auffälligen Darstellung von Zierleisten und Ornamenten, die in Kontur und Detail weniger verfeinert waren.

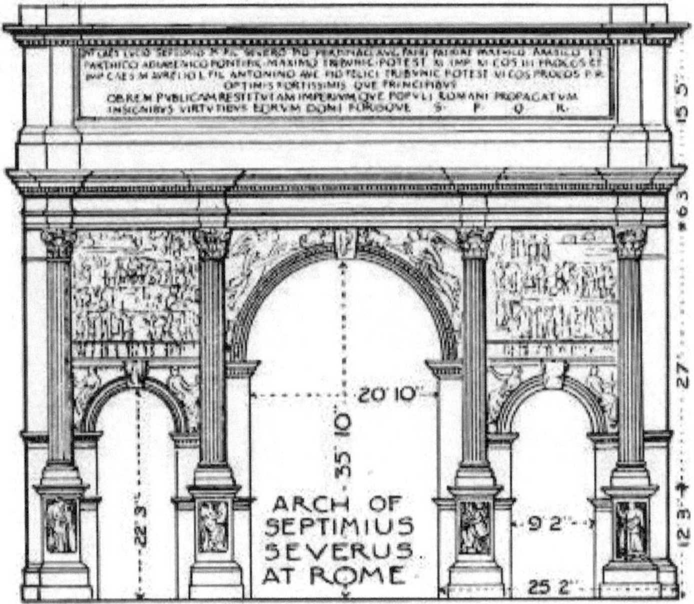

Hier wird ein typisches Beispiel eines Triumphbogens gegeben, nämlich der des Septimus Severus aus dem Jahr 211 n. Chr. Weitere Beispiele sind der Titusbogen aus dem Jahr 79 n. Chr. und der Konstantinsbogen aus dem Jahr 326 n. Chr. Der Trajansbogen aus dem Jahr 114 n. Chr. wurde zerstört Konstantin, der viele der Reliefs für den Bau seines eigenen Bogens verwendete.

Die Überlagerung von Säulen und Bögen ist in der beigefügten Abbildung aus dem Theater des Marcellus dargestellt, wobei die untere Ordnung dorisch und die obere ionisch ist. Das Kolosseum hat ein drittes Stockwerk im

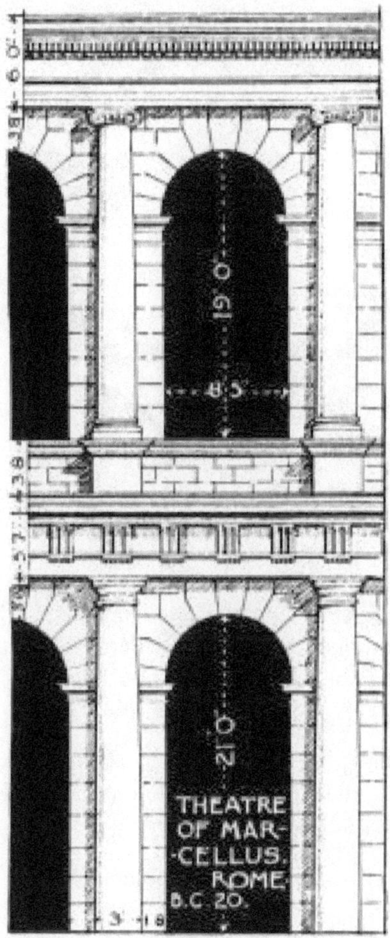

korinthischen Stil und ein Dachgeschoss mit korinthischen Pilastern; das Ganze erreichte eine Höhe von 156 Fuß.

Eines der am besten erhaltenen Gebäude aus der Römerzeit ist das Pantheon mit seiner schönen Kuppeldecke aus Kassettenpaneelen, die mit Bronzeornamenten verziert ist. Der Portikus, Oktastil und Diprostil, ist korinthischen Stils, schön proportioniert und bereichert. Das schönste Beispiel der korinthischen Ordnung wurde im Tempel von Castor und Pollux verwendet, der häufig Jupiter Stator genannt wird; Etwa 50 Exemplare dieser

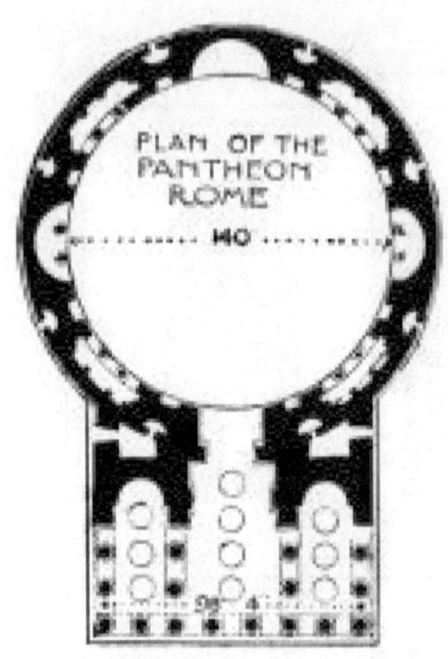

korinthischen Ordnung stammen aus der Römerzeit . Die *toskanischen* und *zusammengesetzten* Ordnungen wurden von den Römern zu den dorischen, ionischen und korinthischen hinzugefügt und bildeten die fünf Ordnungen der Architektur.

Die folgende Tabelle gibt die relativen Proportionen der typischen römischen Ordnungen, die Säulen in Modulen und das Kapitell, das Gebälk usw. in Teilen an: –

		Säule n.	Hauptsta dt.	Architra v.	Frie s.	Gesim s.	Gebäl k.
Dorisch.	Theater des Marcellus	15½	24	31	46	37	113
	Diokletianstherm en	16	22	32	45	46	123
Ionisch.	Theater des Marcellus	18	31	43	36	66	145
	Tempel von Virilis	17½	33¾	38	28	70	137
Korinthisc h.	Jupiter-Stator	20	66	43	43	69	156
	Pantheon	19½	67	42	39	54	136

Die Römer nutzten den Peristyl-Tempel selten, daher hatte die Cella die gleiche Breite wie der Portikus. In den Bürgerhäusern und Palästen zeigten die Römer größte bauliche Geschicklichkeit und Pracht der Ausschmückung. Die geschickte Planung und Angemessenheit der dekorativen Gestaltung ihrer Basiliken und Amphitheater sind Beweise für die praktische Natur der Römer.

Die Basilika oder Justizhalle war ein wichtiges architektonisches Merkmal mit rechteckigem Grundriss und einer halbkreisförmigen Apsis an einem Ende, in der sich das Tribunal befand. mit Holzrahmen überdacht oder mit Beton gewölbt und mit Reihen von Säulen oder Bahren gestützt. Die Überreste zweier typischer römischer Basiliken sind noch vorhanden: Typisch ist die Trajansbasilika aus dem Jahr 114 n. Chr., rechteckig, 180 × 160 Fuß, fünfschiffig, der Mittelgang mit einem halbkreisförmigen Holzdach und verziert mit Bronzeplatten eine Klasse; und die Basilika des Maxentinus , 310 n. Chr., mit einer Breite von 195 Fuß und einer Länge von 260 Fuß, ist typisch für eine gewölbte Basilika, wobei die beiden Seitenschiffe ein gewölbtes Dach und das Mittelschiff ein sich kreuzendes gewölbtes Dach haben.

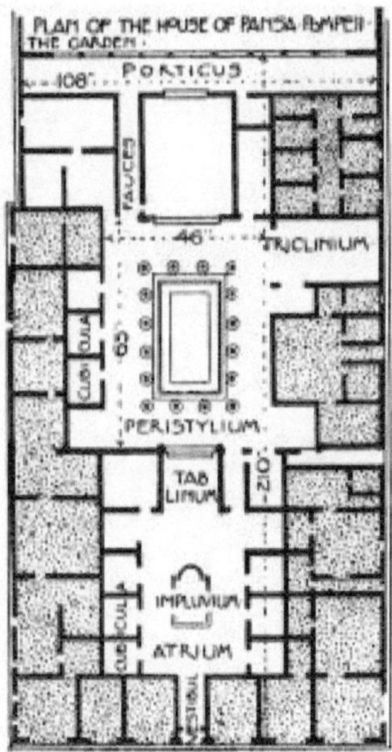

Diese römischen Basiliken wurden von den frühen Christen in ihren Dienst übernommen, und die Basilikakirche war die typische Form, die bis zum 12. Jahrhundert in den romanischen Provinzen verwendet wurde.

Es gab zwei Arten römischer Häuser: die *Domus* , d. h. aneinander gereihte Häuser, und die *Insular* , d. h. Häuser, die von Straßen umgeben waren. Die meisten der schönsten pompejanischen Häuser waren vom Typ *Insel* .

Der übliche Grundriss eines römischen Hauses bestand aus dem *Ostium* oder Eingang, manchmal auch *Vestibül genannt* , das zum *Atrium führte* , einem großen Raum oder Hof, der teilweise überdacht war und in der Mitte eine Öffnung namens *Conpluvium aufwies* , unter der sich das Atrium befand *Impluvium* oder Wasserzisterne, unterhalb des Bodenniveaus platziert. Kleine Kammern umgaben das *Atrium* , und am anderen Ende befand sich das *Tablinum* oder Privatzimmer, das häufig zum *Peristylium* oder privaten Teil des Hauses führte, einem offenen Hof mit einer Kolonnade, die einen Marmorbrunnen mit Blumen, Sträuchern und Bäumen umgab ein *Viridarium* . Um das *Peristylium herum* befanden sich Privaträume, einer davon war das *Triclinium* oder Esszimmer. Vom *Peristylium führten Schleusen* oder Gänge zum *Porticus* , einer Kolonnade mit Blick auf den Garten.

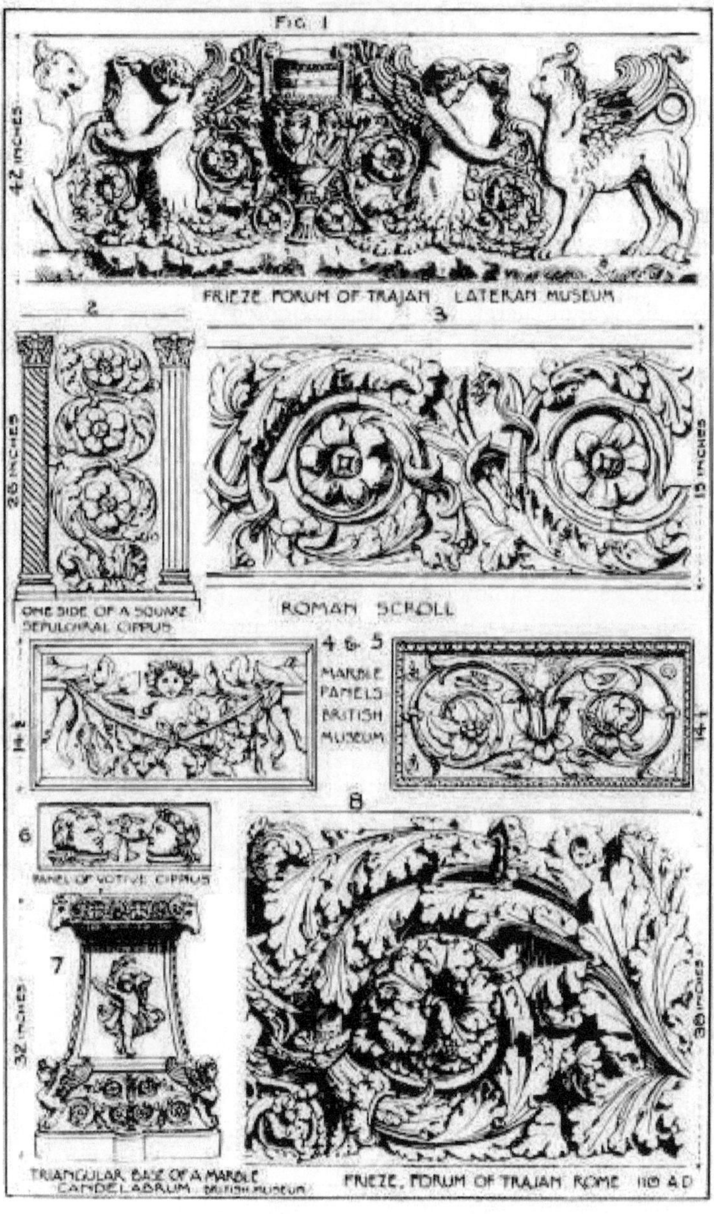

FIG. 1
42 INCHES
FRIEZE FORUM OF TRAJAN LATERAN MUSEUM
2
3
26 INCHES
15 INCHES
ONE SIDE OF A SQUARE
SEPULCHRAL CIPPUS
ROMAN SCROLL
4 & 5
MARBLE
PANELS
BRITISH
MUSEUM
14
14
6
PANEL OF VOTIVE CIPPUS
8
7
32 INCHES
38 INCHES
TRIANGULAR BASE OF A MARBLE
CANDELABRUM BRITISH MUSEUM
FRIEZE, FORUM OF TRAJAN ROME 110 A.D.

RÖMISCHES ORNAMENT.

Rom, 783 v. Chr. von Romulus gegründet, wurde durch aufeinanderfolgende Kriege und Eroberungen zur Herrscherin der Welt und übernahm die Künste und die Architektur der Etrusker 567 v. Chr., der Samniten 340 v. Chr. und von Korinth und Karthago 146 v. Chr. Aus diesen verschiedenen Quellen Es entstand der römisch genannte Stil, der die Säule und das horizontale Gebälk der Griechen assimilierte und übernahm; der Bogen, das Gewölbe, die Wandmalereien und die dekorative Verwendung von Bronze und Terrakotta der Etrusker, mit Skulpturen, Ornamenten, Mosaiken und Münzen der Griechen und Karthager. Diese vielfältigen Künste wurden von den Römern in der Zeit von 100 v. Chr. bis 337 n. Chr. assimiliert und perfektioniert

Das römische Ornament ist die Kontinuität des griechischen und etruskischen Stils und besteht aus dem Anthemion, dem Akanthus und der Schriftrolle. Die Römer verwendeten diese Formen mit größerer Üppigkeit und Ausarbeitung, zusammen mit kühnen und kraftvollen Schnitzereien, denen jedoch die Einfachheit, Raffinesse und anmutige Kontur der griechischen und etruskischen Formen fehlten.

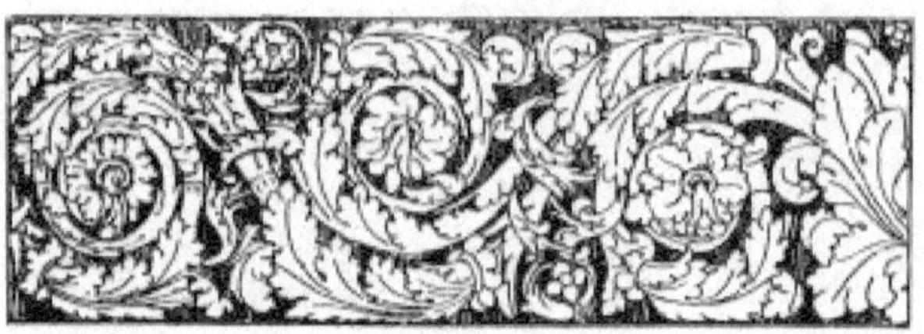

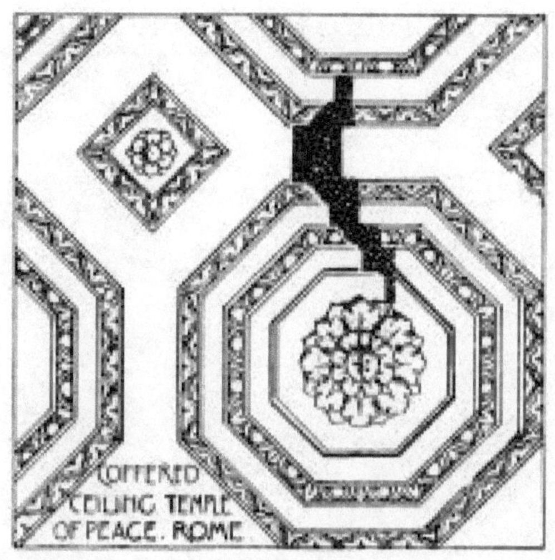

Das römische Ornament besteht größtenteils aus durchgehenden Spirallinien, die mit Bechern und Hüllen aus Akanthusblättern bekleidet sind, wobei die verschiedenen Spiralen in einer Rosette enden. Diese Hauptspiralen sind häufig mit feinen geschwungenen oder spiralförmigen Linien verwoben, die mit Akanthus oder anderen Blattwerken wie Ranken, Oliven und Efeu bedeckt sind. Vögel und Reptilien und Amoretten sowie die Chimäre oder der Greif (Abb. 1) sind oft mit dem Ornament durchsetzt und ergeben so die Größe der Masse und den Kontrast der Formen, die für die römische Kunst so charakteristisch sind.

Die Thermen oder Bäder und öffentlichen Gebäude zeigten schöne dekorative Decken mit tief eingelassenen Paneelen, die Lacunaria genannt wurden ; oder Kassetten, quadratisch, sechseckig oder achteckig, mit einer zentralen Rosette im Hochrelief und den Randleisten der Kassetten, die mit Ei und Pfeil oder dem Wasserblatt verziert sind. Diese weisen eine wirksame Behandlung geformter Oberflächen auf. Die Decken der Gräber und Paläste waren vielfach verziert

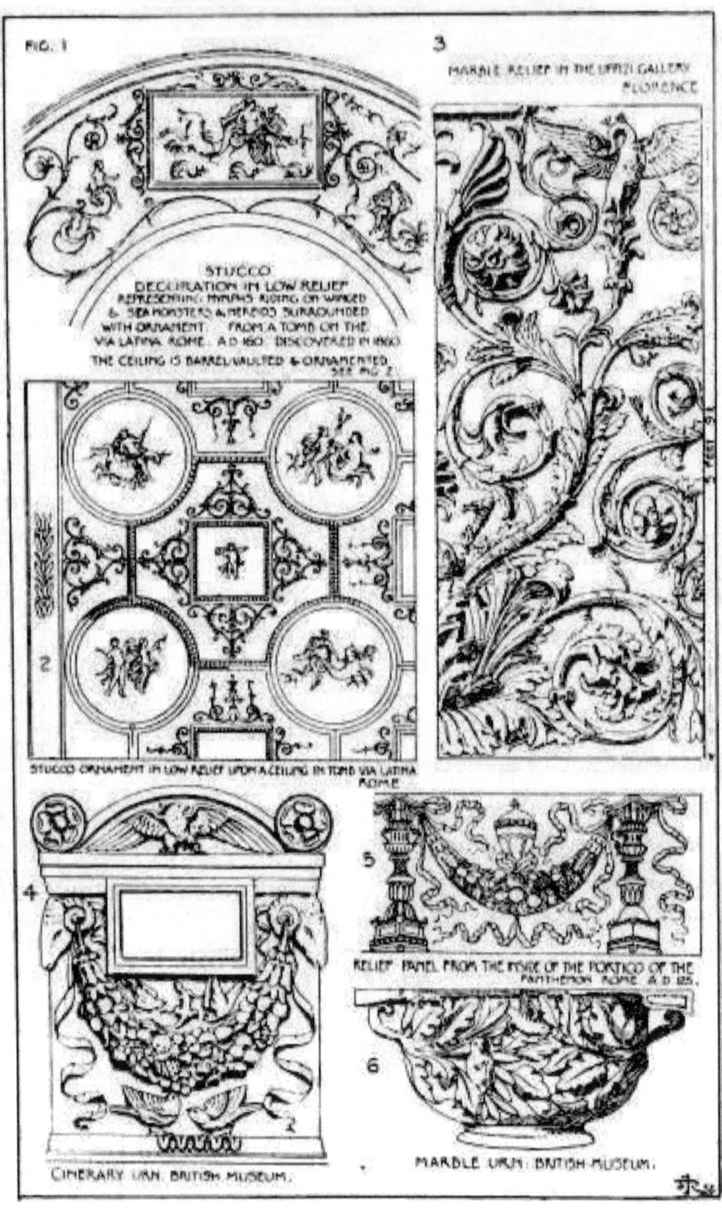

mit runden und quadratischen Tafeln, reich verziert mit Arabesken oder mythischen Figuren, und Amoretten im Flachrelief aus feinem Stuck; die Formteile oder Unterteilungen in höherem Relief und mit dem Wasserblatt oder der Eier- und Pfeilanreicherung (Tafel 9).

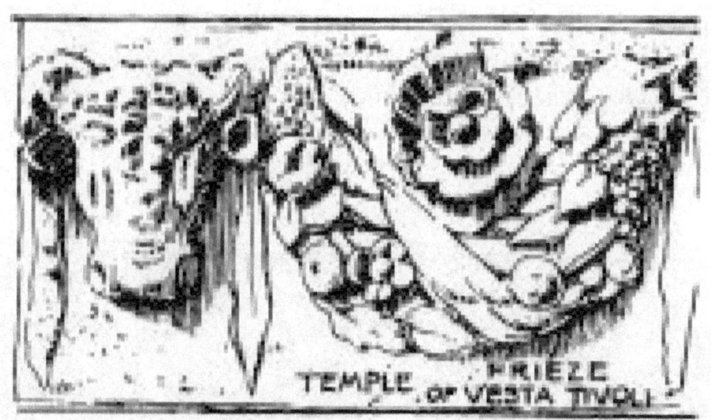

Der architektonische Fries sowie die Graburnen und Sarkophage dieser Zeit waren oft mit Girlanden verziert (Abb. 4 und 5, Tafel 9) und wurden von Amoretten oder Kandelabern (Tafel 9) oder wie auf den Schädeln von Ochsen getragen der hier gezeigte Fries aus dem Tempel der Vesta in Tivoli, der zweifellos ein Überbleibsel des Opferbrauchs der Anbetung ist.

Die architektonische Basilika und das Trajansforum, die 114 n. Chr. von Apollodorus , einem Griechen aus Damaskus, errichtet wurden, waren von größter Pracht; die Überreste zeugen vom Können und der künstlerischen Handwerkskunst der Römer. Apollodorus errichtete auch die Marmorsäule des Trajan mit einem rechteckigen Sockel von 18 Fuß Höhe und reich verziert mit den Gewändern, Rüstungen und Standarten der römischen Armee. Dieser Sockel trägt eine Säule der toskanischen Architektur mit einer Höhe von 97¼ Fuß und einem Durchmesser von 12 Fuß, die mit einer Reihe spiralförmiger Bänder bereichert ist und Flachreliefs aufweist, die die aufeinanderfolgenden Ereignisse des Dakerkrieges des Kaisers Trajan darstellen.

Dieses prächtige und gut erhaltene Relikt der Antike ist ein vollständiger Inbegriff der Kostüme sowie der Waffen und Rüstungen dieser Zeit. Eine weitere gut erhaltene Säule, ähnlich der von Trajan, wurde 174 n. Chr. von Marcus Aurelius in Rom errichtet. Die Reliefs thematisieren den Krieg mit den Markomanen . Große Marmorurnen oder Tazzas, angereichert mit bacchantischen Figuren, umgeben von Blattwerk sowie Vögeln und Tieren; Prächtige Tische, Stühle, Sofas und Kandelaber aus Bronze, angereichert mit Silberverzierungen, sowie die erlesenen Reste von Skulpturen und Mosaiken zeugen vom Luxus und der Liebe zur Pracht der wohlhabenden römischen Bürger.

In der römischen Architekturornamentik sehen wir die kraftvollste Modellierung, kombiniert mit der Verwendung der kontinuierlichen Schnecke, die aus einem Blätternest wächst und sich in ihren gemalten

Dekorationen wiederholt (siehe Pompejan). Diese Ausarbeitung der typischen griechischen Ornamentik und der abgerundeten Zacken des Akanthus bildet das Hauptmerkmal der römischen Ornamentik, die wunderbar kühn und kraftvoll in Konzeption und Ausführung ist, aber an der Raffinesse und Feinheit der griechischen Kunst mangelt.

POMPEJANISCHES ORNAMENT. Tafel 10.

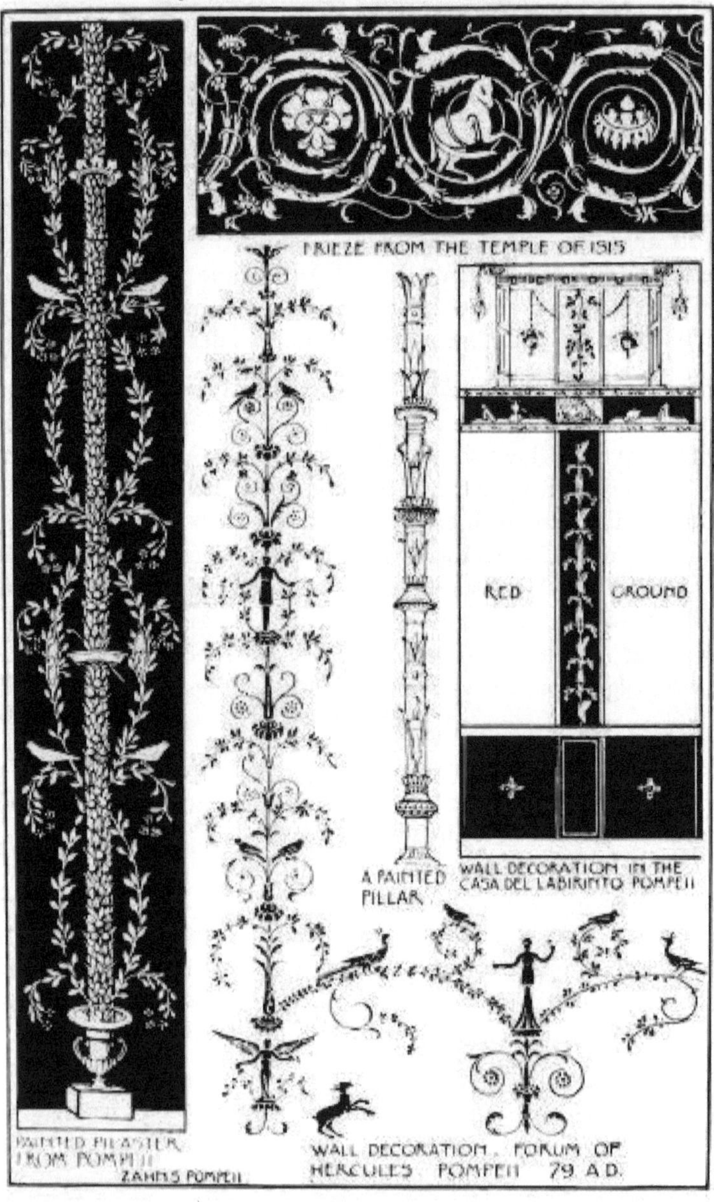

POMPEJANISCHES ORNAMENT.

Pompeji, Herculaneum und Stabia, römische Städte, wurden durch einen Ausbruch des Vesuvs im Jahr 79 n. Chr. begraben. Diese Städte hatten bereits im Jahr 63 n. Chr. unter einem Erdbeben gelitten und wurden rasch wieder aufgebaut, als sie schließlich durch den Ausbruch zerstört wurden. Der jüngere Historiker Plinius war Zeuge des Ereignisses in Pompeji und schrieb zwei Briefe an seinen Freund Tacitus, in denen er das Ereignis und seine Flucht aus der dem Untergang geweihten Stadt beschrieb, die siebzehn Jahrhunderte lang mit den Schätzen aus Gold und Silber begraben blieb , Bronzen von seltener Handwerkskunst, Wandmalereien in prächtigstem Maßstab und Mosaikböden von wunderbarer Ausführung und Gestaltung; Alles, was einen lebendigen Einblick in das häusliche und öffentliche Leben der Römer im 1. Jahrhundert n. Chr. gewährt. Herculaneum wurde 1709 und Pompeji 1748 n. Chr. entdeckt, und aus diesen Städten wurden viele wertvolle Kunstreste mitgenommen. Im Museum in Neapel gibt es über 1.000 Wandgemälde, etwa 13.000 kleine Bronzen, über 150 große Bronzen von Figuren und Büsten, 70 schöne große Mosaike sowie eine prächtige Sammlung von Marmorstatuen.

Auf Seite 23 finden Sie einen Plan eines römischen Hauses, der die Anordnung und Nutzung der Räume zeigt. Die mit Mosaiken bedeckten Böden, die des Vestibüls, der Korridore und der kleinen Räume weisen einfache Muster auf, die von Bordüren des Schlüsselmusters oder der Guilloche in schwarzer, roter, grauer und weißer Tesserie eingefasst sind . Der Triklinium- oder Esszimmerboden war oft ein prächtiges Mosaik, das ein mythologisches oder klassisches Thema darstellte. Die Wände waren farbig gestrichen , meist in einem Abstand von ⅙ der Wandhöhe, mit Pilastern, die die Wand in rechteckige Felder unterteilten, und einem Fries darüber (Tafel 10). Das allgemeine Farbschema war : der Dado und die Pilaster schwarz, die Tafeln rot und der Fries weiß; oder schwarzer Dado, rote Pilaster und Fries, mit weißen oder gelben Paneelen. Die Dekorationen auf diesen verschiedenfarbigen Untergründen waren leicht und phantasievoll und mit großer Feinheit gemalt. Darstellungen architektonischer Formen wie Säulen und Gebälk werden oft perspektivisch auf die bemalten Wände übertragen. Eine kleine, mit einem klassischen Motiv bemalte Tafel nimmt normalerweise die Mitte jeder Wandtafel ein.

Das gemalte Ornament hat in etwa die gleichen Merkmale wie das römische Reliefwerk, ist jedoch meist viel feiner in der Behandlung. Die Spiralform und die Hülle sind immer vorherrschend und aus diesen Hüllen und Bechern wachsen die feineren Ranken oder zart bemalten Blätterbüschel, auf denen Vögel platziert werden.

Stuckverzierungen, wie z. B. Zierleisten und Zierleisten , wurden häufig mit dem gemalten Ornament kombiniert; Sie bestehen aus kleinen Details wie dem Wasserblatt, dem Ei und dem Pfeil sowie dem Anthemion und werden in einer regelmäßigen Reihe wiederholt.

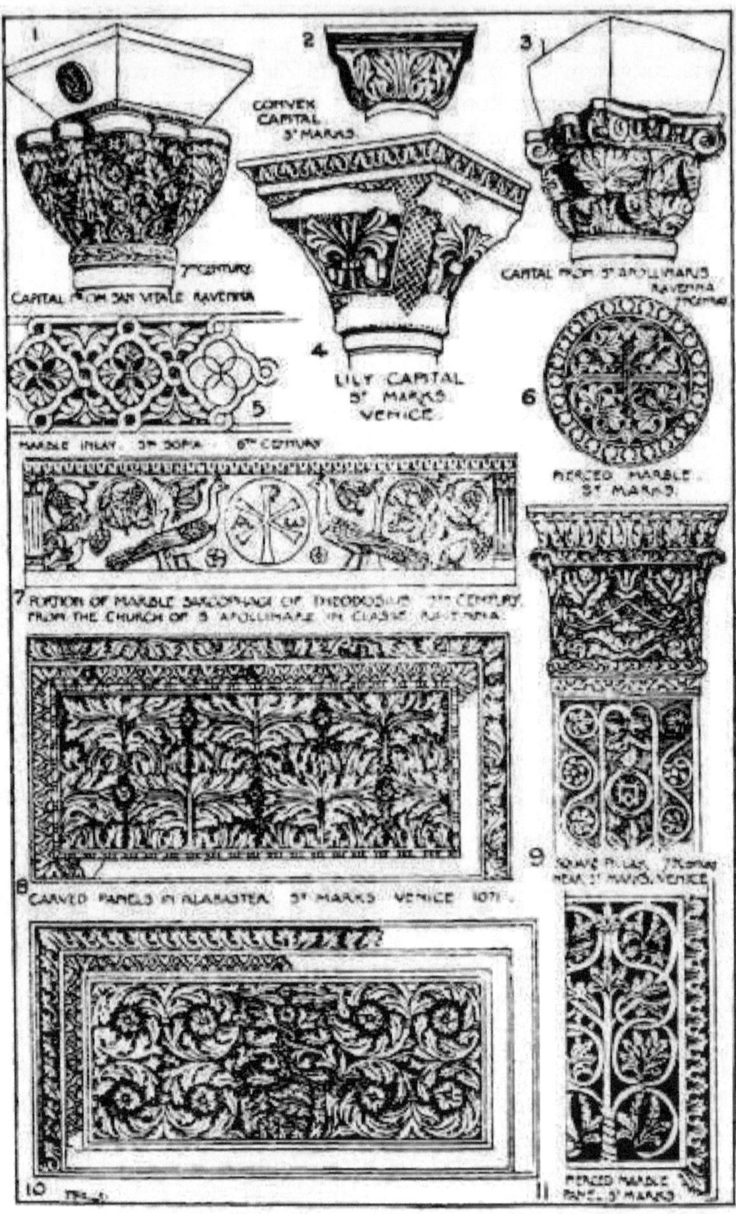

BYZANTINISCH.

Als Kaiser Konstantin im Jahr 330 n. Chr. den Regierungssitz von Rom nach Byzanz verlegte, leitete er eine neue Ära in der Kunst ein, nämlich die byzantinische. Die traditionellen griechischen und römischen Künste wurden nun mit den Künsten Persiens und Syriens assimiliert, aber von der neuen Religion geformt und beeinflusst, was ihnen die starke persönliche Vitalität, tiefe Bedeutung und Symbolik verlieh, die während der gesamten byzantinischen Zeit so bemerkenswert war.

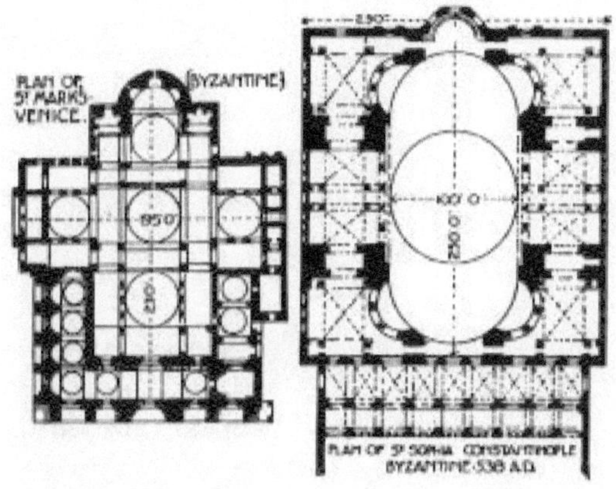

Der Stilwechsel erfolgte nicht sofort, denn die meisten von Konstantin errichteten Gebäude waren im traditionellen römischen Stil gehalten, aber die Künste wurden nach und nach perfektioniert, bis sie im Bau der Heiligen Sophia durch Anthemius von Tralles und Isidorus von Milet ihren Höhepunkt fanden , während der Herrschaft von Justinian, 538 n. Chr. Dieses Gebäude ist bemerkenswert für seine prächtige Kuppel, die von Halbkuppeln und Zwickeln auf einem quadratischen Grundriss getragen wird, seine Verzierung mit Mosaiken in herrlichen Farben und den großen Erfindungsreichtum und die Symbolik der Details. Das traditionelle scharfe Akanthusblatt der Griechen wurde mit den Symbolen des Christentums wie dem Kreis, dem Kreuz, der Rebe und der Taube vereint; Auch der Pfau ist häufig zu sehen. Figurenskulpturen wurden selten verwendet, aber Figurengruppen wurden in großer Zahl in den Goldgrundmosaiken verwendet, die den oberen Teil der Wände sowie die Gewölbe und Kuppeln der prächtigen byzantinischen Gebäude bedeckten. Die Kirchen von Ravenna in Italien weisen etwas ähnliche Merkmale auf; S. Vitale, die Basilikakirchen von S. Apollinare Nuovo, 493–525 n. Chr., S. Apollinare in Classe , 538–44 n. Chr., sind zusammen mit den Baptisterien reich an Mosaiken und skulpturalen Kapitellen aus dem 6. und 7. Jahrhundert. In den Kathedralen von Torcello (670 n. Chr.) und Murano sowie im wunderschönen Markusdom in Venedig wurden Marmor und Mosaike in großem Umfang verwendet. Die beiden hier vorgelegten Skizzenpläne sind typisch für die byzantinische Planung, in der die Symbolik des Kreises und des Kreuzes als konstruktive Merkmale verwendet wird. Diese Symbolik ist ein markantes Merkmal der byzantinischen Ornamentik; Ineinander verschlungene Kreise und Kreuze vermischen sich mit der Akanthuspflanze oder der Ranke und sind mit einem eigentümlichen V-förmigen Schnitt versehen. Der kreisförmige Bohrer wird hauptsächlich zum Einsenken der Blätter verwendet, und in den skulpturalen Ornamenten dieser Zeit ist nur wenig vom Hintergrund sichtbar.

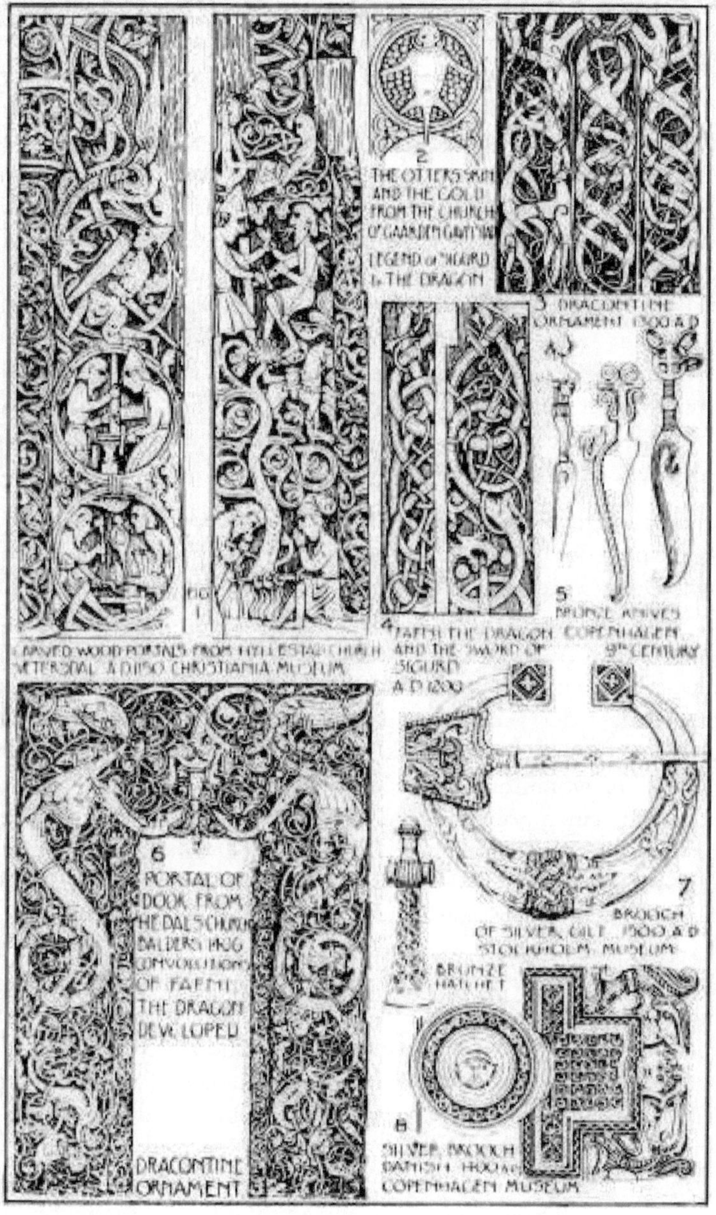

SKANDINAVISCHES ORNAMENT.

Der wunderschöne Bronze- und Silberschmuck und die Kriegsgeräte aus der frühen Wikingerzeit, die in Norwegen, Schweden und Dänemark gefunden wurden, weisen in ihrer Verzierung keinerlei Spuren pflanzlicher Formen auf; letztere bestehen ausschließlich aus ineinander verschlungenen Tierformen, hauptsächlich dem Drachen. Das 1880 in Sandifiord gefundene Wikingerschiff weist zwar keine Verzierungen auf, weist aber Spuren des „bronzefarbenen Drachenbugs" auf, der in den frühen skandinavischen Sagen erwähnt wurde. Zu Beginn des 12. Jahrhunderts findet man Pflanzenformen vermischt mit Drachen, und die Figurenskulptur erlangte Bedeutung bei der Behandlung der Göttermythen. Frey, Woden , Thor und Fyr aus der heidnischen Zeit, beeinflusst durch den neueren Kult in der Religion. Dies zeigt die Sigurd-Überlappung.

Hreiômar hatte drei Söhne, Otter, Fafni und Regan. Otter wurde eines Tages von Loki, einem der drei skandinavischen Götter – Loki, Hœni und Woden – getötet. Diese wurden von Hreiômar gefangen genommen , der sie erst freiließ, wenn die Haut von Otter mit Gold bedeckt war. Daraufhin ergriff Loki den Zwerg Andwan , der seinen Goldschatz und einen Ring mit magischen Eigenschaften abgeben musste und einen Fluch mit sich brachte, der besagte, dass der Schatz den Tod derjenigen bedeuten sollte, die ihn besaßen. Dann kehrte Loki zurück und bedeckte die Haut des Otters mit Gold (Abb. 3), woraufhin die Götter freigelassen wurden. Dann wurde Hreiômar von seinen Söhnen wegen des Schatzes getötet. Nachdem Fafni letzteren erobert hatte, nahm er die Gestalt eines Drachens an und bewachte die Plünderung in der Gnita- Heide. Um an den Schatz zu kommen, forderte sein Bruder Regan seinen Pflegesohn Sigurd auf, den Drachen zu töten. Als Sigurd sein Schwert testete, zerbrach es es in zwei Teile, woraufhin Regan ihm ein magisches Schwert machte, mit dem er sich in die Spur des Drachen legte und es durchbohrte (Abb. 1-4). Dann holte Regan das Herz des Drachen heraus, das Sigurd in Scheiben schnitt und röstete, während Regan schlief. Sigurd verbrannte sich die Finger, steckte sie in seinen Mund und schmeckte das Blut von Fafni , dem Drachen (Abb. 1), und siehe da! Er hörte die Stimmen von Vögeln, die ihm sagten, dass Regan plante, ihn zu töten. Dann tötete Sigurd Regan, aß das Herz von Fafni , legte den Schatz auf den Rücken des edlen Pferdes Grani und ging, nur um für das Gold von Gunnar getötet zu werden, der für dieses Verbrechen in die Schlangengrube geworfen wurde (Abb. 1). [A]

Dieser Mythos erklärt einen Großteil des skandinavischen Ornaments, denn in Feigen. In den Kapiteln 1 und 2 wird die Geschichte in einer Reihe von

Begebenheiten erzählt, die sich durch die Fruchtbarkeit der Erfindung und der drakontinen Verzierung auszeichnen. Halton Cross in Lancashire und eine Tafel in Kirk Andreas auf der Isle of Man illustrieren dieselben Motive aus dem 11. Jahrhundert. In späterer Zeit tritt der Drache stärker in Erscheinung, bis er im 14. Jahrhundert das gesamte Portal mit dem wunderschönen Flechtornament ausfüllt (Abb. 6).

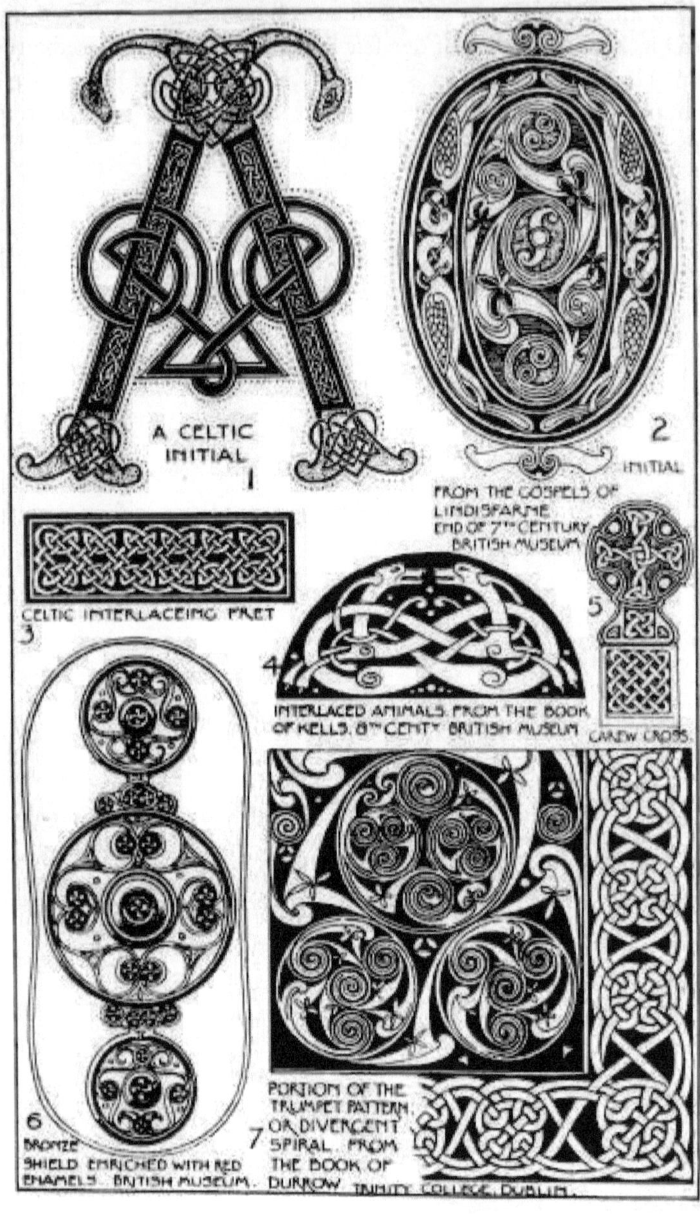

A CELTIC INITIAL
1
2 INITIAL
FROM THE GOSPELS OF LINDISFARNE END OF 7TH CENTURY BRITISH MUSEUM
CELTIC INTERLACEING FRET
3
4 INTERLACED ANIMALS FROM THE BOOK OF KELLS. 8TH CENTY BRITISH MUSEUM
5
CAREW CROSS.
6 BRONZE SHIELD ENRICHED WITH RED ENAMELS BRITISH MUSEUM.
7 PORTION OF THE TRUMPET PATTERN OR DIVERGENT SPIRAL FROM THE BOOK OF DURROW TRINITY COLLEGE, DUBLIN.

Keltisches
Ornament.

Keine Epoche in der Kunstgeschichte ist bemerkenswerter als die keltische. Die geschnitzte Steinarchitektur und die Kreuze, die Bronze-, Email- und Silberschmiedearbeiten, die prächtigen illuminierten Bücher und Manuskripte mit Kapitellen und Rändern voller Bilder und komplizierter Details sowie die klare und genaue Schreibweise des Textes sind allesamt Hinweise auf die Kultur und die Liebe zum Ornament des frühen irischen Volkes. Die eingeschnittenen Ornamente auf den Steingräbern des 3. und 4. Jahrhunderts v. Chr. zeigen einfache Formen wie Karos , Chevrons, Kreise und Spiralen, die von fast allen Naturvölkern verwendet wurden, doch schon in diesem frühen Stadium zeigten die Kelten eine bemerkenswerte Vorliebe für die Spirale und ineinandergreifende Formen. Der Bronzeschild (Abb. 6) mit seinen Spiralen und Buckeln aus Emaille, die mit dem nördlichen „Fylfot" verziert sind, ist ein typisches Beispiel für das 2. oder 3. Jahrhundert n. Chr. Dann kommt das Trompetenmuster oder die divergierende Spirale, die, wie man sieht, noch in den Kinderschuhen steckt auf dem Bronzeschild, erreichte im 8. und 9. Jahrhundert einen hohen Grad an Ausarbeitung (Abb. 2 bis 7) und war typisch für keltische Arbeiten bis zur Mitte des 11. Jahrhunderts, als alle Spuren dieser Spirale verloren gingen. Die vom 8. bis 14. Jahrhundert verwendeten ineinander verschlungenen Vogel- und Tierformen stammen zweifellos aus byzantinischen und lombardischen Quellen. Die Schlange oder der Drache, die vom 7. bis zum 15. Jahrhundert ein so markantes Merkmal sind, müssen aus dem Norden entlehnt worden sein, da es in Irland keine Drachentraditionen gab und wir nach Skandinavien mit seiner Legende von Fafni suchen müssen für den Ursprung der Dracontin- Behandlung. Es ist dieser zormorphische Charakter, der den keltischen Stil von allen anderen Ornamentstilen außer dem skandinavischen unterscheidet.

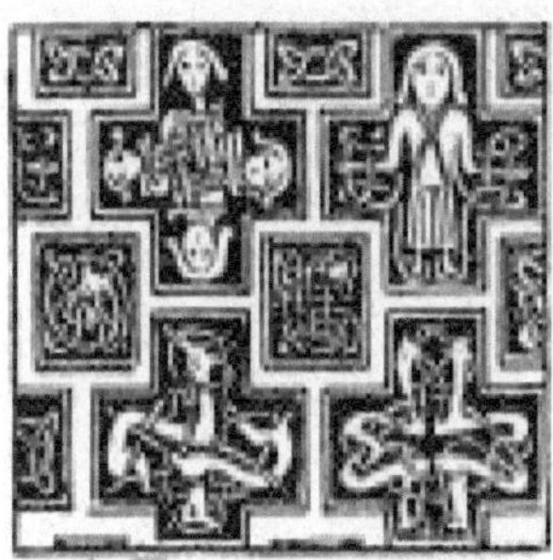 

Die hier gezeigten Illustrationen aus dem Lismore-Bischof sind typische Beispiele dieser keltischen Dracontin- Behandlung. Die frühe oder heidnische Zeit ist bekannt für ihre gegossenen und bearbeiteten Bronzearbeiten, die mit Champlevé-Emaille verziert sind. Der feine Kelch von Ardagh (Tafel 34) und die Tara-Brosche (7. Jahrhundert) sind prächtige Beispiele der christlichen Zeit aus St. Patrick, 440–460 n. Chr. Das wunderschöne Book of Kells , 650-690 n. Chr., das Book of Armagh, 807 n. Chr., das Book of Durrow, 750 n. Chr. (Trinity College, Dublin) und das Book of Durham, 689-721 n. Chr., geschrieben von Eadfrith und illuminiert von Ethelwald sind eine Hommage an die Vitalität, die Assimilation von Ideen sowie die Kultur und wunderbare Handwerkskunst des frühen irischen Volkes.

Normannische und gotische Architektur.

Die englische gotische Architektur wurde zur Klassifizierung der Stile grob in Epochen eingeteilt, wobei die folgenden Stile am allgemeinsten akzeptiert werden.

Von Sharpe. [B]

		ANZEIGE
Romanisch—	Sächsisch	1066.
	normannisch	1066-1145.
Gotisch-	Übergangsweise	1145-1190.
	Lanzette	1190-1245.
	Krummlinig	1245-1360.
	Geradlinig	1360-1550.

Von Rickman. [C]

		ANZEIGE
Romanisch—	normannisch	1066-1189.
	Frühes Englisch	1189-1307.
Gotisch-	Dekoriert	1307-1379.
	Aufrecht	1379-1483.
	Tudor	1483-1546.

Französische Klassifikation von De Caumont.

	Ursprünglich	5. bis 10 Jahrhundert.
Romanisch—	Secondaire	10. bis 12 ”
	Tertiär	12 ”
	Primitive	13 Jahrhundert.
Spitz-	Secondaire oder Rayonnant	14 ”
	Tertiaire oder Flamboyant	15 ”

Die meisten unserer prächtigen Kathedralen wurden zwischen 1066 und 1170 n. Chr. von normannischen Bischöfen gegründet, einige auf den alten sächsischen Fundamenten wie Canterbury und York oder in der Nähe der ursprünglichen sächsischen Gebäude wie in Winchester oder an neuen Standorten wie Norwich und Peterborough ausnahmslos prächtigere Bauten als die der früheren Zeit, Teile des älteren Stils sind in vielen Kathedralen noch vorhanden und zeigen die Verschmelzung römischer und byzantinischer Architektur mit der persönlicheren und kraftvolleren Kunst der keltischen, sächsischen und skandinavischen Völker.

Der auf der nächsten Seite dargestellte Plan der Kathedrale von Lincoln zeigt keine Spur der Apsidenanordnung, die in normannischen und französischen Kathedralen so üblich ist, und wird daher als eine typisch englische Kathedrale angesehen. Jede vertikale Unterteilung im Kirchenschiff, im Chor und im Querschiff wird als Joch bezeichnet. Auf Tafel 14 ist eine Abbildung von vier typischen Erkern englischer Kathedralen zu sehen, die die Entwicklung des Stils vom 12. bis zum 15. Jahrhundert zeigt. Die allgemeine Charakteristik jeder Bucht wird separat angegeben, kann aber natürlich nur annähernd sein, da der Bau jeder Kathedrale von lokalen Überlegungen beeinflusst wurde und sich jede Epoche zwangsläufig mit der Vorgängerperiode überschnitt und so einen Übergangsstil bildete. Im Chor der Ripon-Kathedrale beispielsweise haben der Gang und der Obergaden halbrunde normannische Fenster und die Arkaden des Kirchenschiffs weisen Spitzbögen auf. In den Arkaden des Triforiums und des Obergadens sind Rundbögen neben Spitzbögen zu sehen.

Die PIERS (manchmal auch Säulen genannt) dieser Buchten weisen charakteristische Merkmale auf, die für jede Epoche der gotischen Entwicklung charakteristisch sind. Hier werden Skizzenpläne gegeben, die die Veränderungen zeigen, die in der Form des Piers von 1066 bis 1500 stattfanden. Die gleichen allgemeinen Merkmale sind bei den Bogenprofilen und Schnurverläufen zu beobachten.

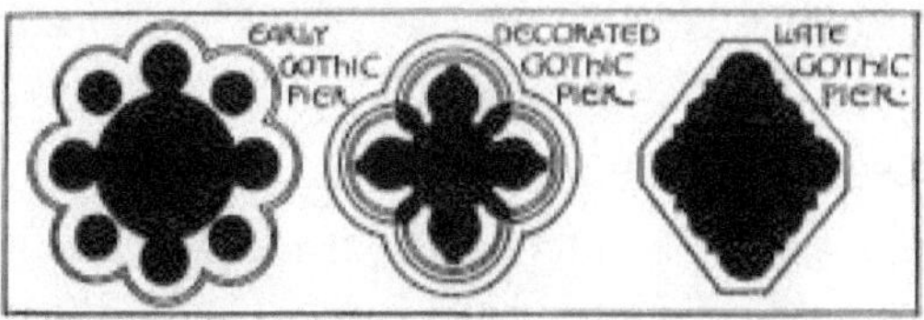

MERKMALE DER NORMANISCHEN ZEIT.

ARKADEN IM KIRCHENSCHIFF. Der universelle Einsatz von Rundbogen-, Zylinder- oder Rechteckpfeilern mit halbkreisförmigen Schäften an jeder Stirnseite. Kubische und kissenförmige Kapitelle. Bogenleisten , angereichert mit konzentrischen Reihen von Chevron- und Billet-Ornamenten.

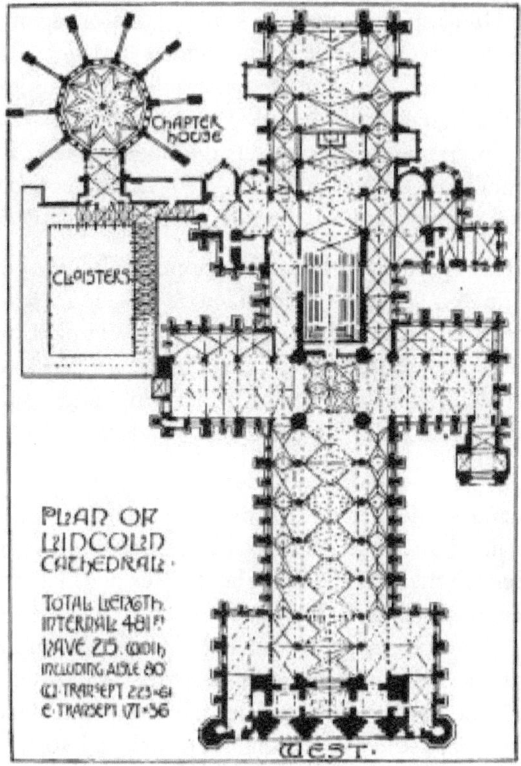

TRIFORIUM. Im Frühwerk ein Bogen. In späteren Arbeiten wurden zwei oder vier kleine Bögen auf einzelnen Schäften unter einem großen Halbkreisbogen getragen.

KLARGESCHICHTE. Ein Fenster mit einem offenen Arkadengang vorn, bestehend aus drei Bögen, der mittlere größer und oft gestelzt. Diese Arkade bildet eine schmale Galerie in der Dicke der Clearstory-Mauer. Das Dach des Kirchenschiffs ist aus Holz, flach und getäfelt , das Dach der Seitenschiffe hat ein halbkreisförmiges Quadra-Partite-Gewölbe.

An der Wand unter den Gangfenstern wurde üblicherweise ein Arkadengang aus Halbkreisbögen angebracht.

Frühe Fenster sind schmal, bündig mit der Außenwand und nach innen tief gespreizt. Spätere Fenster sind außen versenkt, mit Pfostenschäften und Kapitellen, die einen verzierten geformten Bogen tragen. Es sind noch einige halbkreisförmige Rosettenfenster übrig, von denen sich ein schönes Beispiel in der Barfrestone Church in Kent befindet.

FRÜHE ENGLISCHE ODER LANCET-ZEIT.

Die Lanzette oder der Spitzbogen universal.

KAPITELLE aus dreilappigem Blattwerk und kreisförmigem Abakus. Die Pfeilerbogenformteile wechseln sich mit runden und tief ausgeschnittenen Vertiefungen ab und sind mit dem charakteristischen Hundezahnornament verziert. Eine Haubenleiste , die in Vorsprüngen aus Blattwerk oder skulpturierten Köpfen endet, umgibt stets die Bogenleisten . Diese geformte Haube wird bei äußerer Verwendung als „Tropfstein" und bei horizontaler Verwendung über einem quadratischen Fenster als „Etikett" bezeichnet .

Das TRIFORIUM hat einen einfachen oder doppelten Bogen, der die kleineren oder untergeordneten Bögen bedeckt, wobei die Zwickel mit einem versenkten oder durchbrochenen Kleeblatt oder Vierpass bereichert sind. Die Triforium-Pfeiler sind solide, an ihnen sind zarte Schäfte befestigt, sie tragen Bogenverzierungen dreier Ordnungen und sind mit dem Zahnschmuck *des Hundes* oder Kleeblattwerk verziert.

Die CLEARSTORY- Lanzettenfenster bestehen aus Drillingen und weisen einen Arkadengang an der Innenseite der Wand auf. Gelegentlich ragt der Gewölbeschaft aus dem Boden, meist aber aus einem Kragstein über den Hauptstädten des Kirchenschiffs, und endet unter der Lichtstockschnur mit einem verzierten Kapitell, aus dem das einfache Gewölbe entspringt, das meist eine vier- oder sechsteilige Form hat. Frühe Fenster in kleinen Kirchen waren paarweise und am östlichen Ende, meist dreifach, mit Grisaille-Buntglas angeordnet, ähnlich dem auf der nächsten Seite gezeigten Beispiel der Kathedrale von Salisbury. Das beigefügte Beispiel vom östlichen Ende der Abtei Rievaulx zeigt ein fein proportioniertes Fenster und seine Anordnung.

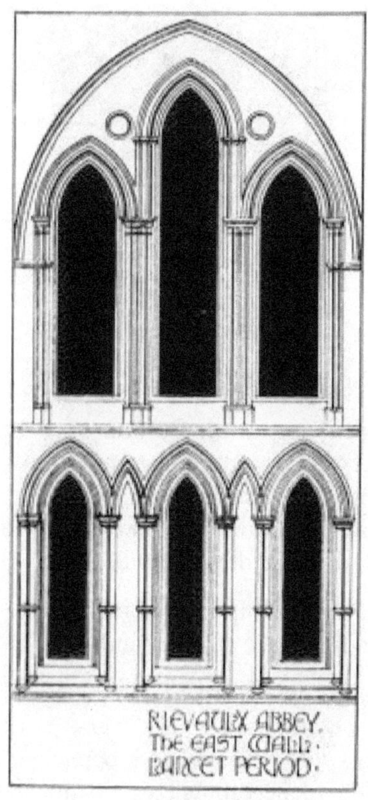

Schöne und raffinierte Figurenskulpturen wurden häufig an Außenwänden verwendet. Die Figuren von Heiligen und Bischöfen wurden einzeln unter dreieckigen Giebeln und Spitzbögen platziert, wovon es schöne Beispiele in Wells, Lichfield, Exeter und Salisbury gibt (Abb. 5, Tafel 14). Prächtige Beispiele kreisförmiger Rosettenfenster sind im nördlichen und südlichen Querschiff der Kathedrale von Lincoln, ebenfalls in York, zu sehen, aber in England sind sie vergleichsweise selten, während Frankreich über 100 der schönsten und bedeutendsten Beispiele dieser Art kirchlicher Verzierungen besitzt . Sie sind in den Kathedralen Notre Dame, Rouen, Chartres und Reims zu sehen.

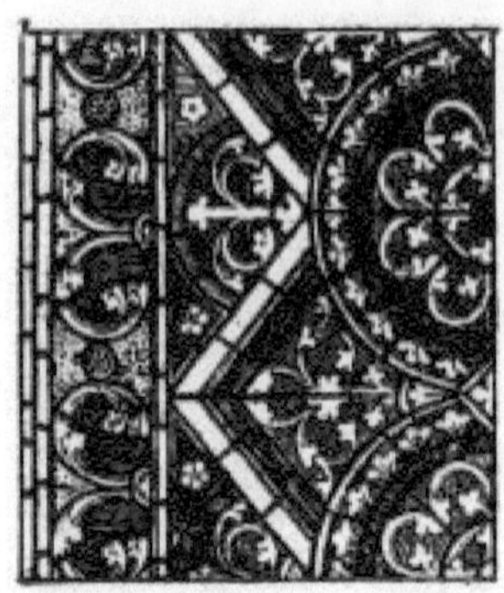

DEKORIERTE ODER GEOMETRISCHE ZEIT.

Dabei haben die Pfeiler eingesetzte Schäfte mit Kapitellen, die schlichte Zierleisten haben oder mit fein geschnitztem Blattwerk aus Eiche, Ahorn oder Malve verziert sind. Die Pfeilerbögen weisen Zierleisten dreier Ordnung auf, die ebenfalls verziert sind, meist mit der charakteristischen Kugelblume oder Blattwerk ähnlich dem auf den Kapitellen.

Das TRIFORIUM besteht aus Doppelbögen mit untergeordneten Spitzbögen, die mit geometrischem Maßwerk verziert sind.

Der innere Arkadengang des Clearstory fehlt, das eine große Fenster ist durch Pfosten und geometrisches Maßwerk oder durch gleichseitige Dreiecke, die mit Kreis- und Stabmaßwerk bereichert sind, unterteilt (Abb. 3, Tafel 14). Über den Pfeilerkapitellen wird üblicherweise eine verzierte Konsole angebracht, aus der die Gewölbeschäfte hervorgehen, und die mit einem reich geschnitzten Kapitell unter der Clearstory-Schnur endet.

Die Gangarkaden sind in der Regel sehr schön, mit geometrischem Maßwerk und fein proportionierten Zierleisten , die Gangfenster mit Pfosten und kühnem geometrischem Maßwerk. Typisch für diese Zeit sind die runden Rosettenfenster der Querschiffe.

SENKRECHT UND TUDOR.

Die PFEILER dieses Stils sind hoch und mit flachen Zierleisten versehen , die rund um den Pfeilerbogen getragen werden und an denen Kapitelle angebracht sind. Sie ähneln häufig einem Band um den Pfeiler an der Spitze des Bogens oder haben gelegentlich eine achteckige Form und sind mit einem verziert eckige Behandlung der Rebe. In einigen Fällen ist der obere Teil des schlichten achteckigen Kapitells mit einer Zinne versehen. Letzterer wird auch häufig als Bekrönung der aufwändigen senkrechten Schirme oder zur Entlastung der lichten Stockwerke verwendet.

Das TRIFORIUM fehlt in dieser Zeit, die Bucht besteht nur aus zwei horizontalen Abschnitten. Die CLEARSTORY gewinnt aufgrund der

Unterdrückung des Triforiums an Bedeutung. Die Fenster sind groß und oft paarweise angeordnet, mit vertikalen Pfosten, die bis zu den Bogenleisten des Fensterkopfes reichen. Die Gangfenster sind ähnlich und haben, wenn sie höher sind, horizontale Riegel, auf denen die Zinnenverzierung zur Schau gestellt wird. Da auch die Arkaden im Gang unterdrückt wurden, wurden alle glatten Wandflächen mit senkrechtem Flächenmaßwerk bedeckt. Verzierungen dieser Art wurden in größter Fülle an Wänden, Brüstungen, Strebepfeilern und Bögen sowie an den Pfosten und Untersichten von Türen verwendet. Dies bildet zusammen mit der Verwendung des Vier- Zentren - Bogens die charakteristischen Merkmale der Perpendicular- oder Tudor-Zeit. Englische Kathedralen weisen in ihrer Größe einen deutlichen Kontrast zu zeitgenössischen französischen Gebäuden auf. Das englische Kirchenschiff und der Chor sind in Höhe und Breite geringer, aber länger als französische Kathedralen. Beispielsweise ist Westminster die höchste unserer englischen Kathedralen. Ihr Kirchenschiff und ihr Chor sind vom Boden bis zum Dach 103 Fuß lang, 30 Fuß breit und 505 Fuß lang. Als nächstes folgt York mit einer Länge von 101 Fuß vom Boden bis zum Dach, einer Breite von 45 Fuß und einer Länge von 486 Fuß. Salisbury ist 84 Fuß vom Boden bis zum Dach, 32 Fuß breit und 450 Fuß lang, und Canterbury ist 80 Fuß vom Boden bis zum Dach, 39 Fuß breit und 514 Fuß lang. Lincoln mit 82 Fuß und Peterborough mit 81 Fuß sind die einzigen anderen Beispiele, die eine Höhe von 80 Fuß erreichen; York ist mit 45 Fuß die einzige, die eine Kirchenschiffbreite von mehr als 40 Fuß erreicht.

Die Maße zeitgenössischer französischer Kathedralen sind dagegen wie folgt: – Chartres, 106 Fuß vom Boden bis zum Dach, 46 Fuß breit und 415 Fuß lang; Notre Dame, 112 Fuß vom Boden bis zum Dach, 46 Fuß breit und 410 Fuß lang; Reims, 123 Fuß vom Boden bis zum Dach, 41 Fuß breit und 485 Fuß lang, während das in Beauvais die große Höhe von 153 Fuß im Kirchenschiff, 45 Fuß Breite und nur 263 Fuß Zoll erreicht Länge.

Das bemerkenswerte Wachstum des gotischen Stils im 13. und 14. Jahrhundert war zeitgenössisch in England, Frankreich, Flandern, Deutschland und in geringerem Maße in Italien. Eine der schönsten Kirchen Italiens ist S. Maria della Spina in Pisa mit ihren reich verzierten Türmen und Baldachinen, Merkmale, die sich wenig später am Grab der berühmten *Scaliger* in Verona wiederholten. In Venedig unterscheidet sich die Gotik durch die Verwendung des Spitzbogens mit Spitzen und durchbrochenen Vierpässen. In Frankreich und England erreichte die gotische Architektur ihren Höhepunkt. die Abteien und Kathedralen mit Zinnen, Türmen und Türmen, bereichert mit den kraftvollsten und schönsten Skulpturen; Die Arkaden und Baldachine mit Kronkorken, Endstücken und Spitzen, die vor Interesse und Details vibrieren, und die prächtigen Fenster mit prächtigem farbigem Glas sind allesamt Hommagen an den religiösen Eifer und die großartige Handwerkskunst des Mittelalters .

Auf der gegenüberliegenden Seite sind Abbildungen zu sehen, die die Veränderungen zeigen, die in der Entwicklung der Kirchenarchitektur vom 12. bis zum 15. Jahrhundert stattfanden. Das Triforium war in der Normannenzeit von grundlegender Bedeutung, in der Perpendikularzeit fehlte dieses Merkmal jedoch. Der Stilwechsel kann auch an den Fenstern jedes Erkers beobachtet werden, vom einfachen normannischen Fenster (Abb. 1) zum vertikalen Sprossenfenster aus dem 15. Jahrhundert, Abb. 4 und 8.

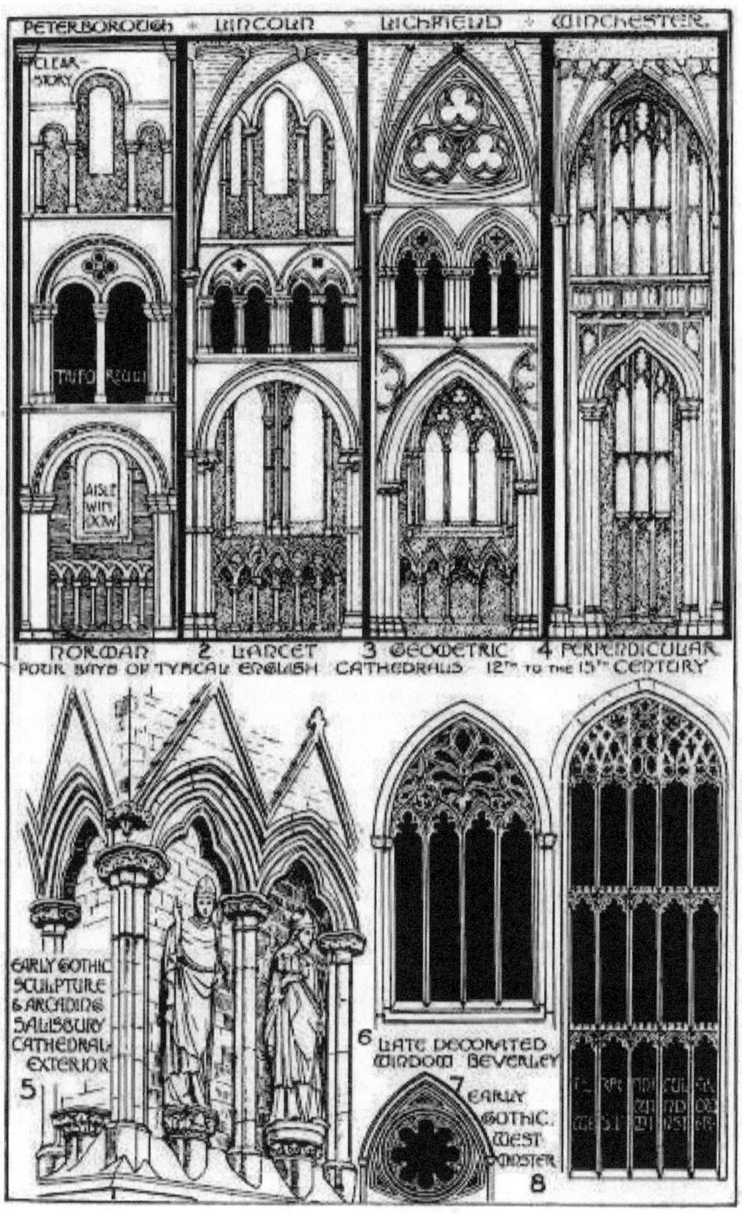
PETERBOROUGH LINCOLN LICHFIELD WINCHESTER
CLEAR STORY
TRIFORIUM
AISLE WINDOW
1 NORMAN   2 LANCET   3 GEOMETRIC   4 PERPENDICULAR
FOUR BAYS OF TYPICAL ENGLISH CATHEDRALS 12TH TO THE 15TH CENTURY
EARLY GOTHIC SCULPTURE & ARCADING SALISBURY CATHEDRAL EXTERIOR
5
6 LATE DECORATED WINDOW BEVERLEY
7 EARLY GOTHIC WEST MINSTER
PERPENDICULAR WINDOW WESTMINSTER
8

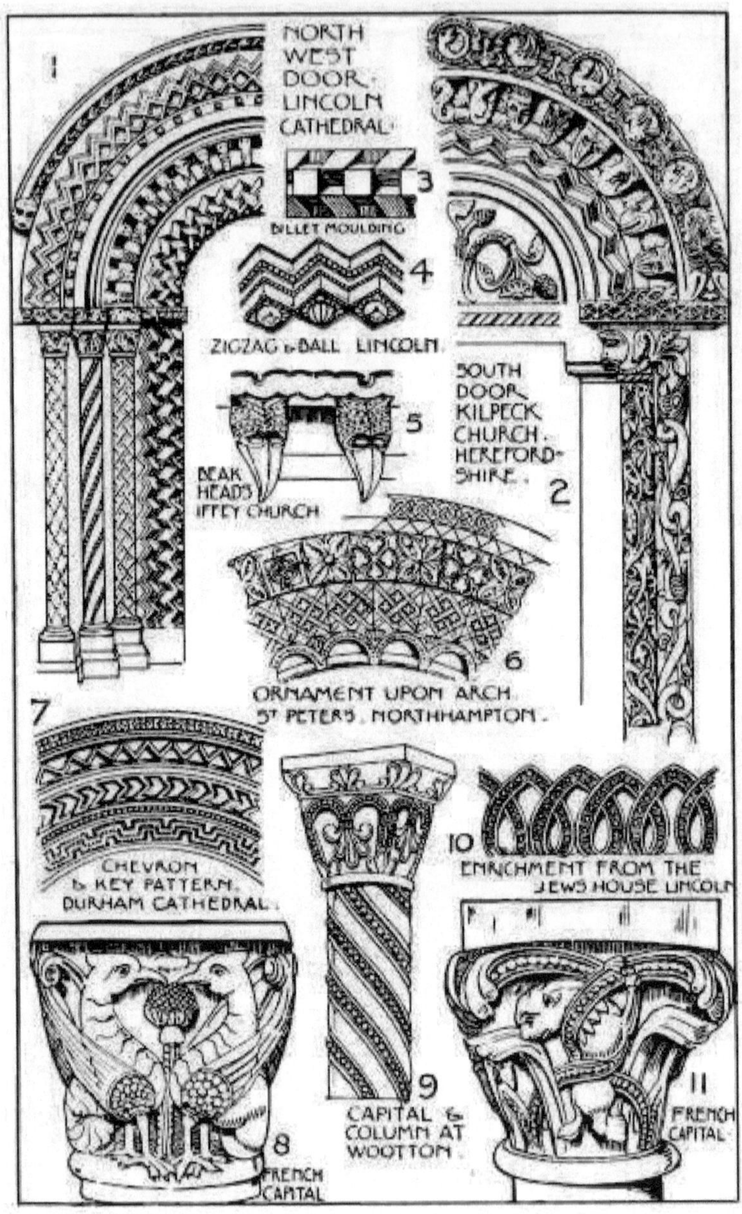
1
NORTH WEST DOOR. LINCOLN CATHEDRAL.
3
BILLET MOULDING
4
ZIGZAG & BALL LINCOLN.
5
BEAK HEADS IFFEY CHURCH
SOUTH DOOR KILPECK CHURCH. HEREFORDSHIRE.
2
6
ORNAMENT UPON ARCH. ST PETERS. NORTHHAMPTON.
7
CHEVRON & KEY PATTERN. DURHAM CATHEDRAL.
10
ENRICHMENT FROM THE JEWS HOUSE LINCOLN
9
CAPITAL & COLUMN AT WOOTTON.
8
FRENCH CAPITAL
11
FRENCH CAPITAL

NORMANISCHE
DETAILS.

Die normannische Architektur zeichnete sich durch die Verwendung des traditionellen Halbkreisbogens aus, der durch den Spitzbogen der frühen Gotik ersetzt wurde. Diese Halbkreisbögen waren in früheren Zeiten mit grob ausgeführten Schnitzereien verziert, die geschnitten oder mit der Axt bearbeitet wurden. Spätere normannische Arbeiten sind sehr reichhaltig, die Formteile sind gut geschnitzt und mit Chevron-, Kabelpaletten-, Stern-, Bund- oder Schlüsselmustern angereichert; die Raute und die Perlen oder Perlen. Charakteristische Merkmale dieser Zeit sind auch der Schnabelkopf (Abb. 5) und der Konsolentisch, bei dem es sich um eine Reihe von Menschen- oder Tierköpfen handelte, aus denen kleine Bögen hervorgingen, die die Brüstung stützten. Viele reiche Beispiele normannischer Oberflächenornamente sind noch erhalten; in Christchurch, Hants, findet man eine wunderschöne, sich kreuzende Arkadenanordnung aus halbkreisförmigen Bögen, deren Bereicherung oben ein Schuppen- oder Schuppenmuster ist; In St. Peter's, Northampton, ist ein sehr reichhaltiges Beispiel für Oberflächenornamente zu sehen (Abb. 6).

Blumenformen werden in normannischen Ornamenten nur selten verwendet; Es sind Beispiele für die Verwendung der Rose und des Tannenapfels bekannt, aber sie sind die Ausnahme und nicht die Regel.

Frühe Türen haben normalerweise einen quadratischen Kopf, der unter halbkreisförmigen Bogenleisten eingelassen ist und mit dem Chevron-, Schlüssel- oder Schnabelkopf verziert ist. Das halbkreisförmige Tympanon über der Tür war schlicht oder mit groben Skulpturen im Flachrelief versehen. Spätere Türen weisen eine große Fülle an Ornamenten in den Archivolten- und Bogenleisten auf , die oft bis in die Pfostenleisten reichen . Die zurückgesetzten Säulen sind ebenfalls mit dem Chevron oder diagonalen Perlenlinien verziert (Abb. 1) und haben skulpturale Kapitelle, die eine klassische Tendenz in der Anordnung von Akanthusblättern und Voluten zeigen. Schöne Beispiele dieser Zeit sind an der Westfassade der Kathedrale von Lincoln (Abb. 1), der Galiläa-Vorhalle in Durham und der Westtür der Iffley Church in Oxfordshire zu sehen .

Die normannischen Kapitelle sind meist kissenförmig, mit einem quadratischen Abakus, verziert mit dem Chevron-Muster, dem Sternmuster oder dem Anthemion (Abb. 9). Das Kapitell selbst war mit dem Anthemion oder mit groben Voluten oder Kreissegmenten geschmückt.

Die Architektur dieser Zeit in Frankreich weist im Gegensatz zu zeitgenössischen Werken in England einen starken römischen Einfluss auf, daher der Name „Romanik". St. Trophine in Arles ist ein schönes Beispiel dieses Stils, schön in seinen Proportionen und kraftvoll im Detail. Die Westfassade der Kathedrale von Angoulême weist mit ihren zahlreichen halbkreisförmigen Arkaden eine stärkere Affinität zu zeitgenössischen Werken in England auf. In den beiden französischen Hauptstädten (Abb. 9 und 10) ist eine charakteristische Behandlung von Tieren und Vögeln zu erkennen, die eine starke Vitalität in der Zierkunst dieser Zeit zeigt.

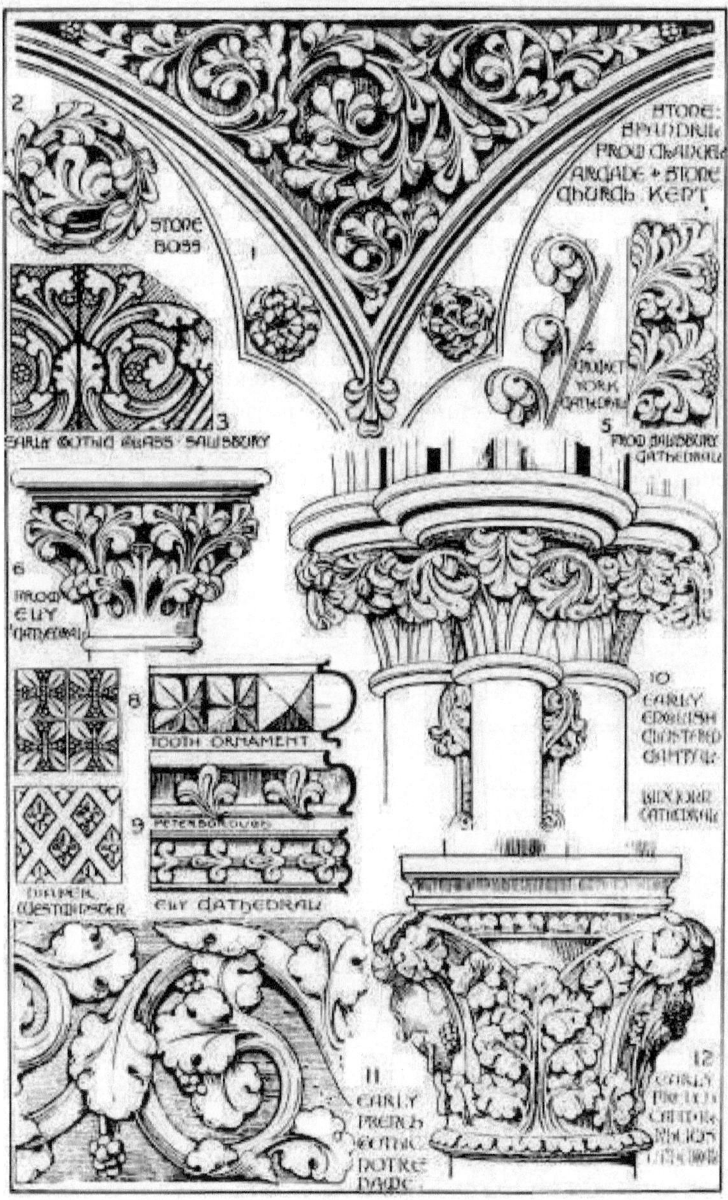

FRÜHE GOTISCHE
DETAILS.

den NORMANNISCHEN Stil folgte der spitze oder GOTISCHE Stil, der sich durch seine Vielfalt, seine Schönheit der Proportionen und die einzigartige Anmut und Kraft seiner Ornamente auszeichnete. Da es keine Traditionen jenseits des sizilianischen und arabischen Einflusses aufwies, wuchs es schnell und erreichte in Frankreich und England einen hohen Grad an Perfektion. Der massive und barbarische Charakter des normannischen Stils machte den leichten gebündelten Schäften und wohlproportionierten Zierleisten der frühen englischen Gotik Platz, deren Kapitelle durch einen kreisförmigen Abakus gekennzeichnet waren und das typische dreilappige Blattwerk, das aus der Einschnürung des Turms nach oben wuchs Schäfte, die sich dann in wunderschönen Kurven und Spiralen unter dem Abakus ausbreiten. Diese Tendenz zur Spirallinie ist typisch für die frühe Gotik und unterscheidet sie von der dekorierten und senkrechten Periode. Die hier gezeigten Diagramme der drei Kroketten zeigen den besonderen Charakter des englischen gotischen Ornaments.

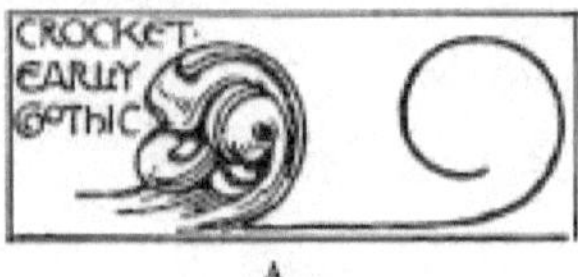

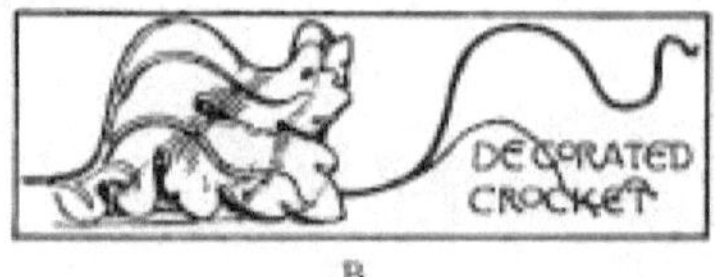

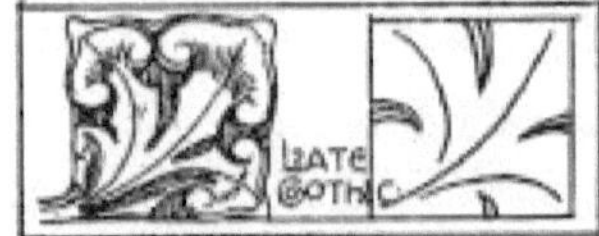

A. Frühgotisch, dreilappige, spiralförmig angeordnete Blätter. B. im gotischen Stil dekoriert, mit natürlichen Laubarten wie Eiche und Ahorn, mit einer fließenden, umlaufenden Linie . C. Senkrechte Gotik, die Weinrebe und Blätter als Elemente zeigt und quadratisch und eckig angeordnet ist. Die gleichen Merkmale und Eigenschaften sind in den hier angegebenen Grenzen zu beobachten.

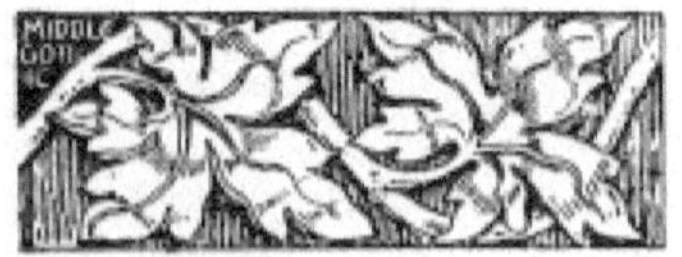

Der wunderschöne geschnitzte Zwickel aus der Steinkirche von Kent (Abb. 1) ist bemerkenswert für die Kraft und Flexibilität der Krümmung, seine wiederkehrenden Formen der Verzierung und die bewundernswerten Abstände, die typisch für einen Großteil unseres frühen englischen Laubwerks sind.

Die Art des Blattwerks in frühen englischen Glasmalereien ähnelt in gewisser Weise den zeitgenössischen Schnitzarbeiten, zeigt jedoch mehr davon

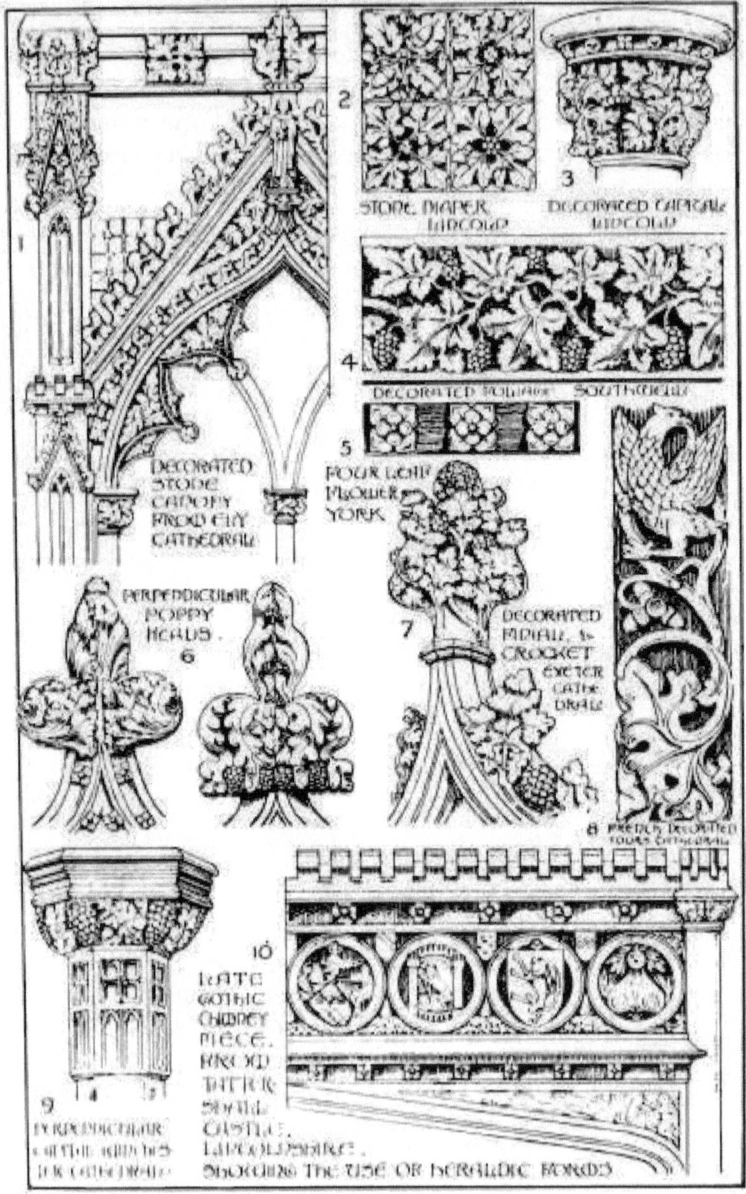

Profil des Blattes, und es hat zusätzlich zu den spiralförmigen Blattformen eine geometrische oder strahlenförmige Anordnung.

Frühe französische Arbeiten (Abb. 7 und 8) mit ihrem quadratischen Abakus unterscheiden sich von den frühen englischen durch eine geringere spiralförmige Anordnung und einen runderen Blatttyp sowie durch das Fehlen der charakteristischen Mittelrippe der zeitgenössischen frühen englischen Gotik. Die in diesem Land so verbreiteten schlichten Kapitelle sind in Frankreich selten zu finden.

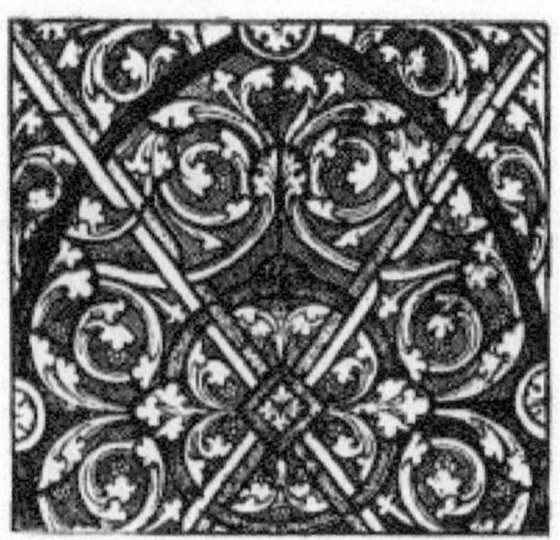

VERZIERTE & SENKRECHTE GOTISCHE DETAILS.

Die dekorierte Gotik zeichnet sich durch ihr geometrisches Maßwerk, ihre natürlichen Laubarten und den wellenförmigen Charakter von Linien und Formen in ihren ornamentalen Details aus. Das Laub der Eiche, des Weinstocks, des Ahorns, der Rose und des Efeu wurde in großer Üppigkeit und Fülle präsentiert und mit großer Feinheit und Genauigkeit geschnitzt. Obwohl ihm die Würde und die architektonischen Qualitäten des frühgotischen Laubwerks fehlten, übertraf es dieses an Brillanz und Erfindungsreichtum im Detail. Die Kapitelle, angereichert mit Adaptionen aus der Natur und mit bewundernswerter Präzision geschnitzt, wurden einfach um die Glocke herum befestigt, was der Modellierung Abwechslung und Charme verlieh, ihnen fehlte jedoch die architektonische Einheit, die für frühe Werke so charakteristisch war.

Windelarbeiten, Kroketten und Endstücke, die im frühen Englischen eingeführt wurden, wurden nun mit äußerster Fülle behandelt und in großem Umfang verwendet. Die für die Dekorationsperiode so charakteristische Kugelblume ersetzte die ebenso charakteristische Zahnverzierung des vorangegangenen Stils.

Französische zeitgenössische Werke weisen ähnliche Merkmale auf, zeigen jedoch eine größere Zurückhaltung und Affinität zu architektonischen Formen.

Diese brillante dekorierte Periode erreichte ihren Höhepunkt innerhalb eines halben Jahrhunderts und machte dann schnell Platz für den Perpendicular-

Stil mit seinem charakteristischen vertikalen Balkenmaßwerk aus Fenstern und Oberflächenverkleidungen und der vorherrschenden Verwendung der vier zentrierten Bögen – aus achteckigen Kapitellen, angereichert mit dem eckige Behandlung des Weinstocks, der heraldischen Schilde und Wappen sowie der vierblättrigen Blume; alles typisch für die Zeit.

RENASZENZ-VERZIERUNG. Tafel 18.

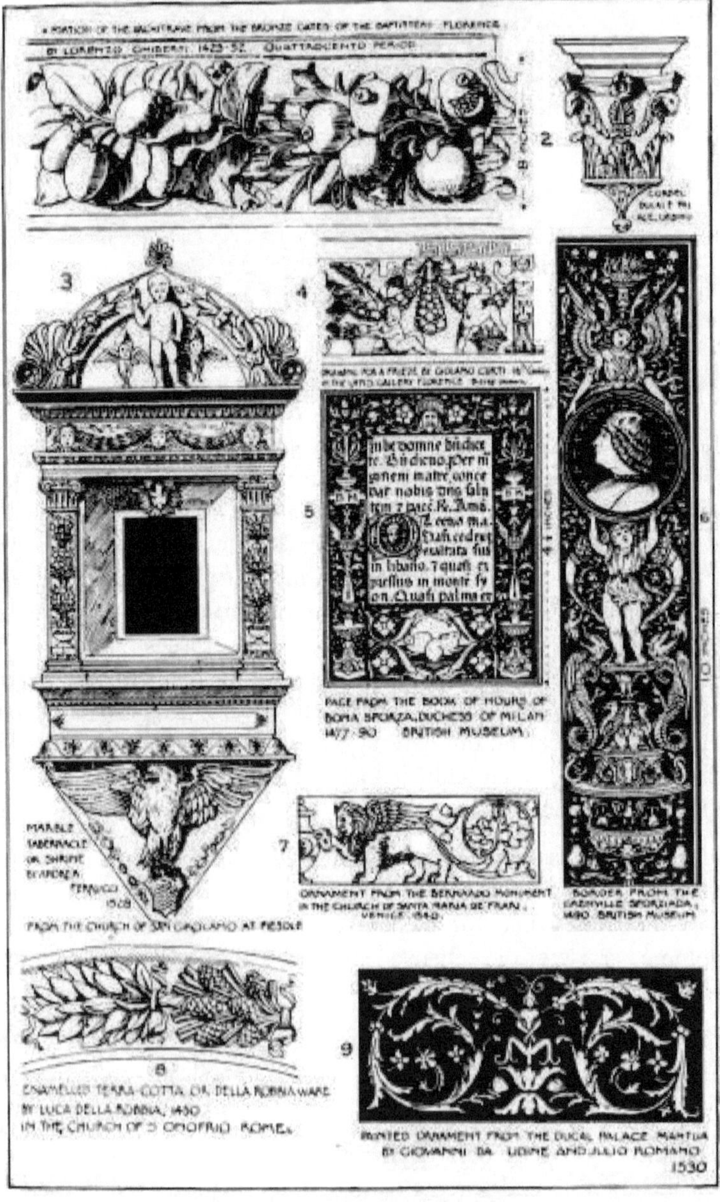

RENASZENZ-
VERZIERUNG.

Die Künste Roms und Byzanz blieben bis zum 12. Jahrhundert in Italien bestehen und verloren ihre Vitalität und Kraft , mit Ausnahme von Venedig, wo der byzantinische Stil in den prächtigen Gebäuden von Murano und dem Markusdom seinen Höhepunkt erreichte.

Die Lombardei im Norden war Zeuge einer einzigartigen Verschmelzung der alten klassischen Kunst mit den kraftvollen Traditionen und Mythen der Langobarden und den Symboliken des alten Byzanz. So entstand die als Lombardei bekannte Architektur mit ihrer Vielzahl kleiner Säulen und Bögen. malerische Bilder von Skulpturen und die häufige Verwendung eines Löwen oder Drachen als Stütze für die Säulen. Dies sind Merkmale der frühen Kunst in Lucca sowie in Bergamo, Padua, Verona und anderen Städten in der Lombardei; Eine wunderschöne Illustration aus Lucca finden Sie im Anhang zu Ruskins „ *Stones of Venice* ", Bd. 1. Zeitgleich mit dieser Zeit kam der gotische Einfluss mit seinen gebündelten Säulen, Spitzbögen, seinen Spitzen und Spitzen und seiner starken Vitalität, die Kunst und Architektur mit dieser gotischen Persönlichkeit beeindruckten; Daher führte diese Vermischung von Stilen, Traditionen, religiösen Überzeugungen und Mythen im 12. und 13. Jahrhundert in Italien zu einer Kunst mit barbarischem und kraftvollem Charakter, einer Bildsprache voller Andeutungen und einer detailreichen und vielfältigen Konzeption. Dennoch war es nur der Vorbote eines Stils, der in der glorreichen Epoche der Renaissance seinen Höhepunkt fand, eines Stils, in dem Symmetrie eine wichtige Rolle spielen sollte, wie in der klassischen Kunst, wo Verfeinerung von Linien und Details, von Kultur und Handwerkskunst zu finden ist; und dem es, obwohl schön in den Proportionen, der Einheitlichkeit der Teile und der perfekten Anpassungsfähigkeit, dennoch die Symbolik, Suggestivität, der Erfindungsreichtum und die raue Persönlichkeit des frühen byzantinischen, lombardischen und gotischen Stils mangelte.

DIE ITALIENISCHE Renaissance lässt sich grob in drei Perioden einteilen. Trecento, 1300 bis 1400 n. Chr.; Quattro-cento, 1400 bis 1500 n. Chr.; und Cinque-cento, 1500 bis 1600 n. Chr. Im Tre-cento-Stil führte diese Vermischung klassischer Details mit lombardischen und gotischen Bauwerken zu so bemerkenswerten Gebäuden wie S. Maria della Spina und dem Campo Santo in Pisa von Giovanni Pisano (1240). -1320; der Palazzo Vecchio, die Kirche Santa Croce und die Kathedrale von Florenz von Arnolfo di Cambio (1232-1310) mit ihren abwechselnden Schichten aus schwarzem und weißem Marmor sowie ihren gotischen Bögen und Maßwerken; Der wunderschöne Campanile von Giotto (1276-1336) ist ein edles Accessoire zur Kathedrale von Arnolfo . Eine bezaubernde Illustration dieser Tre-Cento-Zeit aus Giottos Campanile ist das Titelbild von Ruskins „ *Sieben Lampen der Architektur* ".

Die Bildhauerei und die dekorativen Künste dieser Zeit zeichnen sich durch eine würdevolle Konzeption und eine Vermischung gotischer und klassischer Traditionen aus. Die vielleicht frühesten bekannten Beispiele sind die sechseckige Kanzel im Baptisterium von Pisa, eine ähnliche im Dom von Siena und der Brunnen in Perugia, alle von Nicolo Pisano (1206-76). Bei vielen seiner Arbeiten wurde er von seinem Sohn Giovanni unterstützt, der auch die Kanzel im Dom von Pisa schuf. Andrea Pisano (1273-1344), ein Schüler von Giovanni, schuf ein wunderschönes Bronzetor oder eine Tür aus dem Jahr 1332 für das Baptisterium in Florenz.

Ein schönes monumentales Werk aus dieser Zeit ist das Grab des heiligen Märtyrers Petrus in der Kirche St. Eustorgio in Mailand von Balducco di Pisa (1308-47).

Die QUATTRO-CENTO- Periode, deren großer Meister Lorenzo Ghiberti (1381-1465) war, zeichnet sich durch ihre Vitalität und ihren Naturalismus aus. Ghibertis Hauptwerke sind die beiden Bronzetore für das Florentiner Baptisterium; Das erste Tor ist auf 1403–24 datiert, das zweite auf 1425–50. Beide haben Tafeln im Flachrelief, die erste mit Begebenheiten aus dem Neuen und die zweite aus dem Alten Testament. Das Gerüst dieser Tore besteht aus einer Reihe einzelner Figuren in Nischen mit kreisförmigen Medaillons dazwischen. Der bronzene Architrav um jedes der Ghiberti-Tore sowie der von Andrea Pisano um das frühere Tor herum angebrachte Architrav sind wertvolle Beispiele des Quattro-cento-Designs. Die Details sind natürliche Früchte, Blumen und Blätter, die mit Bändern zusammengebunden sind, mit der Einführung von Vögeln, Eichhörnchen usw. Ein bekanntes Beispiel ist die Auberginen-Granatapfel-Portion (Abb. 1) .

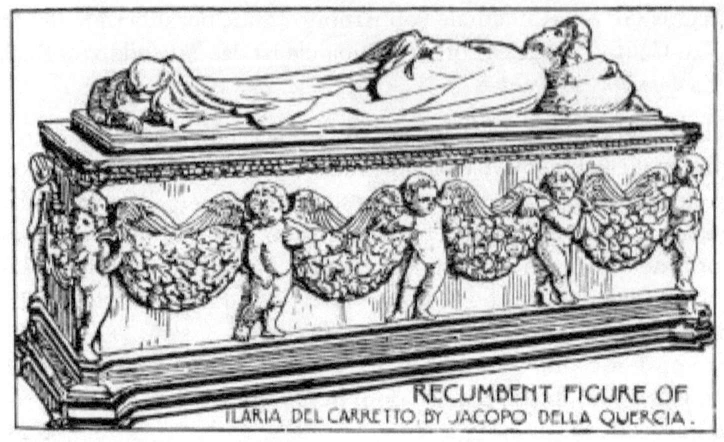

Weitere Meister dieser Zeit waren Jacopo della Quercia (1371-1438), der das hier gezeigte wunderschöne Denkmal für Ilaria di Carretto in der Kathedrale von Lucca errichtete. Die liegende Figur von Ilaria ist in perfekter Einfachheit und Schönheit aus weißem Marmor geformt; Ein weiteres berühmtes Werk Jacopos war der Brunnen von Siena.

Luca della Robbia (1400-82) schuf für die Kathedrale von Florenz eine wunderschöne Orgelempore aus Marmor mit bewundernswerten singenden und tanzenden Figuren im Relief. Aber so schön dieses Werk auch ist, Lucas Ruf beruht auf seiner emaillierten Terrakotta, die er in bemerkenswertem Maße perfektionierte. Er modellierte zunächst Ton und überzog es mit Zinnemail (siehe Maiolica). Er fertigte eine wunderbare Serie dieser Reliefs an, die ausnahmslos von der typischen Quattro-Cento-Bordüre aus modellierten Früchten und Blumen umgeben waren, die in leuchtenden Farben emailliert waren . Sein Neffe Andrea della Robbia (1445-1525) führte die Traditionen, Methoden und Fähigkeiten mit deutlichem Erfolg fort; und auch Andreas Sohn Giovanni (1524), der einen wunderschönen Fries an der Fassade des Krankenhauses in Pistoja anfertigte . Andreas andere Söhne, Girolamo und Luca, brachten die Kunst unter Franz I. (1531) nach Frankreich. Donatello (1386-1466) zeichnete sich durch die einzigartige Anmut und Aufrichtigkeit seiner Porträts aus, insbesondere von Kindern; Die tanzenden Relieffiguren auf den Tafeln der Gesangsgalerie der Kathedrale von Florenz sind perfekte Beispiele seiner Kunst. Donatello führte auch die Kunst des Flachreliefs namens „ *Stiacciato* “ zur größten Perfektion. Hier finden Sie eine Illustration von Donatellos Werk vom Hochaltar des Heiligen Antonio in Padua.

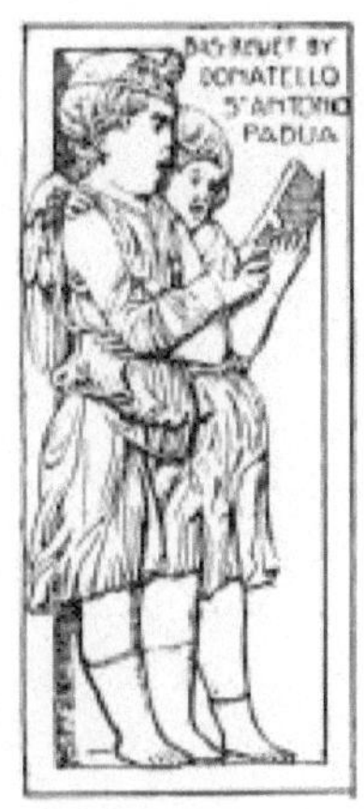

Die Kunst des Medailleurs , die seit der Römerzeit zurückgegangen war, nahm nun unter Vittore Pisano, genannt Pisanello (1380-1451), ihren Platz in der Kunst der Quattro-Cento-Zeit ein. Die Kraft seiner Modellierung und die Individualität seiner Medaillen der zeitgenössischen Fürsten von Italien sind überaus schön. Zu den anderen bemerkenswerten Medailleuren gehörten Sperandio von Verona (1423-90); Caradosso aus Mailand (1480–1545); Vinzentiner von Vicenza (1468–1546); Benvenuto Cellini aus Florenz (1500-71); Lione Leoni (1498-1560); Pompeoni Leoni (1530-1610); und Pastorino aus Siena (1510-91). Die große Kuppel der Arnolfo- Kathedrale in Florenz wurde von Brunelleschi (1377-1446) entworfen, der mit Ghiberti um die Bronzetore des Baptisteriums in Florenz konkurrierte. Andere Namen dieser Zeit waren Desiderio da Settignano (1428-64) sein Meisterwerk ist das Grab von Carlo Marzuppini in der Kirche Santa Croce in Florenz; Mino da Fiesole (1430-84); Andrea Verrocchio (1435-88); der Autor der schönen Reiterstatue von Bartolommeo Colleone in Venedig (siehe Bronzen); Matteo Civitali (1435-1501); und die Rossellini, eine bemerkenswerte Familie aus fünf Brüdern, von denen der berühmteste Antonio Rossellini (1427-79) war, der in der Nunziata -Kirche in Florenz ein bezauberndes Grab für Kardinal Jacopo di Portogallo schuf .

Die CINQUE-CENTO- Zeit war der Höhepunkt der Renaissance, als Architektur, Bildhauerei, Malerei und dekorative Kunst unter

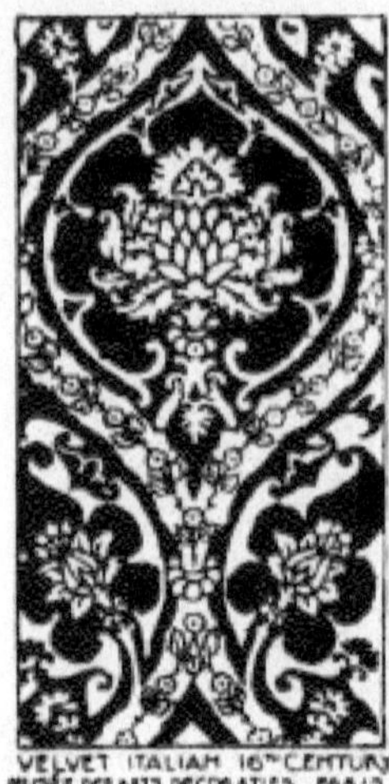

der großartigen Schirmherrschaft der Päpste und Fürsten Italiens standen. Paläste, Kirchen und öffentliche Gebäude wurden fertiggestellt und mit wunderschönen Skulpturen und Dekorationen geschmückt; behangen mit den prächtigsten Stoffen der venezianischen, florentinischen und genuesischen Webstühle; dekoriert mit Altargemälden und Wanddekorationen der berühmtesten Maler; und bereichert mit den großartigen Produkten der Gold- und Silberschmiedekunst und den schönsten Intarsien oder eingelegten Holzarbeiten.

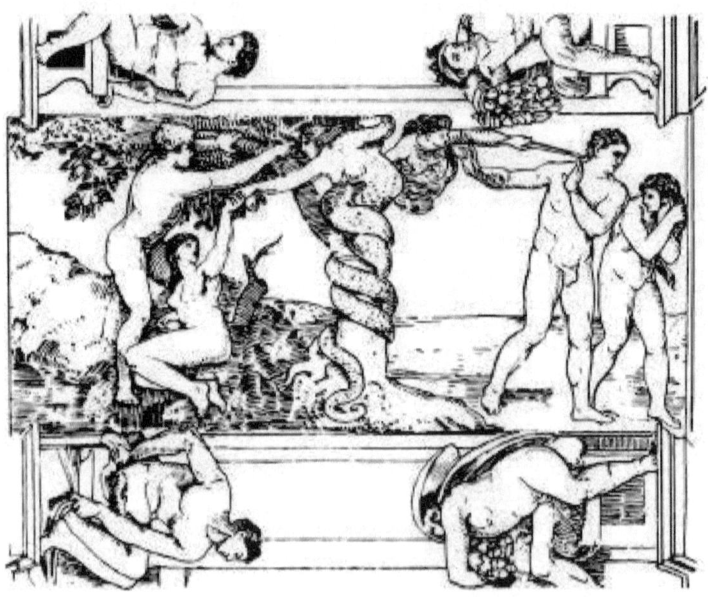

Michel Angelo Buonarroti (1474-1653) ragt durch seinen großen Intellekt und seine Macht über seine vielen Zeitgenossen hinaus. Die kolossale Figur des *David* und die *Madonna* mit *Kind* in Brügge sind bekannte Beispiele für das Werk dieses großen Künstlers. Die prächtigen Gräber von Lorenzo und Giuliano de Medici in Florenz zeugen von seiner edlen Macht und seinen Kunstauffassungen. Die prächtige Dekorationsarbeit an der Decke der Sixtinischen Kapelle im Vatikan ist ein weiteres Beispiel dafür, dass die Einheit der Konzeption und die wunderbare Ausführung in bemerkenswertem Maße zum Ausdruck kommen. Es werden zwei Abbildungen dieser Decke gegeben – eine der Tafeln mit der Vertreibung aus Eden und eine der Sibyllen oder Propheten, die beide eine schöne Harmonie von Begebenheit und Komposition zeigen.

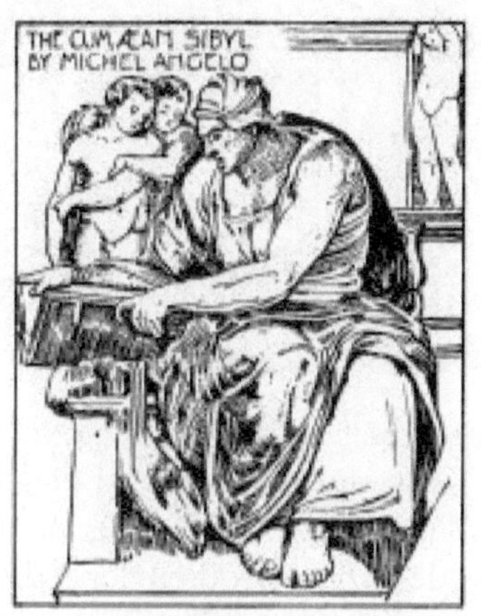

Zeitgenössisch mit Michel Angelo war Raffael (1483-1520), der in der Malerei die größte Fähigkeit zu Anmut und Raffinesse an den Tag legte. Seine wichtigsten Wandgemälde befinden sich in der Strophe des Vatikans, wo vier Räume mit Fresken bemalt sind, die fast ausschließlich von Raffael stammen. Die Loggia des Vatikans von Bramante wurde ebenfalls von Raffael und seinen Schülern dekoriert. Die damals jüngsten Entdeckungen der Thermen des Titus und des Hauses Livia mit ihrer römischen Wandmalerei beeinflussten die dekorative Malerei der Cinque-Cento-Zeit in bemerkenswertem Maße. Diese Arabesken (oder, wie sie genannt wurden, Grotteschi , die in den angeblichen Höhlen oder Grotten römischer Gärten zu finden sind) wurden von Raffael zur Dekoration der Pilaster, Pfeiler und Wände dieser Loggia verwendet . Die Motive wurden in einer feinen Farbpalette auf weißem Grund gemalt und von Rändern modellierter Stuckornamente umgeben. Auf den Tafeln an der Decke malte Raffael eine Reihe von 52 Begebenheiten aus der Bibel. Diese werden als „Raphaels Bibel" bezeichnet.

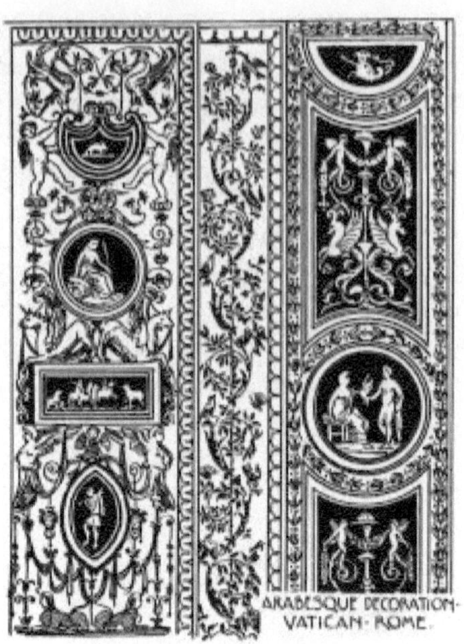

Raffael wurde bei dieser Arbeit an der Loggia von vielen zeitgenössischen Künstlern unterstützt: Giovanni da Udine (1494–1564), Giulio Romano (1492–1546), Francesco Penni (1488–1528), Perino del Vaga (1500–47) und Primaticcio (1490-1580), der einen Großteil der Arbeiten nach Raffaels Tod vollendete. Diese Künstler trugen seine Traditionen und Methoden in andere Teile Italiens. Giulio Romano führte einige schöne Wanddekorationen in der Villa Madama in Rom aus; und für Federigo Gonzaga, Herzog von Mantua, bereicherte er den Palazzo Ducale und den Palazzo del Te mit wunderschönen dekorativen Gemälden und Arabesken . Diese Arabesken befanden sich auf reich gefärbtem oder mehrfarbigem Untergrund (siehe Tafeln 86-9 „ *Grammar of Ornament* " von Owen Jones).

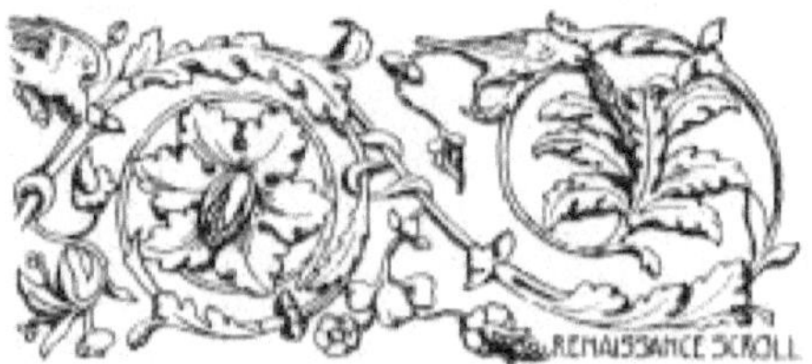

Diese Arabesken von Raffael, die von späteren von Giulio Romano übertroffen wurden, zeigen einen großen Erfindungsreichtum und eine geschickte Kombination von Teilen, sind aber nicht mit der raffinierten und schönen Modellierung und harmonischen Komposition der zeitgenössischen Schnitzarbeiten von Andrea Sansovino zu vergleichen (1460–1528), Jacopo Sansovino (1486–1570), Agostino Busti , Pietro Lombardo (1500) und seine Söhne Tullio und Antonio. Diese zarten Reliefs weisen das traditionelle römische Akanthusmuster auf, wurden jedoch mit einem feinen Gespür für Reliefmodellierung und Schönheit der Linien behandelt; Vasen, Masken, Schilde und ähnliche Accessoires sind in einigen Beispielen in Hülle und Fülle zu finden (Abb. 3, Tafel 19). Die Komposition des Cinque-Cento-Ornaments ist symmetrisch, die Details sind vielfältig und in den besten Werken am interessantesten, und obwohl es an der Kraft und Symbolik des lombardischen und byzantinischen Stils mangelt, übertrifft es diese in seiner absoluten Anpassung an architektonische Gegebenheiten in Perfektion von Design und Handwerkskunst.

Andrea Mantegna (1431-1517) fertigte neun Gemälde oder Cartoons in Tempera auf Leinen an, die die Triumphe von Julius Cæsar darstellen und Teil der Cartoons für einen 9 Fuß hohen und 80 Fuß langen Fries sind, der für Lodovico Gonzagas Palast von St. Sebastian in Mantua, sie wurden von Karl I. gekauft und befinden sich jetzt in Hampton Court. Eine Illustration dieses Frieses aus einem Kupferstich im British Museum finden Sie auf Seite 55; Sie wurden 1599 auch von Andrea Andreani in Holz eingraviert .

Viele schöne Beispiele des Cinque-Cento-Ornaments finden sich in zeitgenössischen gedruckten und illuminierten Büchern. Das Aufkommen des Buchdrucks in Italien (1465) durch die Deutschen Conrad Sweynheym und Arnold Pannitz im Benediktinerkloster von Subiaco in der Nähe von Rom gab der Literatur einen großen Aufschwung, und der Buchdruck machte in Italien, insbesondere in Venedig im Jahr 1499, rasche Fortschritte Aldus Manutius schuf die Hypnerotomachia oder den Traum des Poliphilus

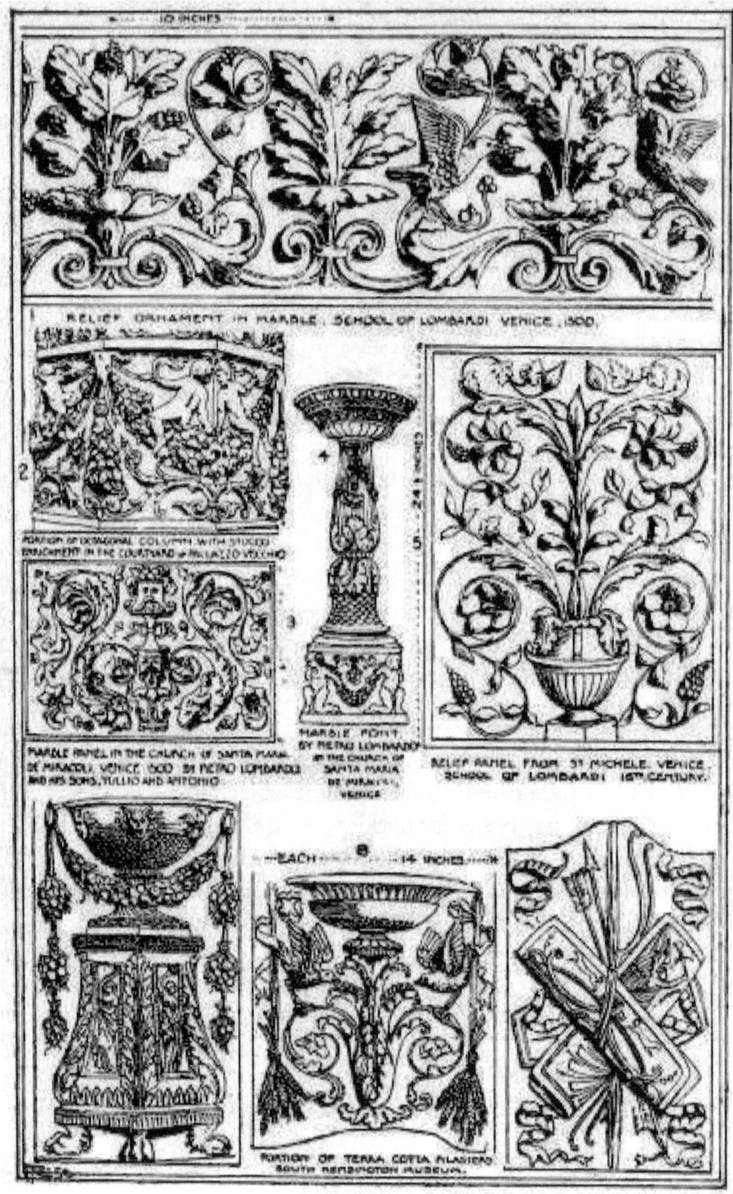

mit Illustrationen, die Mantegna zugeschrieben werden. Gute Reproduktionen vieler dieser frühen illustrierten Bücher finden sich in den „

Italian Book Illustrations “ von A. W. Pollard, Nr. 12 des Portfolios, Dezember 1894; und in „ *The Decorative Illustration of Books* “ von Walter Crane.

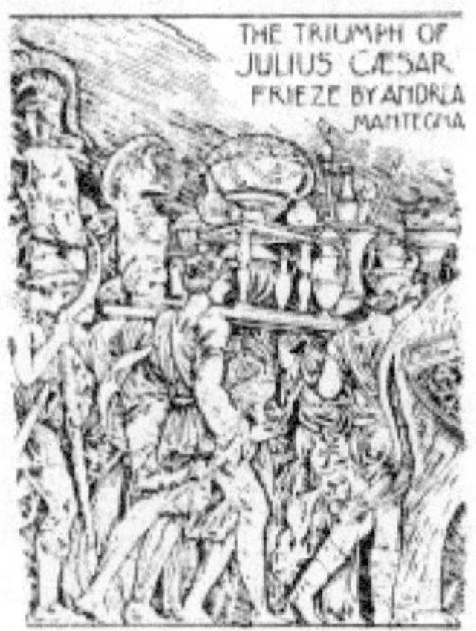

Das Studium der klassischen Architektur wurde durch die Veröffentlichung der Abhandlung von Vitruv, einem Architekten aus der Zeit des Augustus, in Rom im Jahr 1486 angeregt; Eine Ausgabe wurde auch 1496 in Florenz und 1511 in Venedig veröffentlicht. 1570 veröffentlichte Fra Giocondo in Venedig „ *Die fünf Bücher der Architektur* “ von Andrea Palladio (1518-80). Eine weitere Abhandlung über Architektur von Serlio (1500-52) wurde ebenfalls 1537 und 1540 in Venedig veröffentlicht.

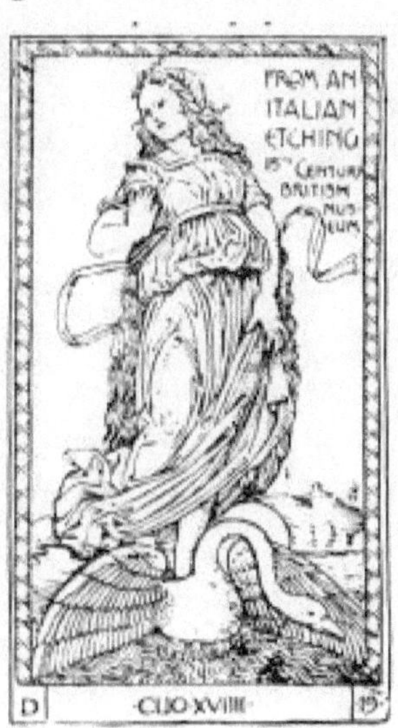

Schöne Vertreter der dekorativen Kunst der Renaissance waren die venezianischen Brunnenköpfe, die sich auf den meisten öffentlichen Plätzen Venedigs und in vielen Innenhöfen seiner Fürstenpaläste befanden. Der venezianische Brunnenkopf wurde von Künstlern wie Andrea Sansovino, Pietro Lombardo und seinen Söhnen Tullio und Antonio mit Details unterschiedlichster und wunderschöner Art entworfen und entwickelte sich zu einem Schönheitstypus, der in seiner Behandlung abwechslungsreich war, ohne jedoch seine Eigenschaften oder Eigenschaften zu verlieren Nützlichkeit. Venezianische Brunnenköpfe weisen eine große Vielfalt an Formen und Dekorationen auf. Die früheren Beispiele sind quadratisch oder kreisförmig, mit Anreicherungen byzantinischen Charakters, die größtenteils aus ineinander verschlungenen, kreisförmigen und eckigen Linien bestehen und malerische Vogel- und Tierformen einschließen. In den späteren Beispielen wird die Renascence-Behandlung mit einzigartigem Reichtum und Angemessenheit eingesetzt, wobei die Anmut, Zartheit und Vielfalt der Details eine Hommage an die Lebhaftigkeit und das künstlerische Gefühl der venezianischen Republik sind. Diese meist aus weißem Marmor gefertigten Brunnenköpfe, die ein gutes Urteilsvermögen hinsichtlich der Qualität des Reliefs aufweisen, weisen nach jahrhundertelanger Nützlichkeit heute vergleichsweise kaum Beschädigungen auf. Gelegentlich waren sie aus Bronze, von denen zwei schöne Exemplare noch heute im Innenhof des Dogenpalastes stehen. Viele dieser Brunnenköpfe werden in unseren europäischen Museen sorgfältig aufbewahrt und lehren uns, dass Schönheit der Form und Perfektion und Feinheit der Verzierung durchaus mit der Nützlichkeit vereinbar sind, wenn sie von einem künstlerischen Volk verwendet werden.

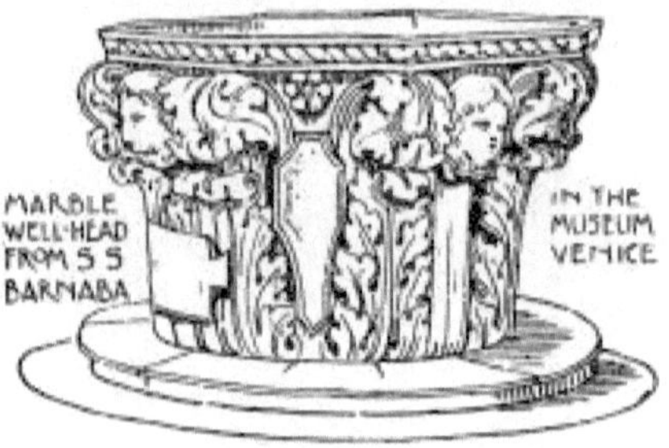

Die Renaissance in Italien war bemerkenswert für die vielen prächtigen profanen Gebäude, die im 15. und 16. Jahrhundert in den wichtigsten Städten Italiens errichtet wurden.

In FLORENZ haben die Paläste einen strengen, würdevollen Umgang mit kühnen, rostigen Steinreihen, runden Fenstern und fein proportionierten Gesimsen. Der erste Renaissance-Palast war der Riccardi (1430) von Michelozzi (1370-1440); und es folgten die Pitti (1435), Brunelleschi (1377-1444), die Rucellai (1460), Leon Battista Alberti (1389-1472), die Strozzi (1489), Cronaca (1454-1509). Gondi (1490) von Giuliano Sangallo (1443–1507), die Guadagni und Nicolini von Bramante (1444–1514), die Pandolfini

(1520) von Raffael (1483–1520) und die Bartolini (1520) von Baccio d'Agnolo (1460-1543).

In ROM zeichneten sich die Paläste durch große Ausmaße und die häufige Verwendung ionischer und korinthischer Pilaster oder Säulen sowie quadratischer Fenster mit dreieckigen oder gebogenen Giebeln aus. Die wichtigsten Paläste in Rom sind die Cancelleria (1495) und die Giraud (1506) von Bramante (1444-1514), die Farnesina (1506), die Massimi (1510) und die Villa Ossoli (1525) von Baldassare Peruzzi (1481). -1536), die Palma und die Farnese von Antonio Sangallo (1476-1546), die Borghese (1590) von Martino Lunghi , die Laterano von Fontana (1543-1610) und die Barberini von Carlo Maderno (1556- 1629), Borromini (1599–1667) und Bernini (1598–1680).

In VENEDIG waren die Paläste reich und vielfältig; mit der häufigen Verwendung von Pilastern, Halbsäulen und kreisförmigen Sprossenfenstern, wie sie von den früheren gotischen Palästen herrühren. Die Renaissance begann hier mit dem Wiederaufbau des Innenhofs des Dogenpalastes (1486) durch Antonio Bregno und wurde 1550 durch Scarpagnino abgeschlossen . Dann kam eine wunderschöne Reihe von Gebäuden, von denen die wichtigsten waren: – der Vendramini- , der Trevisani- und der Gradenigo- Palast von Sante Lombardo (1504-1560); der Cornaro- Palast und die Markusbibliothek von Sansovino (1479-1570) und der Grimani- Palast von San Michele (1484-1559).

FRANZÖSISCHE
RENASZENZ.

Gegen Ende des 15. Jahrhunderts verlor die kraftvolle und schöne gotische Architektur Frankreichs mit ihren reichen Maßwerk- und Sprossenfenstern, ihren Nischen und Vordächern, ihren gewundenen Türmen und der vielfältigen Behandlung von Blumenverzierungen ihre Vitalität; Darauf folgte der Renaissance-Stil, der zunächst rein italienisch war, später aber mit der Vermischung gotischer Traditionen und Handwerkskunst zu einer eigenständigen Phase der Renaissance wurde.

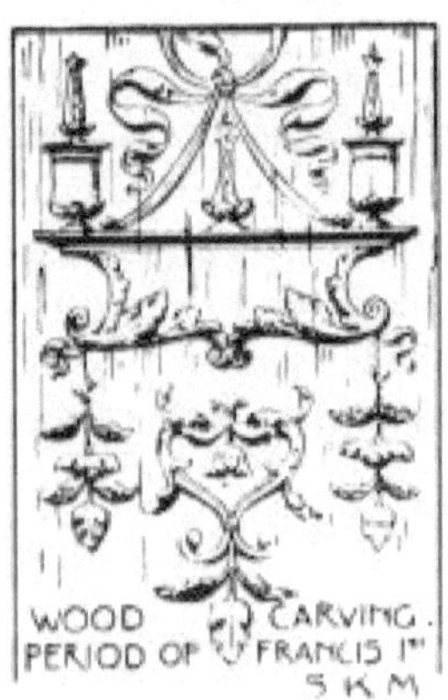

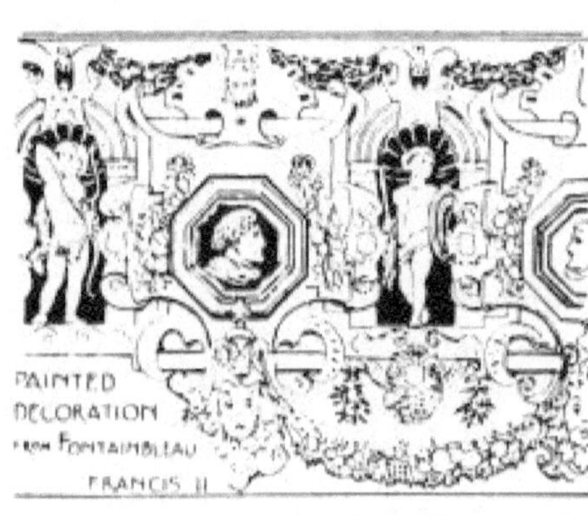

Die französische Renaissance kann grob in verschiedene Perioden unterteilt werden: 1. Die frühere oder Übergangszeit, 1453–1515, als der Einfluss der Renaissance spürbar wurde. 2. 1515-47, FRANÇOIS PREMIER . Diese Zeit ist bemerkenswert für die Zahl der Italiener, die Franz I. für die Verschönerung des Schlosses Fontainebleau engagierte . Der Auftraggeber war der Maler Rosso. Serlio und Vignola, Architekten; Primaticcio und Penni, Ornamentisten, Benvenuto Cellini mit seiner wunderschönen Goldschmiedekunst; und Girolamo della Robbia , der emaillierte Terrakotta herstellte. Die Arbeit dieser renommierten Handwerker hatte zwangsläufig einen deutlichen Einfluss auf die traditionelle französische Kunst. Von der Architektur dieser Zeit ist der südwestliche Winkel des Louvre hervorzuheben, der 1548 von Pierre Lescot (1510–78) begonnen und mit Skulpturen von Jean Goujon (1515–72) bereichert wurde, der auch die verschönernden Skulpturen schuf das wunderschöne Château Ecouen von Jean Bullant (1515-60) und der wunderschöne Brunnen der Unschuldigen in Paris, von dem hier eine Illustration einer der Tafeln gegeben wird. Das Grab Ludwigs XII. in St. Denis von Jean Juste (1518) zeichnet sich durch die Reinheit seiner Ausstattung aus.

3. HENRI-DEUX- und HENRI-QUATRE- Zeit, 1547-1610, als der Bau der Tuilerien 1564 von Philibert de Lorme (1500-78) begonnen wurde und der Bau des Louvre von De Carreau und Duperac fortgesetzt wurde ; Die Luxembourg wurde später von De Brosse im Jahr 1610 erbaut. Diese Zeit wurde auch durch die exquisite Keramik von Oiron oder Henri Deux Ware sowie die feinen geometrischen Verflechtungen und Arabesken der Bucheinbände von Grolier repräsentiert .

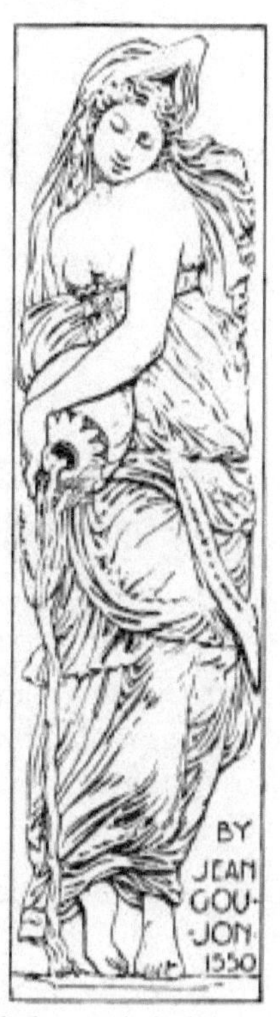

4. Periode, 1610-43, unter LOUIS TREIZE , als beträchtliches Können bei der geschnitzten und bemalten Muschel- und Schriftrollenverzierung sowie bei den Bucheinbänden von Le Gascon gezeigt wurde.

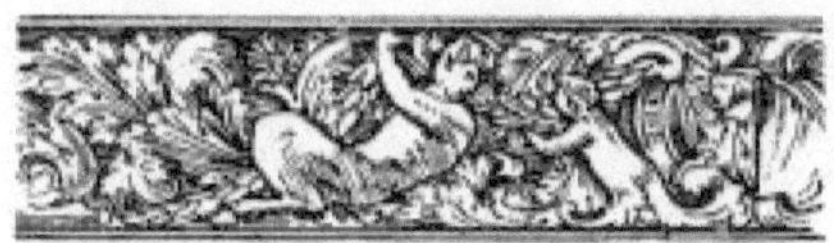

5. LOUIS-QUATORZE- Zeit, 1643-1715, für die das Schloss Versailles und das Château Maison von François Mansard (1598-1666) typische Beispiele der Architektur sind. Die dekorativen Kompositionen von le Pautre (siehe beigefügte Abbildungen) und die reich verzierten Möbel mit Intarsien aus Schildpatt und Messing von André Boule (1642-1732); der prächtige Gobelin-Wandteppich, der von Minister Colbert so großzügig gefördert

wurde (1667); und die wunderschönen Töpferwaren aus Rouen; sind charakteristisch für die industrielle und dekorative Kunst.

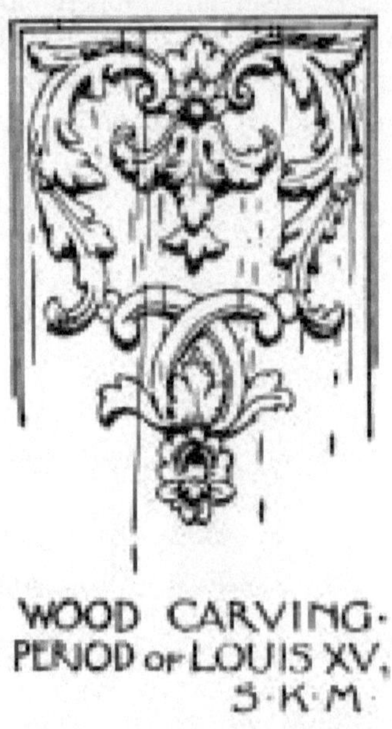

6. LOUIS-QUINZE- Zeit, 1715-74, als der Rokoko-Stil im Vordergrund stand und die Vitalität der vorangegangenen Perioden verloren ging. Typisch für diese Zeit sind die pastoralen Szenen des Malers Watteau (1684–1721) und die mit Intarsien verzierten Möbel von Jean François Ochen (1754–65) für Madame de Pompadour.

7. LOUIS SEIZE , 1774-89. Die Künste dieser Zeit sind raffinierter und zurückhaltender, wie die feinen Intarsienmöbel von Riesener und David Roentgen mit den Ormolu-Beschlägen von Gouthière (1740-1810) für Marie Antoinette zeigen.

Die letzte Periode, DER EMPIRE-STIL , 1804–70, in der sich in der gesamten dekorativen Kunst rein klassische Formen und griechische Verzierungen durchsetzten.

ENGLISCHE
RENASZENZ.

Die englische Renaissance-Periode begann während der Herrschaft Heinrichs VIII. und fiel zeitgleich mit der französischen Renaissance unter Franz I. Es war Torrigiano , ein Zeitgenosse Michel Angelos, der diesen neuen Renaissance-Stil um 1519 durch die Errichtung des Grabes Heinrichs bekannt machte VII. und das der Gräfin von Richmond in der Westminster Abbey.

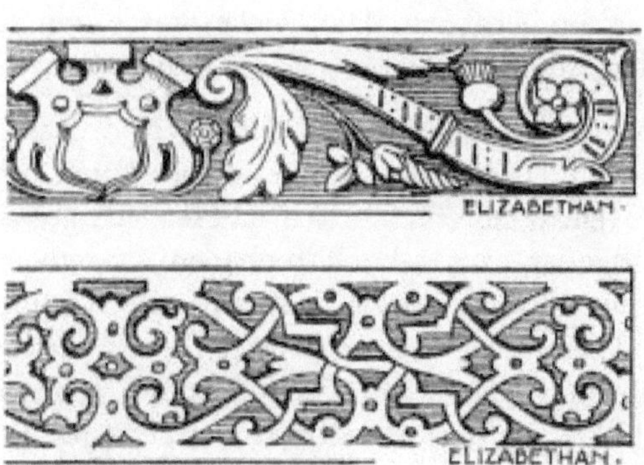

Die englische Renaissance wurde von Hans Holbein (1498-1554) weiterentwickelt, der 1526 in dieses Land kam, gefolgt von Handwerkern aus Flandern, Deutschland und Italien. Diese Vermischung flämischer, deutscher und italienischer Stile mit der traditionellen Gotik unseres eigenen Landes unterscheidet die englische Renaissance von der Frankreichs und Italiens. Die ausgeprägte Verbreitung von ineinander verschlungenen Bändern, die für elisabethanische und jakobinische Ornamente so charakteristisch sind, hat ihren Ursprung in flämischen Quellen.

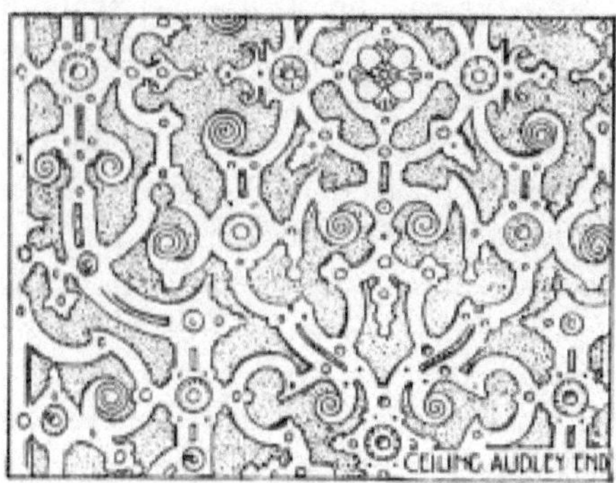

Von der Architektur der englischen Renaissance sind das Caius College in Cambridge (1565–74) von Theodore Hare aus Cleves und das Longleat

House (1567–79) von John Thorp die frühesten erhaltenen Beispiele. Der wunderbare Palast von Nonsuch (von dem keine Spur mehr vorhanden ist) wurde von Heinrich VIII. errichtet. um 1530-40, zweifellos im Stil der Renaissance, da wir wissen, dass es von Tolo del Nunziato mit wunderschön verzierten Stuckornamenten und Figuren verziert wurde . Robert Smithson baute Wollaton House im Jahr 1580. Hardwicke Hall und Haddon Hall stammen aus der späteren elisabethanischen Zeit (1592–97). Typische Gebäude der jakobinischen Zeit sind Holland House (1607), Hatfield (1611), Bolsover (1613), Audley End (1616), Crewe Hall und Aston Hall (1620). Diese sind alle mit vielen schönen Beispielen modellierter Gipsarbeiten bereichert. Das in Longleat und Hardwicke wurde von Charles Williams hingerichtet und in Audley End von Bernard Jansen (1615).

Englische Stuckarbeiten dieser Zeit bestanden oft aus geometrischen Täfelungen , die im Stil dem Tudor-Fächermaßwerk und den Pendentifs des vorangegangenen Jahrhunderts ähnelten. Diese reich geformten Anhänger waren durch Bänder aus durchbrochenem Bandwerk miteinander verbunden, das mit Arabesken im Flachrelief verziert war. Von 1615 bis 1650 bestanden die Tafeln aus rein geometrischen Formen wie Kreisen, Quadraten, Rauten und ineinander verschlungenen Vierblättern, angereichert mit zarten Arabesken, wobei die Rippen oder Leisten häufig ein sich wiederholendes Muster aufwiesen, das in den weichen Gips eingeprägt war.

Die vielen schönen Friese dieser Zeit zeichneten sich durch ihre kühne Konzeption und ihre geschickte Handwerkskunst aus; Häufig wurde ein Doppelfries verwendet, dessen unterer Teil aus zarten Arabesken und ineinander verschlungenen Bändern bestand, während der obere Teil aus kühn modellierten Kartuschen und zarten Arabesken bestand. In der zweiten Hälfte des 17. Jahrhunderts bestand die Stuckverzierung aufgrund des französischen Einflusses meist aus Akanthusblättern und Girlanden.

Von Karl I. (1625) bis Königin Anna (1702) herrschte die rein italienische Renaissance; das BBanketthaus in Whitehall von Inigo Jones (1572–1652), ein schönes Beispiel aus dieser Zeit. Die St. Paul's Cathedral (1675-1710) von Sir Christopher Wren (1632-1723) und seine vielen schönen Kirchen in London markieren eine besondere Epoche der englischen Renaissance; Die Tradition wurde von Vanbrugh (1666-1736) fortgeführt, der Blenheim Palace und Castle Howard erbaute. Weitere Architekten dieser Zeit waren Hawksmoor (1666–1726), Kent (1684–1754), Gibbs (1674–1754), Chambers (1726–96), der das Somerset House baute, und Robert Adam (1725–92), der das Haus baute auf der traditionellen Methode der Stuckveredelung, jedoch auf strengere und formal klassischere Weise. Seine geometrische Verkleidung aus Sechsecken, Achtecken und Ovalen wurde durch konventionelle Darstellungen von Akanthus- und Olivenblättern bereichert, die in kleinen Einheiten angeordnet und ohne Variation über die gesamte Oberfläche wiederholt wurden. Diese Verzierungen wurden in Gips oder Kompo gegossen und mechanisch bearbeitet, sodass ihnen die schöne dekorative Qualität des modellierten Stucks aus dem frühen 17. Jahrhundert fehlte. Das Wellington Monument in der St. Paul's Cathedral von Alfred Stevens unterscheidet sich von vielen modernen Werken durch seine starke Vitalität und architektonische Gestaltung der Komposition sowie die Schönheit und einzigartige Anmut seiner Details.

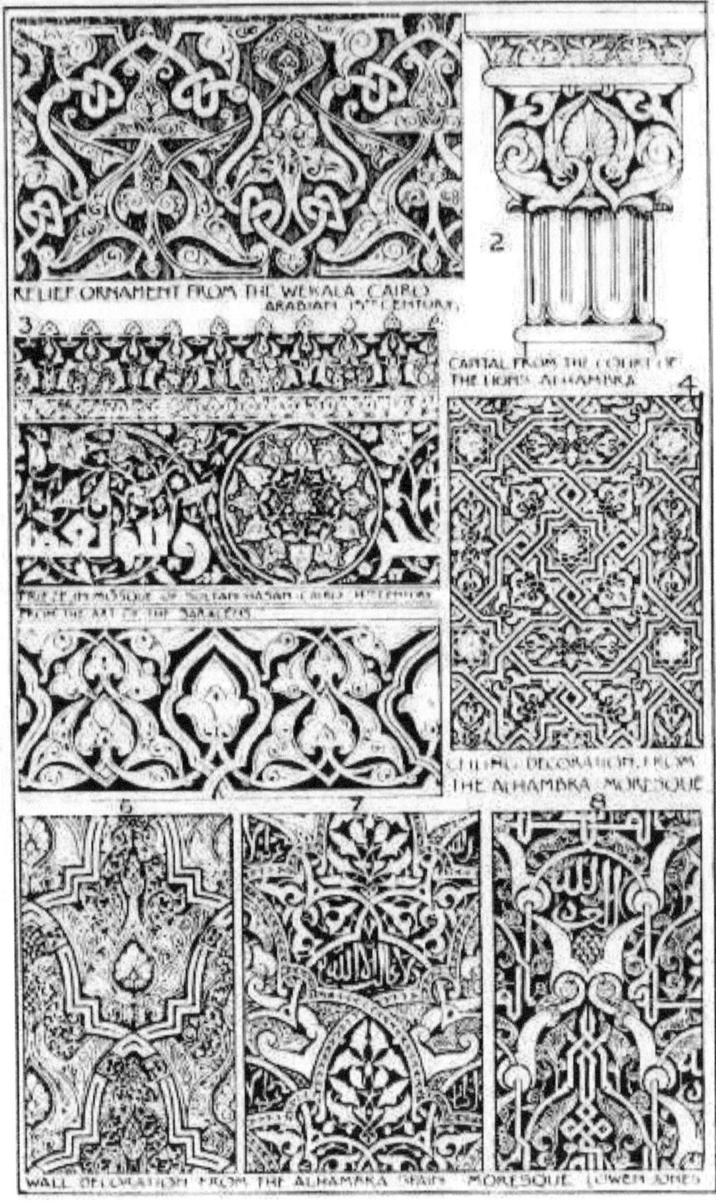

MAHOMETAN &
MORESQUE.

Von der mittelalterlichen Geschichte im Zusammenhang mit den dekorativen Künsten ist der Aufstieg und die Entwicklung der Araber am bemerkenswertesten. Die große Wertschätzung und großzügige Förderung der Künste durch die Kalifen; der Einfluss seiner Religion und Gebote auf zeitgenössische und spätere Kunstepochen; die ausgeprägte Individualität und geometrische Anordnung seiner Ornamente; Alle hatten einen äußerst deutlichen Einfluss auf Tradition und Handwerkskunst.

Die Geschichte beginnt mit Mohammed (570-632 n. Chr.), der das Reich gründete und festigte, dessen Hauptstadt Damaskus unter Omar (635 n. Chr.) wurde. 638 n. Chr. wurden Kufa und Bassora in Persien gegründet. Im Jahr 641 n. Chr. wurde Ägypten erobert und die mohamedanische Hauptstadt Fustât gegründet. Persien wurde 642 n. Chr. erobert, Spanien fiel 711 n. Chr. ein, Bagdad in Persien wurde 762 n. Chr. zur Hauptstadt der arabischen Kalifen und 827 n. Chr. wurde Sizilien erobert; Doch erst mit der Dynastie der Ibu- Tūlūn (868–914 n. Chr.) beginnt die Geschichte der kairischen Kunst, wovon die Moschee von Ibu- Tūlūn in Fustât , dem alten Kairo, das früheste Beispiel ist. Unter der Fatimy- Dynastie wurde zwischen 867 und 1171 n. Chr. Kairo gegründet, und die Künste wurden nun weiter gefördert und in Sizilien und Europa eingeführt. Im Jahr 997 n. Chr. fand die mohammedanische Invasion in Indien statt. In den Jahren 796–965 n. Chr. wurde die Moschee von Cordova erbaut, und 1236 n. Chr. wurde das Königreich Granada gegründet und die Alhambra von Mohammed ben Alhamar im Jahr 1248 n. Chr. erbaut. Mohammed ben Alhamar errichtete 1248 n. Chr . die mahometanische Kunst, wie sie in den architektonischen Verzierungen, Waffen und Rüstungen zum Ausdruck kommt . Holzarbeiten, Elfenbein, textile Stoffe und illuminierte Bücher erreichten ihren Höhepunkt unter der Mamlūk- Dynastie, 1250–1516 n. Chr.

So wurden die Araber aus einem umherziehenden Stamm durch religiösen Eifer und Eroberungen zur mächtigsten und reichsten Nation des Mittelalters und assimilierten und beeinflussten die Bräuche und Künste der verschiedenen Nationen und Provinzen.

Der Begriff MAHOMETANISCHE KUNST umfasst ARABISCHE , MAURISCHE , PERSISCHE , INDISCHE und SIZILIANISCHE KUNST , die alle die gleichen Merkmale aufweisen, sich jedoch durch rassischen Einfluss und Brauchtum unterscheiden. Das Arabische zeichnet sich durch seine fließenden, ineinander verschlungenen und symmetrischen Linien, die geometrische Anordnung (die zweifellos aus byzantinischen Quellen stammt) und die Verbreitung von Inschriften oder Texten aus dem Koran aus. In Spanien findet man eine komplexere geometrische Anordnung, vermischt mit fließendem Blattwerk oder Arabesken rein konventioneller Art. Dieser Stil zeichnet sich durch das völlige Fehlen jeglicher natürlicher Formen und die reichliche Verwendung von Inschriften sowie glasierten und emaillierten Fliesen aus, die deutlich von der persischen Tradition beeinflusst sind, obwohl sie rein geometrisch und formal sind. Diese Fliesen bedecken den unteren Teil der Wand, den oberen Teil und auch die Decke und sind mit Arabesken aus modelliertem Gips in flachem Relief aus zwei oder mehr Ebenen verziert, angereichert mit Rot, Blau, Weiß und Gold. Dies ist typisch für den maurischen Stil. Das sizilianische Werk ist bemerkenswert für seine wunderschönen Seidenstoffe und die in seinen Ornamenten vorherrschenden Vögel, Tiere und heraldischen Formen, was die Kontinuität der Traditionen Persiens zeigt.

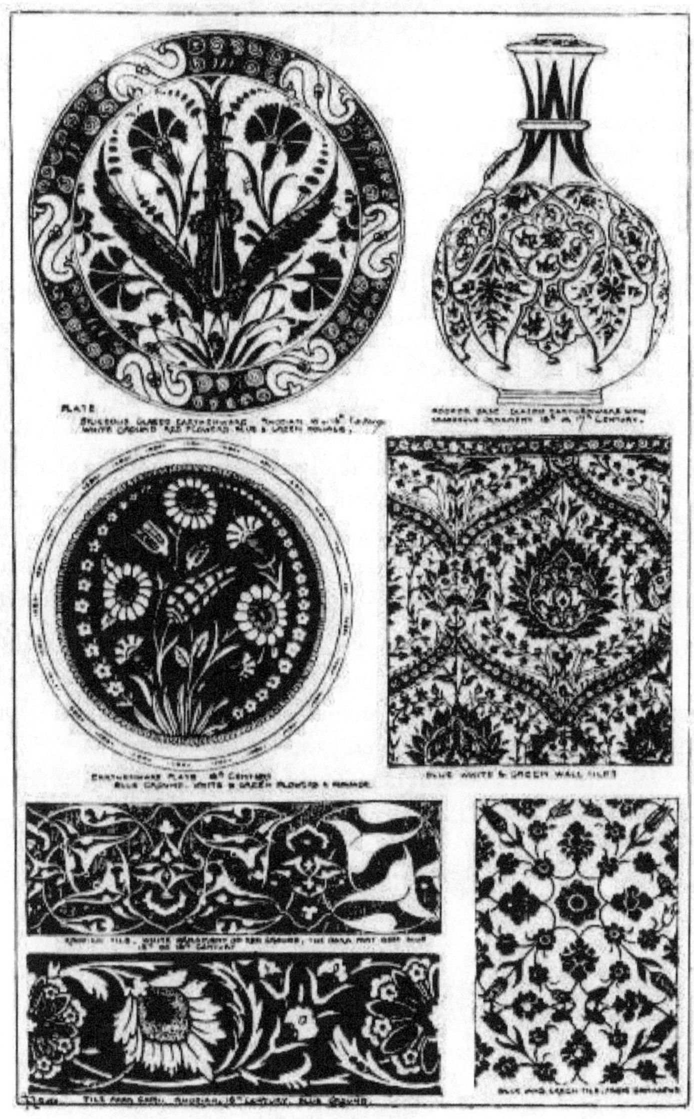

PERSISCHES ORNAMENT.

Die frühe Kunst Persiens ähnelte der assyrischen und babylonischen Kunst und hatte die gleichen Formen, Materialien und Traditionen. Mit der Thronbesteigung der Sassaniden (223 n. Chr.) erfolgte die Einführung der elliptischen Kuppel, die so typisch für die östliche Architektur ist. Diese Kuppel ruhte auf Zwickeln, die die Ecken der quadratischen Basis einnahmen. Diese Pendentifs und die elliptische Kuppel sind charakteristische Merkmale der mahometanischen Architektur.

Die industriellen Künste Persiens wurden weitgehend von den traditionellen Künsten Assyriens und Chaldäas beeinflusst; Diese Tradition wurde von den Persern mit seltenem Geschick und selektiver Kraft weitergeführt und erreichte ihren Höhepunkt in der glorreichen Zeit von Schah Abbas 1586 bis 1625 n. Chr. Die Lebendigkeit, Schönheit und Liebe zum Detail, kombiniert mit perfekter dekorativer Anpassung an das Material, sind charakteristisch für die Textilien, Töpferwaren, Metallarbeiten und illuminierte Manuskripte des 15., 16. und 17. Jahrhunderts.

Die mahometanische Eroberung Persiens (632 bis 637 n. Chr.) durch Abu Bekr , den Nachfolger Mohammeds, hatte großen Einfluss auf die Entwicklung der Künste der Perser, die die Bräuche und Gewohnheiten zeitgenössischer Rassen übernahmen, aber dennoch alle Merkmale ihrer Kunst bewahrten; und es besteht kein Zweifel, dass die Kunst der Araber auf den traditionellen Künsten Persiens basierte.

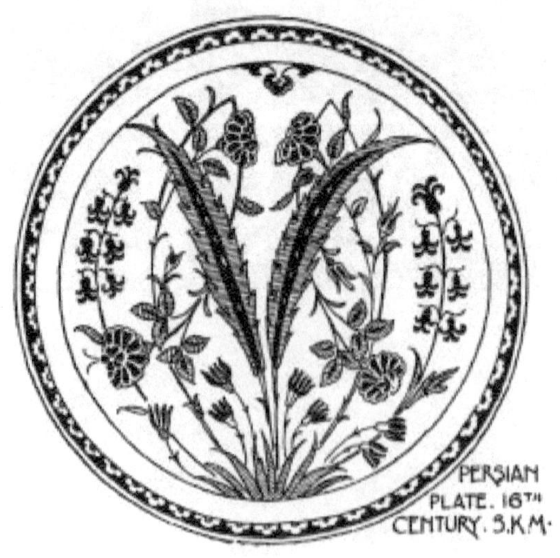

Die persische Dekoration zeichnet sich durch ein feines Gespür für Form und Farbe sowie für die einzigartig offene Darstellung natürlicher Pflanzen wie Rosa, Hyazinthe, Tulpe, Rose, Iris sowie Kiefer und Dattel aus. Diese werden mit vollkommener Aufrichtigkeit und Offenheit verwendet und sind im Wesentlichen dekorativ in der Behandlung, indem sie die Harmonie der Zusammensetzung der Masse, die Schönheit der Form und die Reinheit der Farbe vereinen . Es ist zweifellos diesen Eigenschaften zu verdanken, zusammen mit der perfekten Anpassung des Ornaments an das Material, dass der persische Stil die zeitgenössische Arbeit und insbesondere die europäischen Textilstoffe des 16. und 17. Jahrhunderts so stark beeinflusst hat. Bei den Abbildungen handelt es sich um einige bekannte Arten persischer Adaptionen natürlicher Blumen, die zweifellos aufgrund ihrer Bedeutung, Schönheit des Wachstums und der Form sowie der Angemessenheit der dekorativen Behandlung ausgewählt wurden. Rein arabische Formen, wie auf Tafel 21 dargestellt, werden häufig mit der persischen Blumenbehandlung in Verbindung gebracht, was den Einfluss der Künstler von Damaskus zeigt. Im South Kensington Museum befinden sich viele schöne Beispiele glänzender Wandfliesen aus dem 10. und 11. Jahrhundert, deren blaue, braune und türkise Farbgebung von hervorragender Qualität ist. Sie sind oft mit arabischen Inschriften und floralen Verzierungen durchsetzt. Beispiele für Wandfliesen aus dem 8. Jahrhundert wurden in den Ruinen von Rhages gefunden .

Diese glänzenden Fliesen sind ein bemerkenswertes Beispiel für Tradition oder erbliche Neigung. Diese Kunst, beginnend mit den emaillierten Ziegeln von Babylon und dem späteren Fries von Susa, Seite 16, mit seiner brillanten Emaille und feinen Farbe , wurde von den Persern fortgeführt, und über die Weitergabe an die Araber wurde die Tradition nach Kairo, Spanien, übertragen und Mallorca; von dort nach Italien, wo emailliert Es wurden glänzende Waren hergestellt, die sich von der ursprünglichen persischen Ware dadurch unterschieden, dass sie häufig keinen Nutzen hatten, was für die Kunst der Perser von grundlegender Bedeutung war.

Das mohammedanische Ornament lässt sich grob in vier Unterteilungen unterteilen: Arabisch, Maurisch, Indisch und Persisch. und sie zeichnen sich durch stark ausgeprägte Fächer oder Felder aus, die mit feineren und zarteren Anreicherungen gefüllt sind. Diese Kompartimente sind im Moresque mit seiner komplexen geometrischen Verflechtung und dem völligen Fehlen natürlicher Formen am deutlichsten ausgeprägt (Abb. 4, 6, 7 und 8, Seite 62). Der arabische Stil ist etwas ähnlich, aber weniger formell. Der Indianer hat eine konventionelle Darstellung von Pflanzen und die Einführung des Löwen, des Tigers und des Elefanten (Abb. 2, Tafel 23); während es im persischen Werk eine noch weniger formale konstruktive Anordnung gibt, mit klar definierten Blumenformen in Linie und Masse und der Einführung der menschlichen Figur mit Pferd, Löwe, Tiger und Vögeln. Beachten Sie die Illustration in Textiles, die einem schönen Teppich im South Kensington Museum entnommen ist. In diesem Teppich werden Tierformen, die mit seltener Auswahl und Urteilskraft ausgewählt wurden, mit der typischen floralen Bereicherung Persiens, mit der Fülle der Farben , der bewundernswerten Abstände von Details und Masse, der Schönheit des Vorfalls und der Kraft sowie der Angemessenheit der Behandlung kombiniert. Dies sind Merkmale, die die Industriedesigns Persiens auszeichnen, und es ist zweifellos dem Interesse und der Lebendigkeit ihrer Ornamente zu verdanken, dass wir den bemerkenswerten Einfluss der persischen Kunst auf die zeitgenössische und spätere Handwerkskunst Europas verdanken.

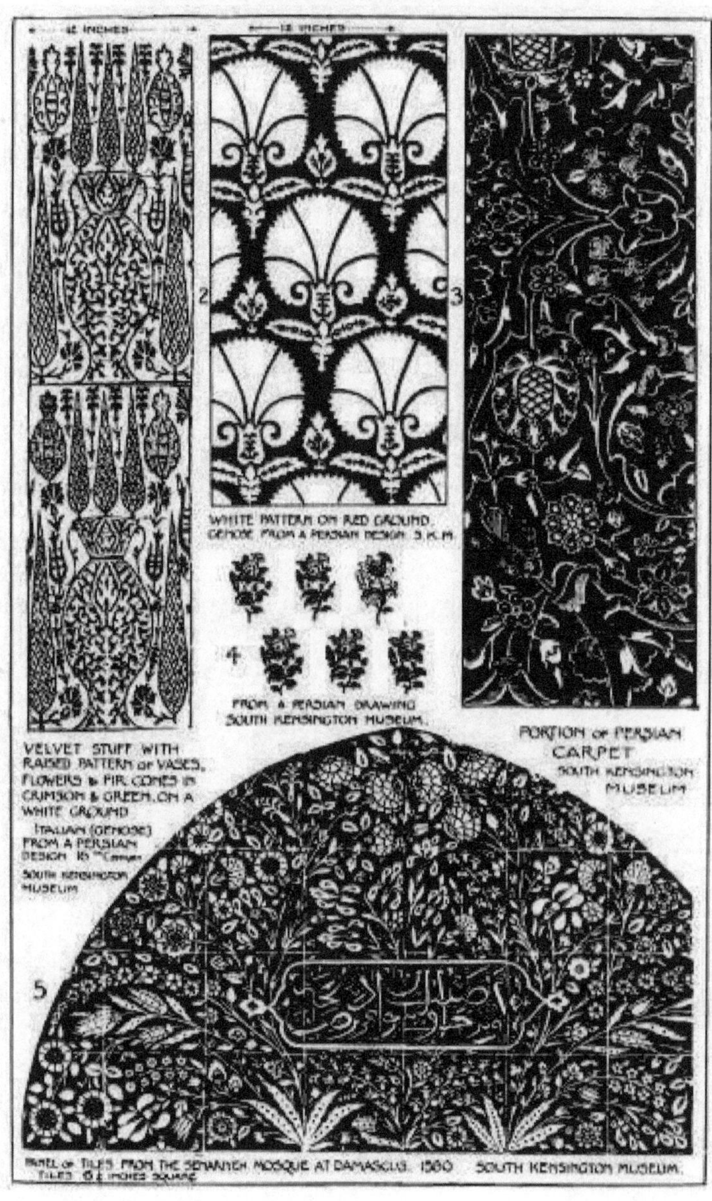
WHITE PATTERN ON RED GROUND.
GENOSE FROM A PERSIAN DESIGN. S.K.M.
FROM A PERSIAN DRAWING
SOUTH KENSINGTON MUSEUM.
VELVET STUFF WITH
RAISED PATTERN OF VASES,
FLOWERS & FIR CONES IN
CRIMSON & GREEN, ON A
WHITE GROUND
ITALIAN (GENOSE)
FROM A PERSIAN
DESIGN 16 TH Century
SOUTH KENSINGTON
MUSEUM
PORTION OF PERSIAN
CARPET
SOUTH KENSINGTON
MUSEUM
PANEL OF TILES FROM THE SENANIEH MOSQUE AT DAMASCUS. 1580.   SOUTH KENSINGTON MUSEUM.
TILES 6 INCHES SQUARE

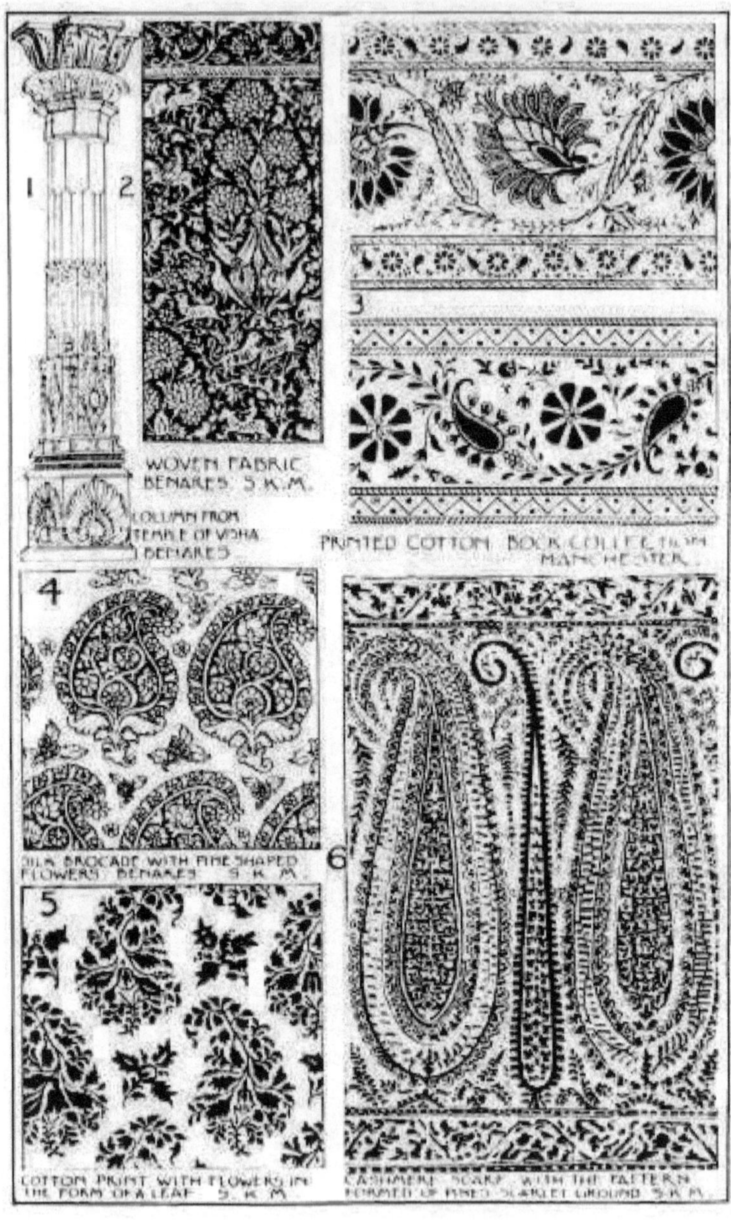

1
2
WOVEN FABRIC
BENARES S.K.M.
COLUMN FROM
TEMPLE OF VDHA
BENARES
3
PRINTED COTTON BOCK COLLECTION
MANCHESTER
4
SILK BROCADE WITH PINE-SHAPED
FLOWERS BENARES S.K.M.
5
6
G
COTTON PRINT WITH FLOWERS IN
THE FORM OF A LEAF S.K.M.
CASHMERE SCARF WITH THE PATTERN
FORMED UP PINED SCARLET GROUND S.K.M.

INDISCHES
ORNAMENT.

Die Zivilisation Indiens reicht bis in die ferne Vergangenheit zurück, aber die ältesten Überreste seiner Kunst und Architektur sind mit der buddhistischen Religion verbunden, die 638 v. Chr. vom Propheten Sakya Muni eingeführt wurde. Diese beeinflusste die Künste Indiens bis zum Jahr 250 n. Chr., als der Jaina- Stil entstand wurde adoptiert. Zu den Beispielen buddhistischer Architektur gehören Topes (das waren heilige oder monumentale Tempel, entweder freistehend oder in den Fels gehauen) und Klöster. Die in den Fels gehauenen Tempel bestehen normalerweise aus einem Kirchenschiff und Seitenschiffen sowie einer halbkreisförmigen Nische, in der sich eine Statue des sitzenden Buddha befindet. Der Saal hat quadratische oder achteckige Säulen mit Konsolenkapitellen (Abb. 1). Die schönsten Beispiele dieser Tempel sind die in Ajanta, die reich farbig mit Begebenheiten aus der Hindu-Mythologie verziert sind. Die schönen Tempel in Ellora, die vollständig aus dem Felsen gehauen sind, stammen aus der Jaina -Zeit (250 n. Chr.). Die Pagoden in Chedombaram stammen aus der Brahmanenzeit, ebenso wie die große Halle mit 1.000 Säulen, die 190 x 340 Fuß groß ist , das das heilige Bild des Gottes Shiva enthält.

Alexander der Große eroberte 327 v. Chr. Indien und hinterließ zweifellos den Einfluss der persischen Tradition in Indien. Dieser Einfluss wurde durch den Handelsverkehr zwischen Persien und Indien und durch die arabische Invasion in Indien im Jahr 711 n. Chr., als eine Mohammedaner-Dynastie gegründet wurde (711 bis 1152), noch weiter entwickelt. Diese kontrollierte und beeinflusste weitgehend die Künste unter der Mogul-Dynastie (1525). - 1837, als die dekorativen Künste und die Herstellung wunderschöner gewebter Brokate und Seiden voll entwickelt waren. Die prächtigen Teppiche und Vorleger, bedruckten Baumwollstoffe, Metallarbeiten und feinen Emaillearbeiten dieser Dynastie sind eine bemerkenswerte Hommage an die Vitalität, Originalität der Ideen und den praktischen Nutzen der industriellen Künste Indiens.

Indische Ornamente weisen die typische mahometanische Raumaufteilung auf, sind jedoch fließender und anmutiger als der rein arabische Stil. Diese Abteilungen sind mit feinen konventionellen Blumenformen gefüllt, wie der Lotusblume, der Dattelblume , der Iris, der Rosette und der Kiefer. Diese Kiefer wird gelegentlich als einzelne Blüte, häufiger jedoch als Blütenbüschel behandelt, die noch immer die charakteristische Form der Kiefer behält (Abb. 2, 4 und 6).

Typisch für diese Zeit ist auch der umsichtige Umgang mit Elefanten, Löwen, Tigern, Pfauen und menschlichen Figuren als Accessoires in der dekorativen

Kunst Indiens. Sie wurden mit seltenem Wissen und Geschick angewendet, kombiniert mit einer künstlerischen Wahrnehmung der angewandten Kunst, und zeigten eine sehr starke Affinität zum zeitgenössischen persischen Ornament.

Indische Ornamente haben eine konventionellere Wiedergabe natürlicher Formen als die offene Behandlung persischer Ornamente. Der Blockdruck auf Seiden- und Baumwollstoffen erreichte im letzten Jahrhundert einen hohen Grad an Perfektion. Der Erfindungsreichtum und die Bedeutung des Details; Der Charme der Komposition von Linie und Masse und die schöne Farbe dieser bedruckten Stoffe sind ein Spiegelbild des dekorativen Sinns für Schönheit der Menschen in Indien.

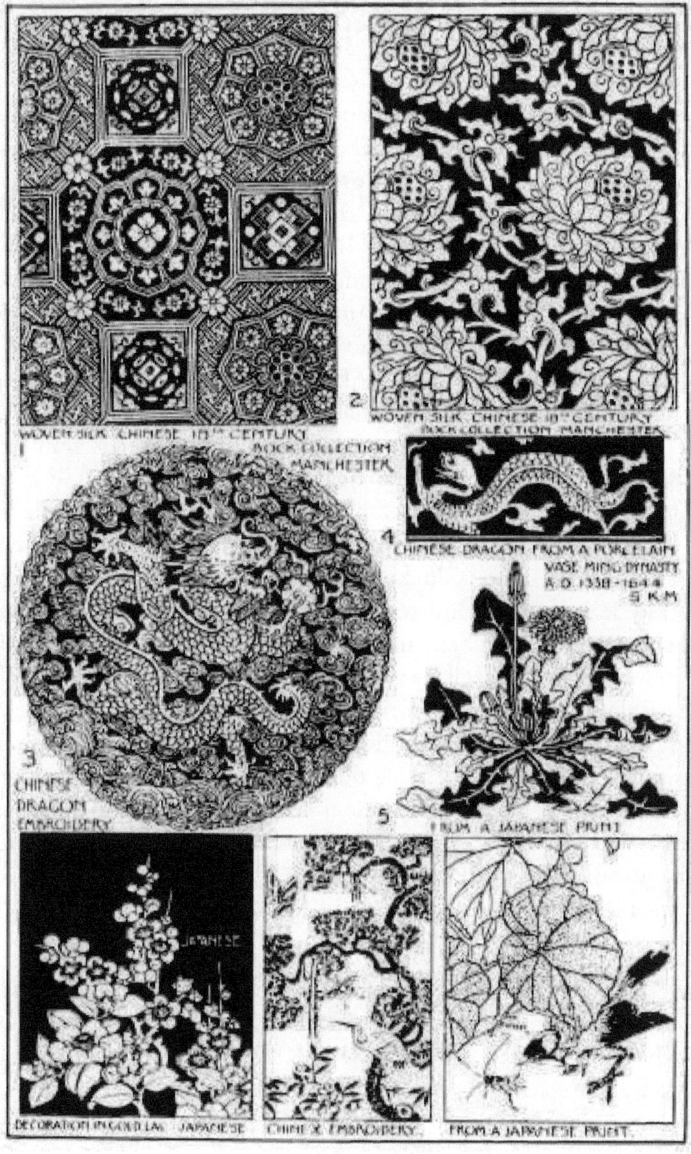
WOVEN SILK CHINESE 18TH CENTURY
BOCK COLLECTION MANCHESTER
1
2
WOVEN SILK CHINESE 18TH CENTURY
BOCK COLLECTION MANCHESTER
4
CHINESE DRAGON FROM A PORCELAIN
VASE MING DYNASTY
A.D. 1338-1644
5 K.M
3
CHINESE
DRAGON
EMBROIDERY
5
FROM A JAPANESE PRINT
JAPANESE
DECORATION IN GOLD LAC. JAPANESE
CHINESE EMBROIDERY
FROM A JAPANESE PRINT

CHINESISCHES UND JAPANISCHESEORNAMENT.

Die frühen Bronzen, Emails, Porzellane und Textilstoffe Chinas zeugen von der Perfektion und Üppigkeit der dekorativen Künste dieses alten Reiches. Diese Perfektion zeigt sich in einer großartigen Technik und einem feinen Gespür für Farben und Ornamente, die sich von den westlichen Nationen durch Mythen, Traditionen und die bemerkenswerte Beständigkeit einiger typischer Formen über viele Jahrhunderte hinweg unterscheiden, zweifellos aufgrund der tiefen Verehrung und Verehrung der Vorfahren die Vergangenheit. Der Drache wurde in vielen Aspekten dargestellt und bildete häufig kräftige Kompositionslinien (Abb. 3, 4). Die wunderschöne Flora des Landes hat die chinesische Kunst maßgeblich beeinflusst. Die Pfingstrose und die Chrysantheme (häufig stark konventionalisiert) sind typische Beispiele und bilden Elemente der dekorativen Gestaltung. Geometrische Formen wie das Sechseck, das Achteck und der Kreis, angereichert mit Blumen oder dem Bund, werden überwiegend verwendet. Die vielen prächtigen Beispiele von Glocken, Gongs und Weihrauchbrennern aus Bronze und Eisen, die Schnitzereien aus Holz, Elfenbein und Jade, die wunderschönen gewebten Seiden und bestickten Stoffe sowie der Reichtum und die Reinheit ihres Porzellans zeugen davon die Vielseitigkeit und Vitalität der chinesischen dekorativen Künste in der Vergangenheit. Ihre Architektur bestand normalerweise aus Holz und zeichnete sich eher durch Komplexität und Eigentümlichkeit der Form als durch Schönheit der Proportionen und Details aus. Ihre Pagoden oder Tempel bestanden jedoch aus Ziegeln und waren mit glasierten Ziegeln verkleidet. Das bemerkenswerteste dieser Bauwerke war die Nankin- Pagode der Ming-Dynastie (1412-31 n. Chr.), mit seinen kaiserlichen gelben Kacheln.

Obwohl die Künste Japans ihren Ursprung zweifellos in China haben, zeichnen sie sich durch eine genauere Beobachtung der Natur und eine wörtlichere Behandlung der Landschaft, der Vogel- und Tierwelt sowie der wunderschönen Flora des Landes – der „ Kiki " oder Chrysantheme – aus „ Botan " oder Pfingstrose, „ Kosai " oder Iris, „ Yuri " oder Lilie, „ Kiri " oder Paulawina imperialis (etwas unserer Rosskastanie ähnelnd), die „ Ume " oder Pflaume, die „ Matsi " oder Tanne und die „ Taki " oder Bambus, – ebenso der Pfau, der Kranich, die Ente, der Fasan und viele kleinere schöne Vögel, zusammen mit Reptilien, Insekten und Fischen; Bei allen handelt es sich um Elemente der dekorativen Kunst, die mit bemerkenswerter Treue und Feinheit der Haptik wiedergegeben werden, gepaart mit einem feinen Gespür für die Linienkomposition. Es ist dieser wörtliche Umgang mit Naturtypen, die wunderbare Technik und insbesondere die Bedeutung der gewählten Formen, die den Charme der früheren japanischen Kunst ausmachen. Es ist einzigartig, dass die von den Japanern verwendeten Materialien von geringem Eigenwert sind. Da sie keinen Schmuck haben , verwenden sie wenig Edelmetalle; Eisen, Bronze, Emaille, Holz und Lack sind die wichtigsten Materialien, die in der dekorativen Kunst Japans verwendet werden .

Elfenbein. Tafel 25.

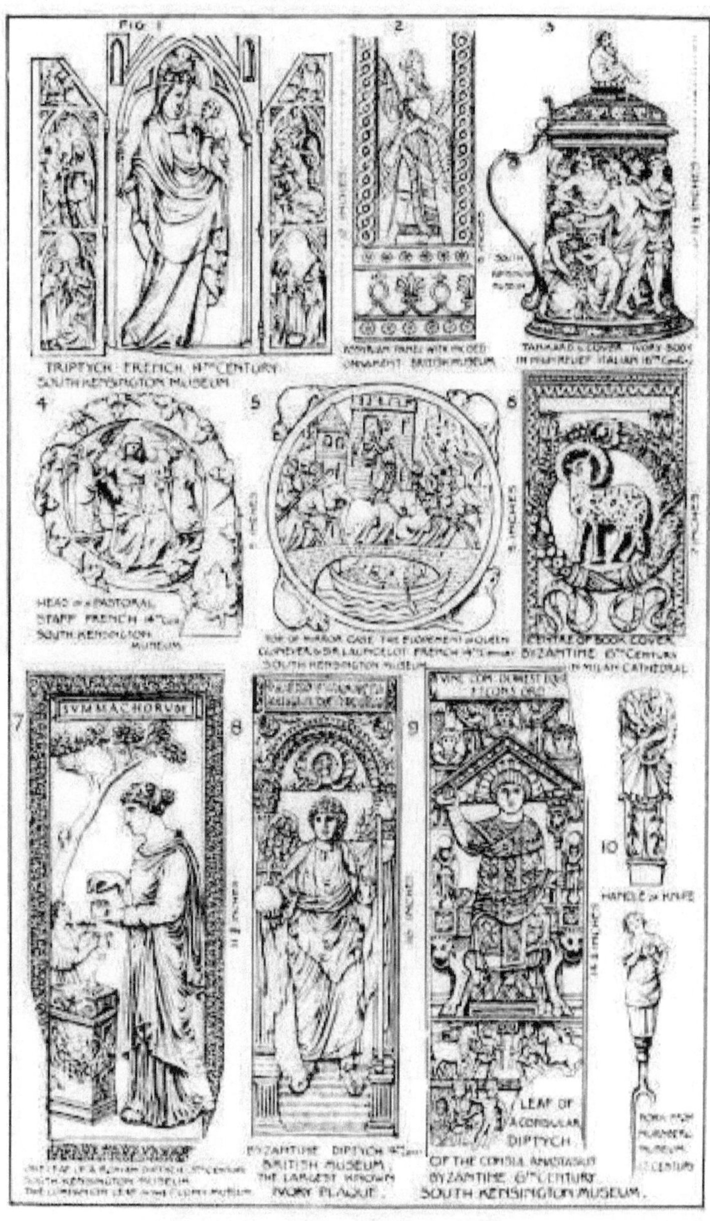

ELFENBEIN,

Zweifellos aufgrund seiner schönen Textur, Farbe und Eignung für feine Schnitzereien wird es schon seit langer Zeit verwendet. Ägypten, Assyrien und Indien haben jeweils viele schöne Beispiele feiner Handwerkskunst beigesteuert, die von der künstlerischen Kultur der Jahrhunderte vor der christlichen Ära zeugen. Von Salomo lesen wir in 1. Könige, 18, x: „Außerdem machte der König einen großen Thron aus Elfenbein und überzog ihn mit bestem Gold." Diese traditionelle Verwendung von Elfenbein stammt höchstwahrscheinlich aus Ägypten, der Quelle so vieler dekorativer Künste.

Im Perikleischen Zeitalter Griechenlands wurde Elfenbein für die Figur der Athene Parthenos von Pheidias verwendet, die im Parthenon platziert wurde. Diese 40 Fuß hohe Statue der stehenden Göttin bestand aus Gold und Elfenbein (*Chryselephantin-Skulptur genannt*), der Vorhang bestand aus geschlagenem Gold und die freigelegten Teile der Figur bestanden aus sorgfältig zusammengefügten Elfenbeinstücken. Eine sitzende *Chryselephantin-* Figur des Jupiter, etwa 58 Fuß hoch, im Tempel von Olympia stammt ebenfalls von Pheidias. Pausanias, der römische Reisende, zählt etwa zehn *Chryselephantin-* Statuen auf, die er auf seinen Reisen im Jahr 140 n. Chr. sah.

Die römische Zeit ist bekannt für die vielen schönen konsularischen Diptychen, die heute in unseren Nationalmuseen zu sehen sind. Sie bestehen aus zwei Elfenbeinblättern, die normalerweise 12 mal 5 Zoll groß sind. Die Innenseite weist eine leicht vertiefte, mit Wachs bedeckte Fläche zum Beschriften auf, die Außenseite ist mit feinen geschnitzten Reliefs verziert (Abb. 7, 8 und 9). Diese Diptychen wurden von neuen Konsuln bei ihrer Ernennung an ihre Freunde und Staatsbeamten verschenkt. Der Konsul wird normalerweise auf dem gepolsterten Curule-Stuhl oder Staatsstuhl sitzend dargestellt, und sein Name steht im Allgemeinen oben auf einem Blatt.

Die Byzantiner veredelten die Einbände ihrer Manuskripte mit Elfenbein, wovon in Abb. eine Illustration gegeben wird. 6; Aus dieser Zeit stammt auch der Elfenbeinthron von Maximian , dem Erzbischof von Ravenna (546–556 n. Chr.). Eine wunderschöne Behandlung von Elfenbein wurde im 13. und 14. Jahrhundert von den Sarazenen Ägyptens angewandt; Sie arbeiteten häufig eine feine geometrische Einlage aus Elfenbein auf Ebenholz; in anderen Beispielen waren Elfenbeintafeln fünfeckig, sechseckig oder sternförmig und mit feinen Arabesken geschnitzt, wobei der Rahmen der Tafeln aus Zeder oder Ebenholz bestand. In Indien erreichte die Elfenbeinschnitzerei ein hohes Maß an Perfektion, insbesondere bei den vielen Elfenbeinkämmen mit durchbohrten und erhabenen Arbeiten, die die

Figur Buddhas darstellen, umgeben von Blattwerk und reich geschmückten Elefanten.

In der karolingischen Zeit, dem 8. bis 10. Jahrhundert, wurde Elfenbein hauptsächlich für Truhen oder kleine Truhen verwendet. Während der frühen Gotik wurden in Italien und Frankreich in großer Zahl Kruzifixe, Hirtenstäbe, Krummstäbe, Statuetten und Triptychen aus Elfenbein hergestellt; und die Elfenbeinkämme und Spiegelkästen aus der Zeit der Renaissance weisen feine Reliefs mit legendären oder allegorischen Motiven auf. Bei den malerischen Elfenbeinarbeiten zeigen die modernen japanischen Kunsthandwerker höchstes technisches Können, gepaart mit einem scharfen Gespür für Natur und Bewegung, doch ihren Elfenbeinarbeiten fehlt die Schönheit und Würde der Komposition und die dekorative Behandlung der frühen und mittelalterlichen Elfenbeinarbeiten.

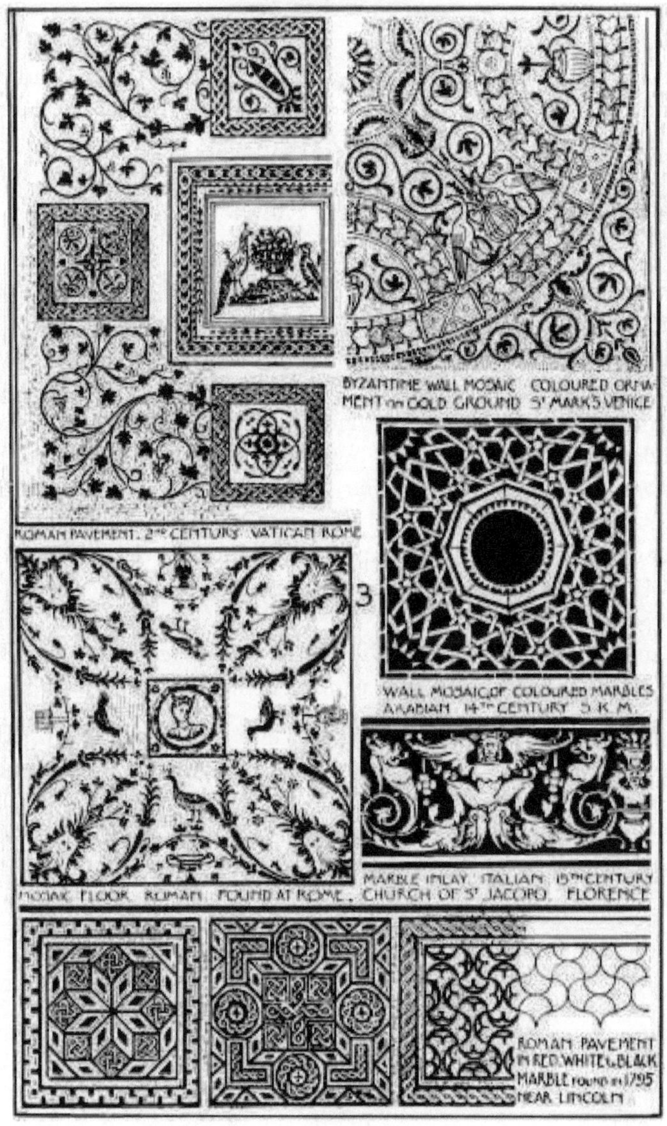

MOSAIK.

Die Haltbarkeit, die Farbpalette sowie die Eignung von Material und Behandlung für architektonische Gegebenheiten haben die Kunst des Mosaiks zur wichtigsten dekorativen Bereicherung der Architektur gemacht. Sein Alter ist unbestreitbar, denn im Buch Esther, 1,6 , lesen wir „von einem Pflaster aus rotem, blauem, weißem und schwarzem Marmor".

Mosaik ist die Kunst, Muster aus zusammengefügten Teilen verschiedenfarbiger Materialien zu bilden, und wird grob in drei Klassen eingeteilt: (1) Opus TESSELATUM ODER Tonmosaik; (2) OPUS LITHOSTRATUM oder Steinmosaik; (3) OPUS MISERUM oder Glasmosaik. Diese Abteilungen sind wiederum unterteilt in: (1) *Opus Figlinum* oder Keramikmosaik, das aus einer glasartigen Zusammensetzung besteht und mit Metalloxiden gefärbt ist ; (2) *Opus Signinum* , kleine Fliesenstücke; (3) *Opus Vermiculatum* , unterteilt in (a) *Majus* , schwarzer und weißer Marmor, (b) *Medium* , in dem alle Materialien und Farben verwendet wurden, und (c) *Minus* , aus winzigen Steinchen , die hauptsächlich für Möbeleinlagen verwendet werden; (4) *Opus Sculpturatum* , ausgehöhlte und mit grauem oder schwarzem Marmor gefüllte Marmorplatten; (5) *Opus Alexandrinum* , Intarsien aus Porphyr und Serpentin; und (6) *Opus Sectile* , bestehend aus verschiedenen Lamellen oder Marmorscheiben in verschiedenen Farben .

In Rom erreichte die Mosaikkunst im 1. und 2. Jahrhundert n. Chr. ihre größte Vollendung, und viele prächtige Beispiele dieser Zeit befinden sich heute in den Museen des Vatikans und in Neapel. Das schönste Beispiel stammt aus dem Hause des Fauns, Pompeji, und stellt die Schlacht von Issus zwischen Alexander und Darius dar. Dieses Mosaik aus dem 3. Jahrhundert v. Chr. ist wahrscheinlich eine Kopie eines griechischen Gemäldes.

Viele schöne römische Mosaike wurden in England in Cirencester , London, Lincoln (Abb. 6), Leicester und in Brading auf der Isle of Wight gefunden.

Die Tradition wurde in Italien in Ravenna und Venedig fortgeführt, wo das *Opus Miserum* seinen Höhepunkt erreichte. Von den Ravenna-Mosaiken sind die des Baptisteriums (450 n. Chr.) und die von S. Apollinare typische Beispiele früherer byzantinischer Mosaike mit dunkelgrünem und goldenem Hintergrund und Mosaiksteinen von etwa ⅜ Zoll im Quadrat. Der wunderschöne Fries männlicher und weiblicher Heiliger in S. Apollinare erstreckt sich über beide Seiten des Kirchenschiffs und ist 10 Fuß hoch. Das Gewölbe und die Kuppeln des Markusdoms sind vollständig mit dem charakteristischen byzantinischen Goldgrundmosaik aus dem 11. Jahrhundert bedeckt, das durch die Verschmelzung zweier Glasstücke mit dazwischenliegendem Blattgold entstanden ist. In Santa Sophia,

Konstantinopel, gibt es weitere schöne Mosaike aus dem 6. und 7. Jahrhundert. In Italien wurden unter den Cosmati (einer Familie von Mosaizisten des 13. und 14. Jahrhunderts) feine geometrische Intarsienmosaiken zur Verschönerung von Marmorgräbern und Altären verwendet; Einige gute Beispiele dieses Stils befinden sich in der Westminster Abbey auf dem Grab von Eduard dem Bekenner (vollendet unter Heinrich III., 1270 n. Chr.).

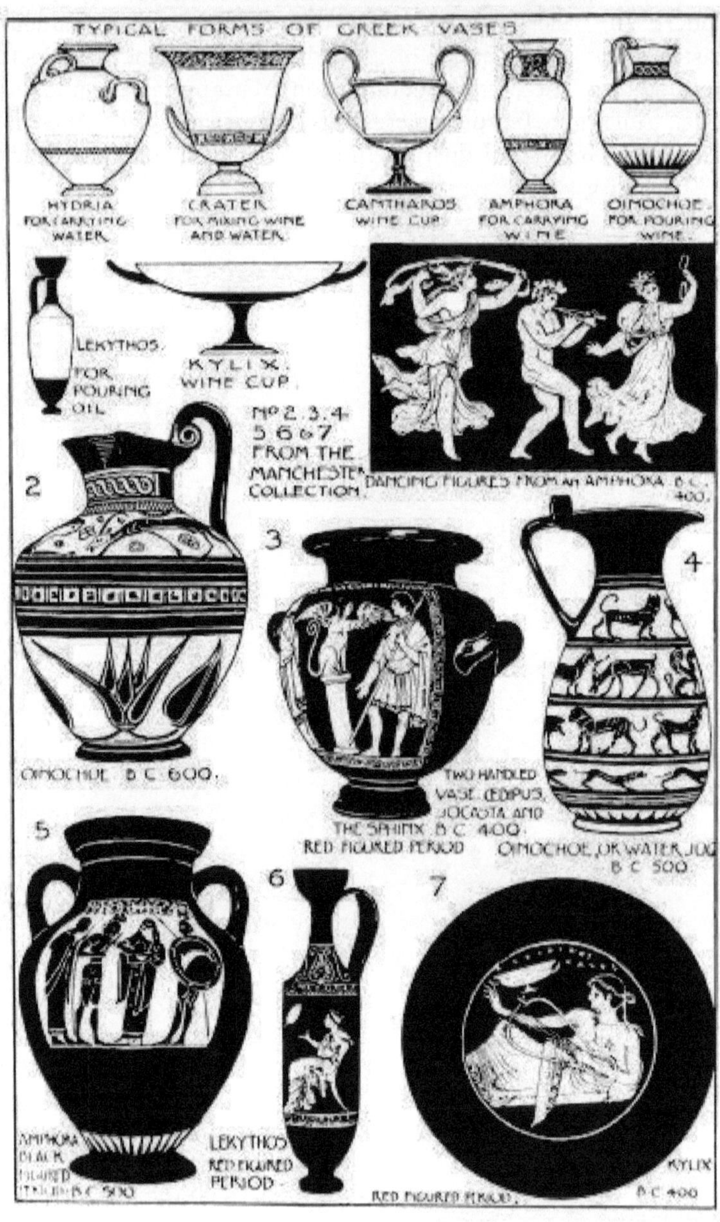
TYPICAL FORMS OF GREEK VASES
HYDRIA FOR CARRYING WATER.
CRATER FOR MIXING WINE AND WATER.
CANTHAROS WINE CUP
AMPHORA FOR CARRYING WINE
OINOCHOE FOR POURING WINE.
LEKYTHOS FOR POURING OIL
KYLIX. WINE CUP.
Nº 2.3.4 5 6 6 7 FROM THE MANCHESTER COLLECTION.
DANCING FIGURES FROM AN AMPHORA B.C. 400.
2 OINOCHOE B C 600.
3 TWO HANDLED VASE OEDIPUS, JOCASTA AND THE SPHINX B C 400. RED FIGURED PERIOD
4 OINOCHOE OR WATER JUG B C 500
5 AMPHORA BLACK FIGURED ITALIAN B C 500
6 LEKYTHOS RED FIGURED PERIOD
7 RED FIGURED PERIOD. KYLIX B C 400

GRIECHISCHE
KERAMIK.

Im 19. Jahrhundert ist es schwierig, die Bedeutung von Vasen im antiken Leben zu erkennen . Für die Griechen war eine Vase ein Behälter für Lebensmittel, Flüssigkeiten oder zur Aufbewahrung und zur Verzierung des Hauses. Es wurde im täglichen Leben der Lebenden verwendet und mit den Toten begraben. Die meisten der feineren griechischen Vasen wurden in etruskischen Gräbern gefunden, stammen jedoch aus griechischer Arbeit und wurden aus Griechenland oder griechischen Kolonien importiert. Es wurden einige schwarze, unglasierte etruskische Vasen gefunden, bemalte Vasen etruskischen Ursprungs sind jedoch selten.

Frühe griechische Töpferwaren, die wahrscheinlich aus dem 10. Jahrhundert v. Chr. stammen, wurden in Griechenland, den Kolonien Rhodos, Kyrene in Afrika und Naukratis im Delta Ägyptens gefunden – diese zeigen eine historische Entwicklung und sind in Gruppen mit jeweils eigenem Namen angeordnet Unterscheidungsmerkmal : – (1.) Primitive Vasen, einfache Form, kleine oder fehlende Griffe, Verzierungen in einfacher Linie, durchbrochen oder eingeschnitten oder in erhabener Form. (2.) Vasen AUS MYKENE oder DER KOLONIALZEIT (900–700 v. Chr.), oft mit einem cremigen Schlicker überzogen; Die in Braun und Schwarz bemalten Designs sind von geometrischen Mustern mit Meeres- und Tierformen abgeleitet. (3.) DIPYLON oder GEOMETRISCH (700 v. Chr.), mit angereichertem Bundmuster und Tafeln mit groben Figuren von Menschen und Tieren in Schwarz und Braun. (4.) PHALERON- WARE (700–550 v. Chr.) mit durchgehenden Tierbändern, wahrscheinlich aus Phönizien oder Assyrien stammend (Abb. 4). Unter den abgebildeten Tieren sind Teile des Bundmusters platziert, ein Überbleibsel des vorherigen Stils. Die Details sind durch die schwarze oder braune Figur eingeschnitten und zeigen die Farbe des Tonkörpers. Eine Weiterentwicklung dieser Phaleron- Ware war die Einführung der Rosette zwischen den Figuren oder Tieren, die das Bundmuster ersetzte. (5.) SCHWARZE FIGURENPERIODE (600–480 v. Chr.), Vasen mit feinem Profil und guten Griffen, der Vasenkörper aus rotem Ton ist mit Motiven der griechischen Mythologie in Schwarz bemalt und die Details sind eingraviert; Die Gesichter, Arme und Beine der weiblichen Figuren wurden anschließend mit weißem oder rotem Lack bemalt und bei geringerer Hitze gebrannt. Die AMPHORE (Abb. 5) war die Hauptform dieser Schwarzfigurenperiode, einige schöne Exemplare sind von Exekias und Amasis signiert. (6.) Die Übergangszeit (500–470 v. Chr.), als die schwarzen Silhouettenfiguren auf rotem Grund der ROTFIGURENPERIODE auf schwarzem Grund Platz machten. Künstler dieses Stils waren Epiktetos , Pamphæios , Nicosthenes und Pythos . Viele der Vasen von Nicosthenes ähneln in Form und Griffen zeitgenössischen Metallarbeiten. Die 7. Gruppe (470–336 v. Chr.), ebenfalls rote Figuren auf schwarzem Grund, war die Zeit, in der griechische Fiktile ihre höchste Vollkommenheit erreichten, wobei die KYLIX DIE WICHTIGSTE VERWENDETE FORM WAR . Eine schöne Serie dieser *Kylikes* , signiert von Cachrylion , Euphronios , Duris , Pethenos und Hieron , befindet sich im British Museum.

Eine speziell für Bestattungszwecke hergestellte Vase war die ATHENISCHE LEKYTHOS , deren Körper mit weißem Schlicker überzogen und anschließend polychrom mit Motiven von einzigartiger Passendkeit bemalt wurde.

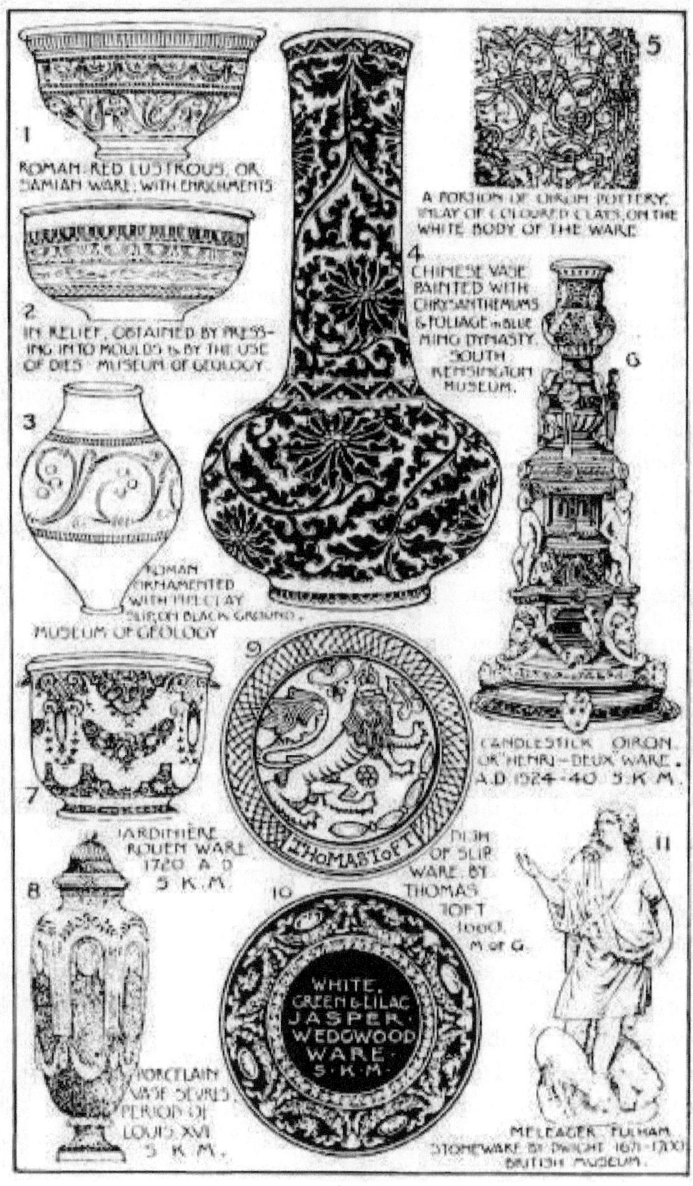

1
ROMAN RED LUSTROUS, OR
SAMIAN WARE, WITH ENRICHMENTS
2
IN RELIEF, OBTAINED BY PRESS-
ING INTO MOULDS & BY THE USE
OF DIES - MUSEUM OF GEOLOGY.
3
ROMAN
ORNAMENTED
WITH PIPECLAY
SLIP, ON BLACK GROUND.
MUSEUM OF GEOLOGY
5
A PORTION OF ORIGIN POTTERY.
INLAY OF COLOURED CLAYS, ON THE
WHITE BODY OF THE WARE
4
CHINESE VASE
PAINTED WITH
CHRYSANTHEMUMS
& FOLIAGE in BLUE
MING DYNASTY.
SOUTH
KENSINGTON
MUSEUM.
6
CANDLESTICK OIRON.
OR 'HENRI-DEUX' WARE.
A.D. 1524-40 S.K.M.
7
JARDINIÈRE
ROUEN WARE
1720 A.D
S.K.M.
THOMAS TOFT
9
DISH
OF SLIP
WARE BY
THOMAS
TOFT
1660.
M or G.
8
PORCELAIN
VASE SEVRES
PERIOD OF
LOUIS XVI
S.K.M.
10
WHITE,
GREEN & LILAC
JASPER.
WEDGWOOD
WARE.
S.K.M.
11
MELEAGER. FULHAM
STONEWARE BY DWIGHT 1671-1700
BRITISH MUSEUM.

KERAMIK-
KUNST.

Das Alter der Keramikkunst und ihre wissenschaftlichen und künstlerischen Qualitäten machen dieses Fach für Kunststudenten von großem Interesse.

Die Plastizität des Tons und seine Härtungseigenschaften unter dem Einfluss intensiver Hitze, seine Anpassungsfähigkeit an die raffiniertesten und passendsten Formen, seine Affinität zu den wunderschönen Glasuren und Emails, die so oft mit Töpferwaren in Verbindung gebracht werden, und seine großartigen Traditionen des Handwerks, der Farbe und der Form und Dekorationen, so schön und vielfältig in ihrem Charakter – alle fügen sich zusammen, um dem Thema einen ganz eigenen Charme oder eine ganz eigene Faszination zu verleihen. In seinem natürlichen Zustand ist es an sich wertlos, kann jedoch durch wissenschaftliche Arbeit und künstlerisches Können nahezu unbezahlbar gemacht werden. Die Geschichte dieses Materials und seine einfache Anpassung an die raffiniertesten und kompliziertesten sowie einfachsten Formen bieten unschätzbare Lektionen für heutige Kunststudenten.

Töpferton kann in drei Abteilungen oder Überschriften eingeteilt werden: (1) STEINGUT. (2) STEINZEUG. (3) PORZELLAN. Unter der ersten sind die meisten Keramikwaren zusammengefasst. Die Keramik aus Ägypten, die Fayence aus Assyrien und Persien, die griechischen und etruskischen Vasen, die berühmte rote Ware von der Insel Samoa und ihr Gegenstück, die römisch-samische Ware, die wunderschöne Maiolika aus Spanien und Italien, die Keramik aus Rouen, St . Porchaire , Delft und die meisten unserer englischen Töpferwaren sind Steingut ; Die Paste oder der Körper besteht aus natürlichen Tonen, die aufgrund ihrer Plastizität, ihrer Härtungseigenschaften, ihrer Schmelzbarkeit oder ihrer Farbe ausgewählt werden und beim Brennen einen porösen, undurchsichtigen Körper haben, der normalerweise eine matte Farbe hat . Diese Stumpfheit konnte üblicherweise dadurch überwunden werden, dass man die Ware mit einem Streifen feinen weißen Tons überzog, der zwar nicht über die inhärenten Eigenschaften verfügte, um aus sich selbst Keramik zu formen, aber am gröberen Ton haften blieb farbige Masse des Steinguts und bildet so einen glatten weißen Grund. Die frühen griechischen Vasen von Nankrates , die späteren Lekythos der Griechen, die Fayencen Persiens, die Mezza Maiolica und die Sgraffitos der frühen italienischen Renaissance sowie unsere englische Slipware sind Beispiele für diese Methode, groben Farben eine glatte weiße Oberfläche zu verleihen Steingut. Ein ähnliches Ergebnis wie beim Gleitbelag wurde auch durch die Verwendung einer siliziumhaltigen Glasur erzielt, die durch die Zugabe von Zinnoxid weiß und undurchsichtig gemacht wurde. Frühe assyrische Fayence, Della Robbia -Ware, die Majolika aus Spanien und Italien sowie die Waren aus Delft und Rouen sind mit einer Zinnemail beschichtete Steingutwaren .

Die hier erwähnte siliziumhaltige Glasur wird durch Verschmelzen von siliziumhaltigen Materialien mit Soda oder Kali hergestellt und ist als Glasur oder Glasur bekannt. Bleiglasur oder Bleiglasur wird durch die Zugabe von Bleioxid zur siliziumhaltigen Glasur hergestellt, wodurch sie schmelzbarer und dennoch transparent wird. Eine weiße undurchsichtige Emaille, die durch die Verwendung von Zinnoxid mit der glasartigen Glasur entsteht, wird Stanniferous oder Zinnemail genannt. Diese unterschiedlichen Verfahren zur Beschichtung des porösen Steingutkörpers hatten großen Einfluss auf die Verzierungen und die Farbgebung .

Die wunderschöne Fayence von Damaskus und Rhodos ist mit dem siliziumhaltigen Schlicker oder der Glasur bedeckt, wobei die Farben satte Blautöne sind, die durch Kobalt, Türkis und Grün, durch Kobalt und Kupfer und Purpur durch die Verwendung von Mangan erzeugt werden; und dann mit einer alkalischen Glasur bedeckt.

In der rhodischen Ware herrscht das gleiche Farbschema vor , mit der Ausnahme, dass das Purpur durch ein feines, undurchsichtiges Rot von großer Fülle ersetzt wird, das sogenannte rhodische Rot, das aus armenischem Baumstamm hergestellt wird. Auf der italienischen Maiolika mit ihrer Zinnemail- und Bleiglasur gibt es feines Blau, Türkis und Grün, aber Rot ist sehr farbarm und wird im Allgemeinen durch sattes Gelb aus Antimon und Orange aus Eisen ersetzt. Dieses weiße Zinnemail wurde zweifellos von den Mauren nach Europa eingeführt, da einige Fliesen in der Alhambra aus den Jahren 1273–1302 stammen.

In England wurde eine große Anzahl von Schalen und Schüsseln aus römischer Zeit gefunden, sogenannte Samian Ware. Die Paste hat normalerweise ein feines Siegelwachsrot mit einer guten Glasur. Diese Schalen sind mit einer Reihe horizontaler Bänder bereichert, die die Girlande, die Schriftrolle, Vögel, Tiere und Figuren enthalten. Die Bänder oder Friese werden oft durch die traditionelle Ei- und Zungenformung unterteilt (Abb. 1). Es wurden mit Stempeln versehene Tonformen hergestellt und anschließend gebrannt . Nachdem die rote Paste in die Form gepresst worden war , wurde das Innere auf der Drehbank glattgedreht. Eine Form dieser Art wurde 1874 in York gefunden, daher ist es möglich, dass einige dieser Waren in England von römischen Töpfern hergestellt wurden. Auch in Castor bei Peterborough wurden römische Töpferwaren gefunden, die zweifellos an der früheren Stelle hergestellt wurden; an derselben Stelle wurden Brennöfen gefunden. Diese Castor-Ware ist normalerweise braun, mit einer schwarzen Glasur, verziert mit eingekerbten Werkzeugspuren und erhabenen

Schlupfmustern aus Pfeifenton (Abb. 3). In den Upchurch Marshes in Kent wurden viele römische Schalen und Vasen in dunkelgrauer Farbe gefunden, die mit eingeschnittenen Linien und erhabenen Tonvorsprüngen verziert sind. Es ist jedoch nur wenig künstlerische Keramik aus dem Mittelalter bekannt. Zu Beginn des 13. Jahrhunderts wurden wunderschöne Enkaustikfliesen für die großen Klöster, Abteien und Kathedralen hergestellt.

Um 1500 wurde die Produktion von Kacheln in Holland eingeführt. In Delft wurden große Mengen kleiner blauer und weißer Kacheln mit Schriftmotiven hergestellt und von dort nach England zur Auskleidung von Kaminen usw. exportiert. Etwa im 17. Jahrhundert wurden in Valencia einige schöne bemalte Fliesen oder „Azulejos" hergestellt.

Im 16. Jahrhundert wurde das Porzellan aus China von niederländischen und portugiesischen Händlern nach Europa eingeführt, und ein Großteil der später hergestellten Delfter und Rouener Ware war eine Nachahmung dieses orientalischen Porzellans. „Delfter"-Ware, die ihren Namen von der gleichnamigen Kleinstadt in Holland aus dem Jahr 1500 n. Chr. hat, ist eine Keramik, die mit zinnhaltigem Email überzogen, mit einem vollen und flüssigen Pinsel auf dem saugfähigen Emailgrund dekoriert und dann mit einem Bleiglasur glasiert wird Glasur. Einige dieser Delfter Waren sind von sehr guter Qualität, wobei die Kobaltblautöne unter der Glasur bemerkenswert weich und farbreich sind . Frühe Exemplare waren mit historischen Motiven verziert und enthielten oft zahlreiche Figuren. Die mittlere Periode zeichnete sich durch die Nachahmung von chinesischem Porzellan und die Anwendung farbiger Emaille auf farbigem Grund aus. Bis 1760 wurden große Mengen dieser Art von Waren hergestellt und in alle Teile Europas exportiert. Die Herstellung von Delfter Ware wurde erstmals 1676 von einigen niederländischen Töpfern in Lambeth in England eingeführt und anschließend auf Fulham, Bristol und Liverpool ausgeweitet.

Die Verwendung von Zinnschmelz wurde von Girolamo della in Frankreich eingeführt Robbia , Sohn von Andrea della Robbia , während der Herrschaft von Franz I., 1516, und emaillierte Waren, die den späteren Produktionen von Urbino ähnelten, wurden in Nevers hergestellt, wo auch feine Waren hergestellt wurden, die mit persischen *Motiven* in Gelb und Blau verziert waren. In Rouen wurde auch ein feines, mit Zinnemail überzogenes Steingut hergestellt, dessen Verzierungen aus Lambrequins oder Muschelmustern bestanden, die symmetrisch angeordnet waren und zur Mitte des Tellers oder der Schüssel hin zusammenliefen. Das Ornament basierte auf chinesischen Vorbildern und wurde von den zeitgenössischen Webstoffen Frankreichs beeinflusst. Die Dekorationen waren in der Regel in Blau gehalten und mit Aufglasurmalerei versehen, d Orientalische Unterglasurmalerei.

Bei Rouen-Ware ist der Grund im Allgemeinen weiß, aber einige schöne Exemplare in South Kensington haben einen sanften gelben Grund, wobei manchmal ein sattes Indischgelb mit der blauen Verzierung eingeführt wird. Unter der Leitung von Louis Poterat wurde 1673 diese wunderschöne Fayence perfektioniert.

Bernard Palissy, 1510-90, entdeckte durch wiederholte Experimente das Zinn- oder Zinnemail. Seine ersten Werke waren Jaspis-Keramik mit warmen, leuchtenden Farben und reichlich Emaillierung . In der zweiten Periode wurden vor allem rustikale Gerichte hergestellt, die kunstvoll mit sorgfältig modellierten Fischen, Reptilien und Pflanzen oder natürlichem Blattwerk verziert waren und mit einer Emaille von großer Brillanz und Reinheit überzogen waren. Die spätere Töpferei von Palissy bestand aus Salzfässern, Tintenfässern, Kannen usw., deren aufwändige Figurenverzierungen wahrscheinlich von einem zeitgenössischen Künstler ausgeführt wurden.

Henri-Deux- oder St.- Porchards -Ware, heute besser als Oiron- Ware beschrieben, entstand 1524 in St. Porchard , vielleicht durch die Hand, sicherlich unter der Schirmherrschaft von Hélène de Hangest , der Witwe von A. Gouffier , einem ehemaligen Gouverneur unter Francis I. Diese Oiron- Ware von blasser Strohfarbe ist mit Einlagen aus gelben, blauen, grünen und braunen Pasten bereichert , wobei die Flecht- und Arabeskenornamente unter der Leitung von Jehan ausgeführt wurden Bernart und François Charpentier, die im Typus dem zeitgenössischen Bucheinband von Grolier ähneln und wahrscheinlich mit ähnlichen Werkzeugen ausgeführt wurden.

In England gibt es viele frühe Beispiele von Slipware aus Staffordshire, die hauptsächlich aus Kerzenständern, Tassen, Tygs, Posset-Töpfen, Piggins und Tellern besteht, wobei die Slip-Dekorationen in Gelb, Weiß und Braun gehalten sind. Diese Ware wurde bereits 1649 in Wrotham und 1660 von Thomas Toft in Shilton hergestellt (Abb. 9). Marmorierte, gekämmte und Schildpattwaren wurden unter Verwendung von Farbschlickern oder Ton hergestellt. Achat- und Onyxwaren wurden aus Schichten verschiedenfarbigen Tons geformt , gekreuzt, geschnitten und in Formen gepresst . Diese Methoden wurden von Thomas Wheildon (1740-98) und Josiah Wedgwood (1730-95) perfektioniert, die sowohl die Queen's- als auch die bunte Ware perfektionierten. Das cremefarbene Geschirr der Königin wurde hauptsächlich für Abendessen und Dessertservices hergestellt und mit bemalten Blumen aus Emaille verziert.

Im Jahr 1781 stellte Wedgwood seine berühmte Jasper-Ware vor, und zwar Jasper Dip oder gewaschener Jasper. Diese letztere Ware wurde in Beimischungen von Metalloxiden getaucht, wodurch je nach Wunsch blaue, lila, rosa, salbeigrüne, olivgrüne, gelbe und schwarze Farben entstanden . Die Dekorationen im Flachrelief sind in reinstem Weiß (Abb. 10) und im traditionellen klassischen Stil gehalten, wobei die Figuren als Cameo-Medaillons oder in Bändern mit der Schriftrolle, der Girlande und der Ranke in zartem Relief angeordnet sind. Viele dieser wunderschönen Kameen wurden von Flaxman (1755-1826) entworfen oder modelliert; Pacetti und Angelini, 1787; Speck, 1740-99; Hackwood , 1770; Roubiliac , 1695-1762; Stothard , 1755-1834; Tassie , 1735-99; und Webber, 1782.

Steingut unterscheidet sich von Steingut dadurch , dass das Kunststoffmaterial einen größeren Anteil an Siliziumdioxid enthält, das bei stärkerer Hitze gebrannt wird und den Körper oder die Masse zu einer Art Glas verglast, was für Festigkeit und Festigkeit sorgt aus Material, das gewöhnliches Steingut nicht besitzt. Steingut wird normalerweise während des Brennens glasiert, indem Kochsalz in den Ofen geworfen wird, das sich verflüchtigt und auf die Kieselsäure im Körper reagiert und mit dieser ein Silikat aus Soda oder Glas mit einer winzigen körnigen Textur bildet. Der Nutzen und der künstlerische Charakter von Steinzeug wurden von den flämischen und deutschen Töpfern des 16. Jahrhunderts perfektioniert.

Die Hauptarten dieser Ware sind die grau-weiße „ Canette " aus Siegburg bei Bonn und die hellbraune oder graue Ware aus Raeren bei Aix-la-Chapelle mit ihren eingeschnittenen und geprägten Verzierungen, manchmal mit blauer Verzierung. Frechen in der Nähe von Köln lieferte wahrscheinlich die „Bellarmines" oder „Graubärte", die größtenteils unter dem Namen „Cologne Pots" nach England importiert wurden. Beispiele dieser Frechen-Ware waren häufig mit einer erhabenen Schriftrolle aus Eichenblättern verziert. Grenzhausen in Nassau stellte eine wunderschöne graue Ware mit fein geformten Reliefs her, die mit Blau und Lila gefüllt waren. Viele graue Krüge, verziert mit den Initialen von Wilhelm III., Königin Anna und Georg I., wurden aus den Nassau-Öfen nach England importiert.

Eine besondere Art von Steinzeug, auch „Kölner Ware" genannt, wurde um 1670 von John Dwight in Fulham hergestellt. Einige schöne Krüge und einige geschickt modellierte unglasierte Statuetten, die vermutlich an diesem Ort hergestellt wurden, sind in den Briten zu sehen Museum (Abb. 11).

Ein weiteres besonderes rotes Steinzeug, Porzellan oder Red China, wie es genannt wurde, wurde in der Nähe von Burslem von den Brüdern Elers (1688–1710) hergestellt. Die Verzierung wurde durch das Pressen scharfer Tiefdruckkupferformen auf Tonstücke erzielt, die an der geformten Ware befestigt waren. Schöne Beispiele, die sich durch die Schönheit der Umrisse und die Feinheit der Verzierungen auszeichnen , werden im Museum of Geology in der Jermyn Street ausgestellt. Astbury, 1710-39, führte die Traditionen von Elers fort und stellte feines weißes Steingut her, das die

Staffordshire-Keramik dieser Zeit stark beeinflusste. Von 1700 bis 1750 wurde in Nottingham auch Steinzeug hergestellt.

Porzellan ist technisch unter den Begriffen „harte Paste" („pâte dure") und „weich" („pâte tendre ") bekannt. Hartporzellan wird aus Ton hergestellt, der viel Aluminiumoxid und Feldspat oder zersetzten Granit enthält und nur eine geringe Plastizität aufweist, die zwangsläufig die Form oder das Profil des Gefäßes beeinflusst. Die für die griechische Steingutvase so typische Schönheit der Form fehlt beim Porzellan, wo hauptsächlich die zylindrische oder achteckige Form verwendet wird. „Pâte tendre " ist ein weiches und glasartiges Porzellan, das eine große Affinität zu den wunderschönen farbigen Glasuren und Emails aufweist, die in den frühen Beispielen von Sèvres verwendet wurden .

Porzellan war in China etwa 200 v. Chr. bekannt und wurde im 16. Jahrhundert allgemein verwendet. Während der Ming-Dynastie (1568-1640) erreichte Porzellan seine höchste Entwicklung in der Perfektion seiner Masse, Ornamentik, Farbe und Glasur, wobei Blau und Türkis die Hauptfarben dieser Zeit waren; Diese begrenzte Farbpalette war auf die starke Hitze zurückzuführen, die erforderlich war, um die Feldspatglasur auf dem Hartporzellan zu verschmelzen.

Es ist ungewiss, wann chinesisches Porzellan erstmals nach Europa gebracht wurde. Zu den frühesten bekannten Stücken in England gehören einige Schalen, die Philipp von Österreich im Jahr 1506 Sir Thomas Trenchard schenkte . Doch unabhängig vom Datum war es unvermeidlich, dass Versuche unternommen wurden, diese schöne Keramik nachzuahmen. Florentiner oder Medici- Porzellan wurde zwischen 1575 und 1580 hergestellt. Eine ähnliche Manufaktur wurde jedoch erst 1690 oder 1700 in Rouen und St. Cloud gegründet. Im Jahr 1709 begann Böttcher im sächsischen Meißen mit der Herstellung von Hartporzellan und fertigte anschließend um 1715 einige hervorragende Exemplare. Dies war der Beginn des bekannten Dresdner Porzellans . Im Jahr 1768 wurde in Sèvres die Herstellung von Hartporzellan eingeführt und ersetzte die seit 1670 verwendete „Pâte tendre ". Sowohl „Pâte dure" als auch „Pâte tendre " wurden in Buen hergestellt Retiro in Madrid, 1759 n. Chr. Das gesamte in den ersten 20 Jahren hergestellte Porzellan wurde für den ausschließlichen Gebrauch der königlichen Familie aufbewahrt. Es gibt einige fein modellierte Buen Retiro -Fliesen im Königspalast in Madrid.

Um das Jahr 1740 wurde die Porzellanmanufaktur in Bow, Chelsea, Derby, Plymouth, Bristol und Worcester gegründet. Die Formen und Ornamente dieser englischen Porzellane, die keine über den orientalischen Einfluss hinausgehenden Traditionen hatten, waren von niedrigem künstlerischem Niveau und lediglich Kopien natürlicher Formen, ohne beherrschenden

Einfluss auf Design oder harmonische Anordnungen. Charakteristisch für diese Zeit war auch die großzügige Verwendung von Vergoldungen, wobei die Verzierung größtenteils falsch angewendet wurde. Dies verschlimmerte sich immer weiter, bis es in der Mitte des letzten Jahrhunderts seinen Höhepunkt der Absurdität und Extravaganz in Form und Verzierung erreichte. Die besten Beispiele für englisches Porzellan dieser Zeit sind offensichtlich Kopien orientalischen Porzellans, hauptsächlich persischer und chinesischer. Ein großer Fortschritt in der Technik des in diesem Land hergestellten Porzellans erfolgte nach der Entdeckung von Kaolin in Cornwall durch William Cookworthy im Jahr 1755.

Der Transferdruck über der Glasur wurde um 1757 in Worcester eingeführt. Die Übertragungen wurden von Kupferplatten übernommen, die von Robert Hancock, einem Schüler von Ravenet , der um 1750 in der Emailfabrik Battersea beschäftigt war, graviert wurden. Sadler und Green führten 1756 auch den Überdruck auf Glasur ein Drucken auf dem Liverpooler Delft. Um 1770 löste der Unterglasurdruck auf der Keksware das Überglasurverfahren ab.

Von den frühen englischen Porzellanen sind die von Derby vielleicht die raffiniertesten in Form und Behandlung der Verzierung, die Teller, Tassen und Untertassen haben blaue oder türkisfarbene Ränder mit Verzierungen aus Girlanden, Blättern und Blumen; Viele der Tassen waren mit geriffelten, gerippten oder schuppenförmigen Mustern versehen. Die Derby-Werke wurden 1757 von William Duesbury gegründet , der 1769 die Chelsea-Werke kaufte und beide gleichzeitig bis 1784 weiterführte, als das Chelsea-Werk nach Derby verlegt wurde. Von 1769 bis 1773 wurde die Ware namens „Chelsea-Derby" hergestellt und zwischen 1773 und 1782 wurde „Crown-Derby" eingeführt.

Porzellan von ausgezeichneter Qualität wurde um 1813 in Nantgario und 1814–17 in Swansea hergestellt. Die Dekorationen in Emaillefarben bestanden aus einer natürlichen Darstellung von Blumen, Vögeln, Schmetterlingen und Muscheln.

Porzellan wurde um 1800 auch in den Herculaneum-Töpfereien in Liverpool hergestellt. Rockingham in Yorkshire stellte in den Jahren 1759-88 ein braunes Porzellan her , bei dem es sich jedoch nur um feines Steingut mit hartem und kompaktem Material und einer satten braunen oder schokoladenfarbenen Glasur handelte. Im Jahr 1820 wurde in Rockingham Porzellan hergestellt, das reich emaillierte und vergoldete Tafel- und Dessertservices sowie Vasen, Blumenkörbe und Büsten aus weißem Keksgeschirr umfasste. Im Jahr 1832 wurde für Wilhelm IV. ein Dessertservice mit 200 Teilen angefertigt . zum Preis von 5.000 £, die

Dekorationen bestehen aus natürlichen Früchten und Blumen, mit Landschaften und dem königlichen Wappen in Emaillefarben .

Bei einigen früheren Rockingham-Produkten wurden die Umrisse der Blumen und Schmetterlinge im Transferdruckverfahren dargestellt und die Farbgebung erfolgte per Hand.

Die Abbildungen auf den Tafeln 21 , 27 , 28 und 29 zeigen die Universalität der Töpferkunst, die anhand vieler schöner Beispiele, die sich nach Rassenbräuchen und Material unterscheiden, nachgezeichnet werden kann.

Die Schönheit der Form der griechischen Vase (Tafel 27) war nur das natürliche Ergebnis eines feinen Steinguts in den Händen eines künstlerischen Volkes mit Traditionen und Architektur auf höchstem Niveau. In der persischen Keramik ist die Form der Farbe unterworfen . Blau, Türkis und Weiß werden in reizvoller Kombination verwendet, zusammen mit einer offenen, aber dekorativen Behandlung natürlicher Formen.

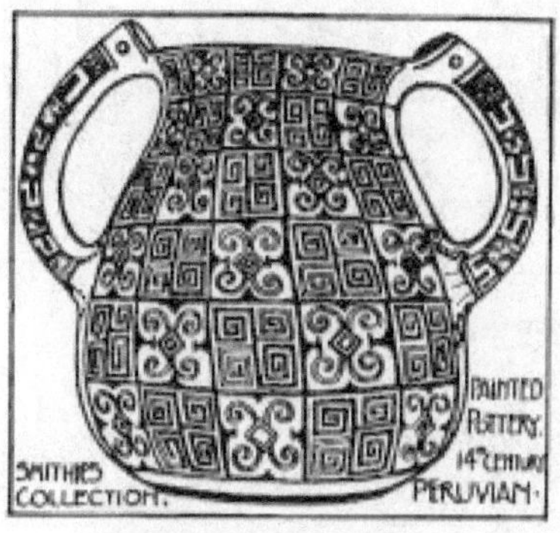

Die hispano-maurische und italienische Maiolika (Tafel 29) zeichnen sich durch die technische Exzellenz ihrer weißen Emaille, das satte Blau, Gelb und Orange, das Schillern ihres Gold- und Rubinglanzes und ihr hohes technisches Können in der Malerei aus.

Englisches Steingut des 17. und 18. Jahrhunderts zeigte trotz seiner Tradition eine bemerkenswerte Vielfalt in der Behandlung und Konzeption. Die malerische Platte der Toft-Schule mit ihrer malerischen Verzierung aus Schlepplinien und heraldischen Formen in farbigem Schlicker, das feine rote Steingut von Elers mit seinen anmutigen Verzierungen in zartem Relief und die vielfältige und schöne Jaspisware von Wedgwood markieren eine bestimmte Phase der Töpferkunst und sind eine Hommage an die Vitalität und Persönlichkeit der Gründer der „ *Töpfereien* “.

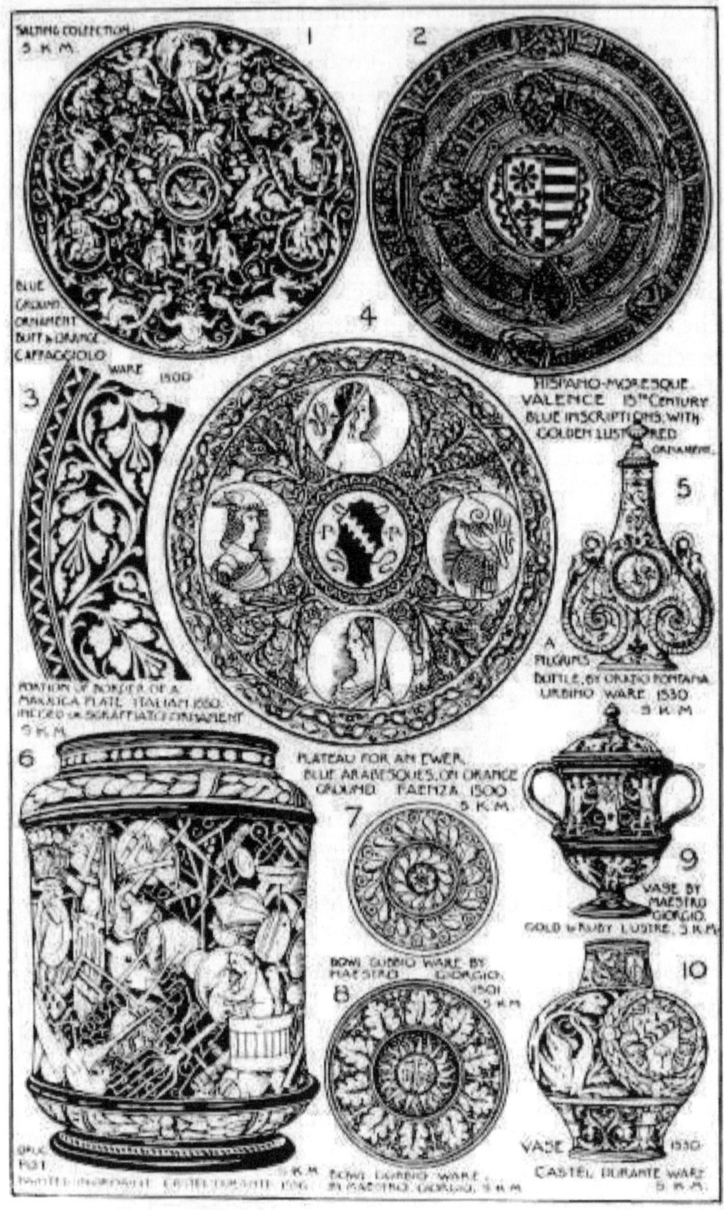

Maiolika.

Maiolika oder italienische Fayence ist ein Steingut, das mit einer Zinn- oder Zinnglasur, sogenannter Emaille, überzogen ist. Dies entsteht durch die Zugabe von Zinnoxid zu einer siliziumhaltigen Glasur oder einem Schlicker, wodurch diese weiß und undurchsichtig wird, daher der Name Emaille.

Der Ursprung dieser wunderschönen Keramikkunst lässt sich auf Persien zurückführen. Von Persien aus wurde die Kunst von den Arabern nach Fustat , dem alten Kairo, gebracht, das 1168 n. Chr. zerstört wurde. In den Ruinen wurden viele Fragmente gold- und kupferglänzender Waren gefunden. Diese emaillierte Ware wurde im 13. Jahrhundert in Spanien eingeführt und dort von den Mauren perfektioniert, wodurch die HISPANO-MAURISCHE WARE entstand . Diese Ware war mit zentralen Wappenwappen verziert, die von konzentrischen Bändern aus Blattwerk, Arabesken oder Inschriften in blauer Farbe mit Kupferglanz umgeben waren . Diese hispano-maurische Ware wurde hauptsächlich in Malaga, Talavera, Triana und Valencia hergestellt und stammt aus der Zeit der maurischen Besetzung Granadas zwischen 1235 und 1492 n. Chr.

Auf der Insel Mallorca, von der diese schöne Ware ihren Namen hat, wurden schon früh schöne Exemplare von persischen und arabischen Töpfern hergestellt. Nach der Eroberung Mallorcas durch die Pisaner im Jahr 1115 n. Chr. wurden viele dieser Beispiele in Italien eingeführt, und die Kunst wurde anschließend in einigen kleineren Zentralstaaten gepflegt. Die frühe ITALIENISCHE MAIOLIKA war normalerweise mit einem dünnen weißen „Schlicker" oder Engobe aus Ton bedeckt, der als Untergrund für die farbigen Muster diente. Anschließend wurde es mit einer Bleiglasur überzogen und als Mezza oder gemischte Maiolika bezeichnet. In einigen Beispielen wurde das Muster durch die obere Schicht oder die weiße Engobe hindurch geritzt oder eingraviert, wodurch der dunklere Körper darunter sichtbar wurde. Diese als „Sgraffito" bekannte Art von Waren wurde ebenfalls mit Bleiglasur glasiert, wodurch beim Brennen ein wunderschöner schillernder Glanz entstand .

della wurden in Italien keine Überreste einer Zinnemaille italienischer Handwerkskunst gefunden Robbia , 1400-1481, der einen Zahnschmelz von besonderer Weiße und Exzellenz entdeckte. Das Geheimnis seiner Zusammensetzung wurde von ihm, seinem Neffen Andrea und seinen Großneffen Giovanni, Luca und Girolamo bis 1507 gehütet. Die Mezza Maiolica wurde dann durch die echte Maiolica oder die emaillierten Zinnwaren von Caffaggiolo , Castel Uurante und Urbino ersetzt , Pesaro, Faenza, Forli, Diruta , Siena und Gubbio mit ihrer bemerkenswerten Brillanz an Blau-, Grün-, Gelb- und Orangetönen. Die Gubbio-Ware zeichnet sich durch ihren metallischen Rubin- und Goldglanz aus und wurde von Maestro Georgio (Georgio Andreoli , 1492-1537). Derselbe Künstler hat auch viele von den Töpfern aus Urbino und Castel Durante hergestellte Waren mit Glanz versehen . Weitere Beispiele von Urbino-Waren sind von Niccola da Urbino, 1490-1530, Orazio , signiert Fontano , 1540-70, Francesco Xanto Avelli , 1530-40. Faenza-Ware wurde in der Casa Pirota hergestellt Botega- und Siena-Ware wurde von Maestro Benedetto signiert.

Die Hauptmerkmale der Caffaggiolo- Ware sind Arabesken und Figuren in Weiß, Grau oder Gelb auf einem satten dunkelblauen Grund. Urbino hat kleine Medaillons mit Figuren und blauen und gelben Arabesken auf weißem Grund, genannt Raffaelesque , nach Entwürfen von Raffaelle del Colle. Faenza hat einen gelben Grund mit blauen Arabesken.

Kurz gesagt, die Anzahl der Farben , die auf dem saugfähigen, zinnemaillierten Grund mit seiner Bleiglasur verwendet werden konnten, war etwas begrenzt und bestand aus Blau, Türkis, Gelb und Orange. Diese Farben sind von großer Tiefe und Transluzenz und werden nur von den Blau- und Türkistönen Chinas, Persiens und Indiens erreicht .

Gubbio-Ware wird häufig mit einer erhabenen, geschwungenen Riffelung namens „ *Gadrons* “ bereichert, eine äußerst wirksame Methode, um den wunderschönen Rubinglanz von Maestro Giorgio zu verstärken. Diese Gubbio-Tradition wurde von Giorgios Sohn Vincentio , genannt Maestro Cencio , fortgeführt und viele wunderschöne Glanzwerke sind von ihm signiert.

Dieser Glanz wurde dadurch erzeugt, dass die Ware während des Brennens im Ofen der Einwirkung von Rauch ausgesetzt wurde; Der Rauch, der aus Kohlenstoff in einem stark verteilten Zustand besteht, reduziert die Metallsalze des Pigments oder der Glasur und bildet einen dünnen Metallfilm auf der Oberfläche, dessen schöner schillernder Glanz aus der relativen Dicke des Films resultiert.

Castel Durante wurde häufig auf weißen oder grauen Rändern mit zarten, erhabenen Rollwerken aus weißem Schlicker oder Emaille bereichert, ein Verfahren, das „ *Lavoro di sopra bianco* “ oder „ *bianco sopra bianco* “ genannt wird.

Faenza Maiolica hat häufig die gesamte Oberfläche des Bodens mit dunkelblauer Emaille bedeckt, bereichert mit tanzenden Amorini und Arabesken in Blau, verstärkt durch weiße „ *Sopra Azzurro* “.

Eine häufige Form der Verzierung von Tellern bestand darin, kleine Medaillons mit Porträts und entsprechenden Inschriften zu bemalen, die zweifellos als Geschenke für Liebhaber gedacht waren. Sie sind als „ *Amatorii Maiolica* “ bekannt.

TERRAKOTTE

.

Farbe brennt , oder aus unreinem Ton, der aufgrund des Vorhandenseins von Eisenoxid zu einer roten Farbe brennt . Reiner Ton ist ein wasserhaltiges Silikat aus Aluminiumoxid mit einem Gehalt von 47 Prozent. Siliciumdioxid, 40 Aluminiumoxid und 13 Wasser. Ton ist in diesem Verhältnis Kaolin oder Porzellanerde . Schamott, der in den Kohlemaßen vorkommt, hat einen größeren Anteil an Kieselsäure als Kaolin , und aus ihm wird ein Großteil der Terrakotta hergestellt. Beim ersten Ausgraben ist es hart und kompakt und hat eine grünlich-graue Farbe , die sich zu Schwarz vertieft. Es wird oft vor der Verwendung verwittert. Dadurch „fällt" es und erleichtert das Mahlen. Dem neuen Ton wird alter, zuvor gebrannter Schamotteton („Grog" genannt) zugesetzt, um dem übermäßigen Schrumpfen entgegenzuwirken, dem alle feinkörnigen Tone unterliegen. Je gröber der Ton ist, desto geringer ist die Schrumpfung. Die Farbe des Tons variiert je nach der Menge an Kalk, Eisen oder Bitumen, die er enthält. Reiner Ton schrumpft um bis zu einem Achtel der Formgröße ; Die eine Hälfte dieser Kontraktion erfolgt beim Trocknen, die andere Hälfte beim Brennen. Mit „Grog" vermischter Ton schrumpft um etwa ein Zwölftel.

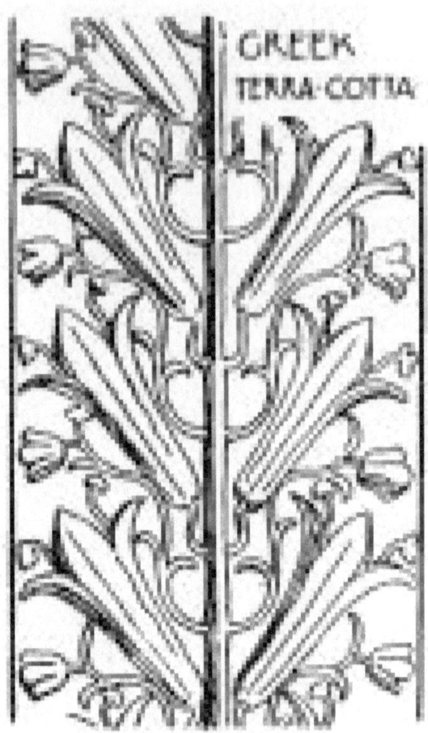

Die Formen für Terrakotta sind in der Regel Stückformen aus Gips, der einen Großteil der Feuchtigkeit des Tons aufnimmt. Es werden etwa fünf Zentimeter dicke Tonplatten verwendet. Dieser wird vorsichtig in die Form gepresst und durch gleich dicke Tonbahnen gestützt. Es ist wichtig, dass der Ton durchgehend gleichmäßig ist, da sonst die Schrumpfung ungleichmäßig wäre. Dann wird es zum Trocknen zwei bis sechs Stunden lang auf einen Kamin gelegt, wobei sich der Ton ausreichend zusammengezogen hat, um die Form entfernen zu können. Anschließend wird es noch einmal getrocknet und im Ofen gebrannt. Für feine Arbeiten wird der Ofen „gedämpft" – die „Muffel" ist eine Auskleidung aus Ziegeln, um den Ton vor dem tatsächlichen Kontakt mit Feuer und Rauch zu schützen. Beim Trocken- oder Halbtrockenverfahren wird Tonpulver in Metallformen gepresst , wodurch die übermäßige Schrumpfung des Nassverfahrens vermieden wird. Enkaustikfliesen werden auf diese Weise hergestellt, wobei das Ornament mit „Slip" in das eingeschnittene Muster eingearbeitet wird. Viele Fliesen sind auf die gleiche Weise dekoriert wie gewöhnliches Steingut, also bemalt und glasiert.

Terrakotta wurde größtenteils von den Nationen der Antike verwendet, insbesondere von den Assyrern, deren Tontafeln oder Bücher so viel Licht auf die assyrische Geschichte werfen. Bei den Griechen wurde Terrakotta häufig für „Antefixa" verwendet, und die vielen wunderschönen Tanagra-Figuren, die heute in unseren Museen aufbewahrt werden, zeigen die exquisite Modellierung der Griechen aus einem Material wie Terrakotta.

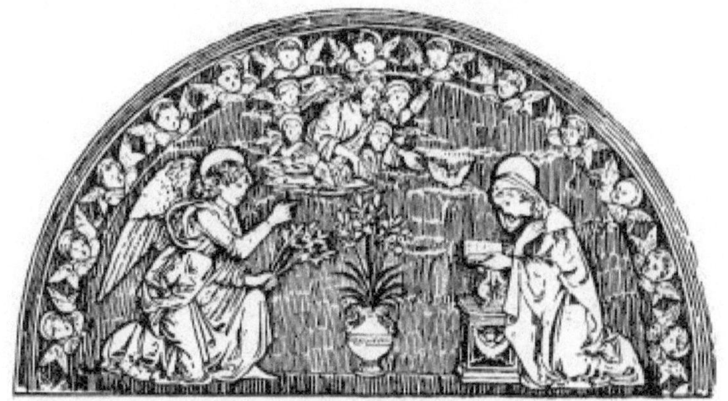

TERRAKOTTE VON ANDREA DELLA ROBBIA.

Dieses Material verwendeten die Etrusker für ihre Sarkophage und Liegefiguren. Die Pompejaner bedeckten ihre Dächer mit Terrakotta. Es wurde für Votivstatuen und Opfergaben sowie für Lampen verwendet, von denen einige in geschmolzenes Glas getaucht wurden.

Während der Wiederbelebung der Kunst in Italien im 15. und 16. Jahrhundert wurde Terrakotta von der Familie Della Robbia in großem Umfang verwendet . LUCA DELLA ROBBIA , 1400-82, schuf viele wunderschöne Terrakotta-Reliefs, die mit weißer Zinnemail überzogen und mit farbigen Emails angereichert waren. Zu seinen zahlreichen Werken gehörten: – Die Marmorkantoria *in* der Kathedrale; fünf Flachreliefs aus Marmor auf dem Campanile in Florenz; seine beiden ersten Terrakotta-Reliefs in den Pauken des Portals und in den Türen der Sakristei der Kathedrale von Florenz (1443-46); mit den beiden knienden Engeln, die Kandelaber halten; das prächtige Denkmal für L'Evêque Federighi (1455) mit seiner schönen liegenden Figur in der Kirche S. Trinità in Florenz; und die vielen schönen Medaillons, angereichert mit heraldischen Formen, die für die Kirche Or San Michele und den Palast Quarateri in Florenz angefertigt wurden. Schöne Beispiele sind die Medaillons mit dem Wappen von König René D'Anjou , jetzt im South Kensington Museum .

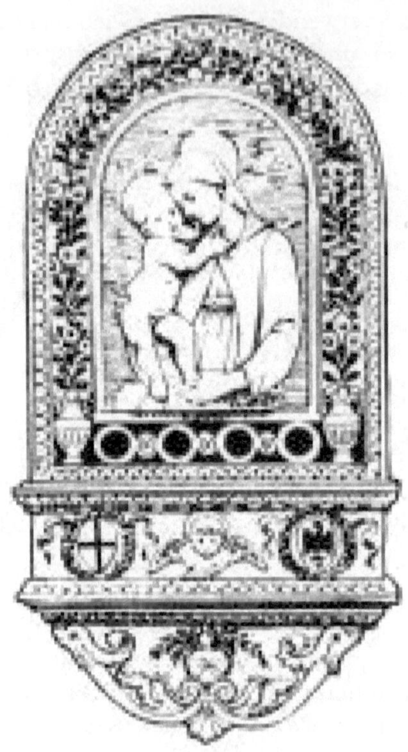

EMAILLIERTE TERRA COTTA ANDREA DELLA ROBBIA.

In Santa Croce in Florenz gibt es eine Reihe von Medaillons der vier Evangelisten und der zwölf Apostel, und im South Kensington Museum gibt es zwölf Medaillons, die die Monate darstellen. Viele großartige Beispiele von Luca della Robbias Werke werden heute in den Nationalmuseen geschätzt.

Andrea della Robbia (1435-1525), der Neffe von Luca, führte die Traditionen mit seltener Auswahlkraft und künstlerischem Können fort; Zu seinen frühen Werken zählen die Medaillons für L'Hospital des Innocent oder das Kinderkrankenhaus. Die Anbetung und die Verkündigung waren für Andrea vertraute Themen, die Illustrationen der Verkündigung im Kinderkrankenhaus und die Jungfrau mit Kind im Nationalmuseum in Florenz sind typische Beispiele seiner Arbeit. Im South Kensington Museum gibt es eine prächtige „Anbetung" von Andrea .

Giovanni della Robbia (1469-1527), der Sohn von Andrea, setzte diese großartige Tradition fort: Seine Hauptwerke waren das Lavabo in S. Maria Novella, das Tabernakel in S. Apostles und die Jungfrau und die Heiligen in Santa Croce, alle in Florenz. Es sind noch viele andere schöne Werke erhalten, die von der bemerkenswerten Handwerkstradition der Familie Della Robbia zeugen .

Girolamo, der Bruder von Giovanni, trug diese Tradition unter Franz I. nach Frankreich.

EMAILLEN.

Von den vielen dekorativen Künsten ist die Emaillierung eine der schönsten, denn sie hat den einzigartigen Charme einer klaren oder opaleszierenden Farbe von großer Reinheit, Fülle und Haltbarkeit und ermöglicht eine äußerst raffinierte und vielfältige Behandlung zur Veredelung von Metallen.

Emaille ist eine glasartige oder glasartige Verbindung, die durchscheinend, halbdurchscheinend oder undurchsichtig ist und ihre färbenden Eigenschaften auf Mineraloxide oder Sulfide verdankt , wobei ein feines undurchsichtiges Weiß durch Zinnoxid erzeugt wird. Diese Emails benötigen unterschiedliche Hitzegrade, um sie zu verschmelzen und ihre Haftung auf dem Metall zu bewirken. Emails werden in drei Klassen eingeteilt: CLOISONNÉ- , CHAMPLEVÉ- und PAINTED-EMAILS .

CLOISONNÉ- Email werden die Cloisonnés oder Zellen durch das Auflöten dünner, flacher Metalldrähte auf eine Kupferplatte gebildet, wobei die Cloisonnés dann mit den verschiedenen Emails in Pulver- oder Pastenform gefüllt werden, um das Email zu verglasen , der Hitze in einem Ofen ausgesetzt, wenn auf einer ebenen Fläche, oder mit Hilfe eines Blasrohrs, wenn auf einer gekrümmten Fläche.

Cloisonné war seit den frühen Dynastien in Ägypten in Gebrauch, und in den Gräbern wurden viele schöne große Pektorale gefunden. Diese haben normalerweise die Form eines Falken und sind aus Gold oder Bronze mit klar definierten Cloisonnés, die mit sorgfältig angepasster farbiger Paste oder Glas gefüllt wurden, und dies war zweifellos der Ursprung des echten oder glasartigen Cloisonné-Emails. Byzantinisches Email ist ausnahmslos Cloisonné und eines der schönsten Beispiele dieser Zeit ist die Pala d'Oro von St. Markus in Venedig, 976 n. Chr. Vielleicht haben die Chinesen und Japaner dieses Cloisonné zu seiner größten Perfektion in Bezug auf Weichheit der Farbe und Schönheit gebracht der Technik. Das früheste chinesische Cloisonné stammt aus der Ming-Dynastie (1368–1643); Dies hat einen schweren Gussmetallgrund mit tief getönten Farben und tiefen Rot- und Blautönen. Unter der Thsing- Dynastie, die 1643 begann, wurden die Farben leuchtender und die Designs raffinierter.

Das frühe japanische Cloisonné oder „ Shippo “ stammt zweifellos aus chinesischen oder persischen Quellen und zeichnet sich durch extrem dünn gehämmerte Kupfergrundierungen und die häufige Verwendung eines dunkelgrünen Grundes anstelle des Dunkelblaus des chinesischen Cloisonnés aus.

Das japanische Cloisonné erreichte seinen Höhepunkt im letzten Jahrhundert, als viele prächtige Beispiele raffinierter und zarter Emaille hergestellt wurden, die sich durch ihre schöne opaleszierende und durchscheinende Farbe auszeichneten . Goldcloisons mit undurchsichtiger und durchscheinender Emaille wurden von den Japanern dieser Zeit häufig in Eisen- oder Silbergegenstände eingesetzt.

Ein frühes Beispiel für englisches Cloisonné ist das Juwel von König Alfred, das sich heute im Ashmolean Museum in Oxford befindet: Es verfügt über eine reiche Fassung aus undurchsichtigen und durchscheinenden Emails. Eine feine keltische Cloisonné-Behandlung ist im Ardage- Kelch zu sehen, bei dem die Cloisons aus einer Silberplatte geschnitten und weich in die Emaille eingebettet wurden. Diese keltischen Handwerker wandten auch eine schöne Methode des Emaillierens an, indem sie ein Muster als Tiefdruck oder versenktes Relief auf einen emaillierten Untergrund gravierten oder drückten und diese Tiefdrucke dann mit anderen Emails füllten.

Die Byzantiner verwendeten eine äußerst exquisite Art von Emaille namens „ *Plique à Jour* ". Dieser bestand aus offenen, filigranen Cloisons, die mit durchscheinenden Emails gefüllt waren.

CHAMPLEVÉ -Email entsteht durch Gravieren, Gießen oder Auslöffeln der Cloisons aus einer Metallplatte, wobei zwischen den einzelnen Cloisons eine dünne Wand oder Grenze verbleibt, die dann wie bei der Cloisonné-Methode mit den verschiedenen Emails gefüllt wird. Diese Champlevé-Methode wurde in Großbritannien vor der römischen Eroberung praktiziert und ging wahrscheinlich auf die Phönizier zurück , die Jahrhunderte vor der Ankunft der Römer nach England mit Cornwall Handel mit Zinn betrieben hatten. Die Schönheit der Farben und die perfekte Anpassungsfähigkeit dieser frühen emaillierten Broschen, Fibeln und Pferdeschmuck der frühen Briten und Kelten sind bemerkenswert und zeigen ein feines Gespür für Farbe und eine Harmonie von Linie und Masse. Ein prächtiger keltischer Bronzeschild (Abb. 4, Tafel 13), der sich heute im British Museum befindet, ist mit feinen roten Emaille-Nadeln verziert. Diese Champlevé-Emaille auf Bronze haben normalerweise ein opaleszierendes oder trübes Aussehen, das durch die Verschmelzung des Zinns in der Bronzelegierung beim Brennen entsteht. Champlevé-Emaille wurden im Mittelalter mit seltener Geschicklichkeit und Raffinesse verwendet, um die schöne Goldschmiedekunst zu unterstreichen. Vor allem der Kelch, die Patene, das Reliquienschrein, das Weihrauchfass, der Krummstab und die Bucheinbände der Kirchen wurden mit wunderschönen Emails bereichert. Zu den Champlevé-Emails gehört die Methode, die als JUWELIER- EMAIL oder „ *Baisse Taille* " bezeichnet wird und bei der die Platte im Flachrelief eingraviert oder im Repoussé-Verfahren geschlagen und dann mit durchscheinendem Email überflutet wird. Der Lynn-Becher aus der Zeit von Richard II. ist eines der ältesten Stücke eines Firmenschildes und mit feiner durchscheinender blauer und grüner Emaille überzogen.

In Indien, wo feine Farben eine großartige Tradition haben, erreichte die Champlevé-Emaille bald eine bemerkenswerte Perfektion der Technik sowie Reinheit und Brillanz der Farben , die den westlichen Nationen nahezu unbekannt war. Die Champlevé-Emaille von JAIPUR haben wunderschöne, glänzende und transparente Blau-, Grün- und Rottöne auf reinem Goldgrund. PERTUBGHUR ist bekannt für die feine grüne oder türkisfarbene Emaille, die auf eine Goldplatte gebrannt wird. Während die Emaille noch weich war, wurde eine Platte aus durchbohrtem Gold in die Emaille gedrückt. Auf dieser durchbrochenen Platte wurden anschließend Ereignisse aus der Geschichte oder der Jagd eingraviert. In RATAIN , in Zentralindien, wird eine ähnliche Emaille hergestellt, die anstelle des Pertubghur- Grüns ein feines Blau aufweist.

Die feinen monumentalen Messingbeschläge, von denen noch viele in unseren englischen Kathedralen und Kirchen erhalten sind, sind ein Überbleibsel des Champlevé-Verfahrens, wobei die Cloisons normalerweise mit einem schwarzen NIELLO GEFÜLLT SIND , aber gelegentlich sind die Wappenschilde mit farbigen Emails bereichert. Während des 11. und 12. Jahrhunderts war LIMOGES für seine feinen Champlevé-Emaille bekannt, doch zu Beginn des 15. Jahrhunderts wurden BEMALTE EMAILS eingeführt und Limoges wurde zum Zentrum dieser Kunst, die spätere Limoges- oder GRISAILLE-EMAILLE   GENANNT   WURDE   .

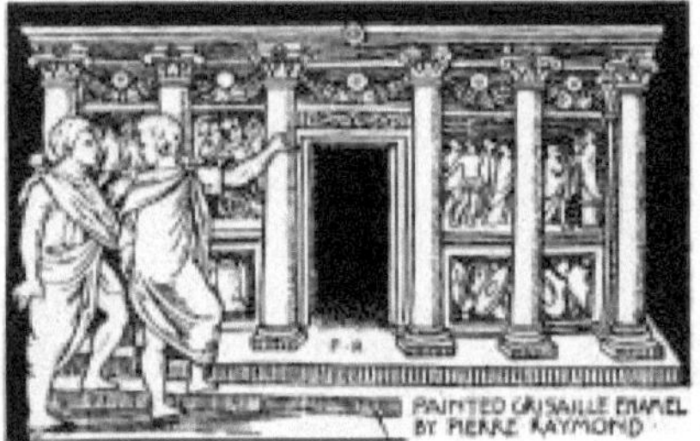

Die Emailfarben dienten nun als Pigmente und wurden auf eine Kupferplatte aufgemalt und gebrannt. Die Anreicherungen in Grisaille, also Grau und Weiß, wurden auf einem schwarzen, violetten oder dunkelblauen Grund verwendet, wobei die Grisaille anschließend mit Details aus feinen Goldlinien bereichert wurde. Diese Limoges-Emaille verfügen über eine hervorragende Technik, es fehlt ihnen jedoch der Charme der leuchtenden Farbe und der umsichtige Einsatz von Emails der frühen Champlevé-Zeit. Die bekanntesten Meister der Emailmalerei von Limoges waren Penicand (1503), Courtois (1510), Pierre Raymond (1530–1570) und Leonard Limousin (1532–1574). Um 1600-1650 fertigten Jean Toutin und sein Schüler Petitot einige feine bemalte Miniaturen in undurchsichtiger Emaille auf Gold an, die sich durch Feinheit und Perfektion der Emaillierung auszeichneten . Im Jahr 1750 wurde bemaltes Email in England eingeführt und etwa 30 Jahre lang in Battersea von Janssen hergestellt. Die Bereicherung bestand aus in Naturfarben auf weißem Grund gemalten Blumen . Ein ähnliches Email wurde auch in Bilston in Staffordshire hergestellt.

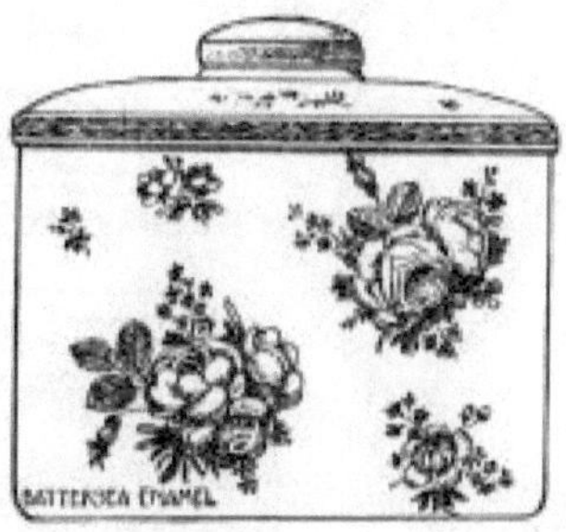

Die feinsten Emails sind zweifellos diejenigen, bei denen das Email in kleinen Mengen verwendet wird, wie zum Beispiel im keltischen Schmuck , den Bucheinbänden und dem Kirchen- und Korporationsschild der Gotik und der frühen Renaissance sowie im frühbyzantinischen Cloisonné, wie dem Hamilton Brosche im British Museum und die Pala d'Oro von St. Markus in Venedig, die 976 n. Chr. in Konstantinopel für den Dogen Orseolo angefertigt wurde und 83 Tafeln aus feinem Cloisonné-Email aufweist, die in einen Rahmen aus Gold eingefasst sind.

Die „ *Plique à jour* ", die „ *Baisse taille* " und die Pertubghur -Emaille sind schöne Beispiele für die Angemessenheit der Behandlung mit Transluzenz oder Opaleszenz und Farbreichtum .

Dem japanischen Cloisonné mit seiner wörtlichen Behandlung natürlicher Formen und den gemalten Emailporträts von Franz I. und zeitgenössischen Fürsten von Leonard Limousin , so klug sie zweifellos auch sind, fehlt es an der Tiefe und Reinheit der Farben , die mit den frühen Methoden erreicht wurden. Häufig sind jedoch die Penicauds , Nardou , und Jean I. und II. Durch die Verwendung von „ *Paillons* " oder Metallfolienstücken, die anschließend mit durchscheinendem Email überflutet wurden, erhielten die bemalten Emails eine gewisse Fülle.

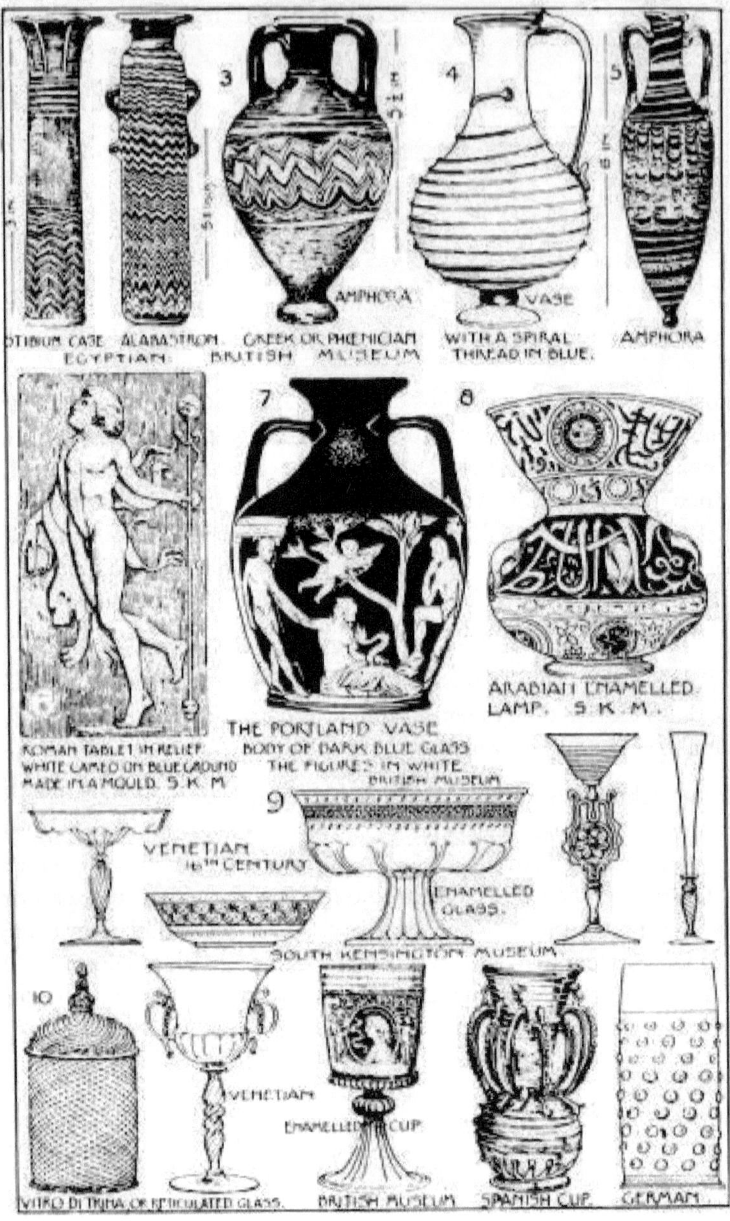

AMPHORA
VASE
OTTIBUM CASE. ALABASTRON.
EGYPTIAN.
GREEK OR PHŒNICIAN.
BRITISH MUSEUM.
WITH A SPIRAL
THREAD IN BLUE.
AMPHORA.
ROMAN TABLET IN RELIEF
WHITE CAMEO ON BLUE GROUND
MADE IN A MOULD. S. K. M.
THE PORTLAND VASE
BODY OF DARK BLUE GLASS
THE FIGURES IN WHITE.
BRITISH MUSEUM.
ARABIAN ENAMELLED
LAMP. S. K. M.
VENETIAN
16TH CENTURY
ENAMELLED
GLASS.
SOUTH KENSINGTON MUSEUM
VENETIAN
ENAMELLED CUP.
VITRO DI TRINA OR RETICULATED GLASS.
BRITISH MUSEUM.
SPANISH CUP.
GERMAN.

GLAS.

Die Reinheit von Glas, seine Anpassungsfähigkeit an Farben und seine bemerkenswerte Duktilität im heißen Zustand zum Blasen, Drehen oder Ziehen zu Fäden unterscheiden es von allen anderen Materialien und Behandlungsmethoden. Seine Tradition reicht bis in die ferne Vergangenheit zurück, denn die Glasbläserei ist auf den Gräbern in Theben (2500 v. Chr.) vertreten. In Ägypten wurde es auch für Glaspasten für Cloisonné- Schmuck aus Bronze und Gold sowie für kleine Flaschen oder Stibium mit Chevron-Mustern verwendet , in Gelb, Türkis und Weiß auf farbigem Grund. Ähnliche Muster, Farben und Formen wurden von Phönizien und seinen Kolonien verwendet , wobei die üblichen Formen Alabastra und Amphoren waren. Viele Überreste von Schalen wurden in Assyrien gefunden, eine (heute im Britischen Museum) aus transparentem grünem Glas mit dem Namen Sargon, 722 v. Chr. Griechenland scheint den größten Teil seines Glases aus Phönizien importiert zu haben , aber die Römer führten die Tradition fort , wodurch feine MOSAIKE oder MILLEFIORI ENTSTEHEN . Dies wurde hergestellt, indem Stäbe aus weißem und farbigem Glas miteinander verschmolzen, dann zu feinen Fäden herausgezogen und quer geschnitten wurden; Der Abschnitt wird dann in eine Form gelegt und eine Blase geblasen, wodurch das Mosaik vereint wird, das dann in verschiedene Formen geblasen wird. Die Römer nutzten auch die Verflechtung weißer und farbiger Stäbe namens LATICINIO , aber sie zeichneten sich durch das CAMEO-GLAS AUS , von dem die Portland-Vase das schönste bekannte Beispiel ist. Diese Vase ist aus dunkelblauem Glas, bedeckt mit weißem, undurchsichtigem Glas, das mit der Schleifscheibe abgeschliffen wurde, wodurch die Figuren ein zartes Relief erhalten. Es wurde 1644 im Sarkophag von Alexander Severus, 325 n. Chr., gefunden. Das Reliefthema war der Mythos von Peleus und Thetis. Ein weiteres römisches Beispiel für Cameo-Glas im Britischen Museum ist die Auldjo- Vase oder Oinochoè mit wunderschönen Reliefs aus Weinblättern. Häufig wurden diese Reliefs geblasen oder in Formen gepresst , und ein gutes Beispiel für diese Behandlung befindet sich im South Kensington Museum (Abb. 6). Die Tradition verfiel dann bis zum 14. Jahrhundert, als die Venezianer auf der Insel Murano die Kunst der Glasherstellung perfektionierten.

Die frühesten Beispiele VENEZIANISCHEN GLASES waren massiv, reich vergoldet und farbig emailliert ; Ein schönes Exemplar im britischen Museum ist von seinem Hersteller mit „Magister Aldrevandini " signiert. Im 15. und 16. Jahrhundert wurde das feinste und schönste geblasene Glas hergestellt, oft ungefärbt und mit Anreicherungen von Knoten und Flügeln aus geblasenem und geformtem blauem Glas. Die Venezianer verwendeten mit gleichem Geschick alle alten Methoden der Glasherstellung; die

MILLEFIORI ; das LATICINIO oder Fäden aus undurchsichtigem Weiß, die das Muster umschließen; RETICELLI , ein Netzwerk aus weißen Linien, die an den Schnittpunkten eine Luftblase einschließen; und das wunderschöne VITRO DI TRINA , filigranes oder Spitzenglas, das aus Stöcken oder Fäden aus weißem oder farbigem Glas besteht, die in eine Form gelegt werden , dann eine Blase eingeblasen wird und das Glas anschließend aus der Form genommen und in die gewünschte Form geblasen oder gedreht wird erforderlich. Die kunstvollen Bronzespiegel der Antike und des Mittelalters weichen heute den Glasspiegeln der Venezianer aus dem Jahr 1500 n. Chr.

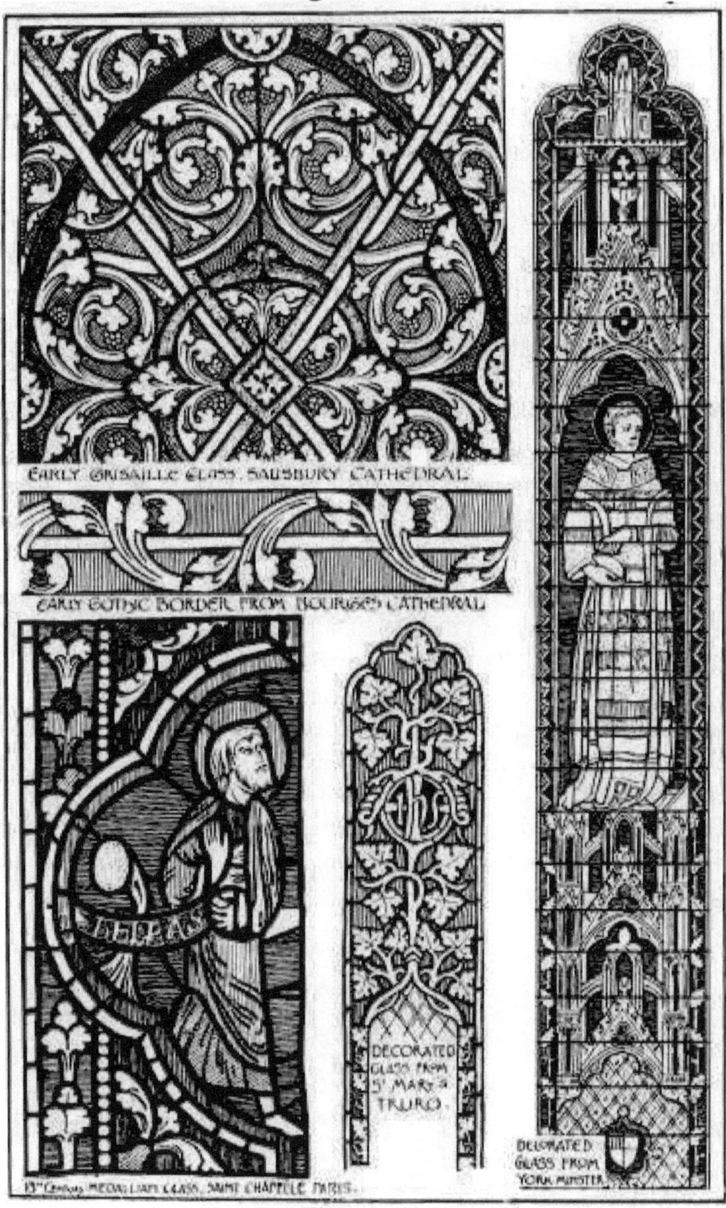
EARLY GRISAILLE GLASS. SALISBURY CATHEDRAL
EARLY GOTHIC BORDER FROM BOURGES CATHEDRAL
PETRAS
13TH CENTURY MEDALLION GLASS. SAINT CHAPELLE PARIS.
DECORATED GLASS FROM ST MARYS TRURO.
DECORATED GLASS FROM YORK MINSTER.

Buntglas

—

Mit seiner Tiefe und Transluzenz verdankt es seine intrinsischen Eigenschaften Metalloxiden wie Kobalt, die feine Blautöne, Silbertöne, blasse und tiefe Gelbtöne, Rosatöne aus Eisen und Antimon und Rubintöne aus Gold und Kupfer ergeben, die auch feine Grüntöne ergeben. Wenn diese Oxide im geschmolzenen Zustand mit dem Glas vermischt sind, spricht man von *Topfmetall*. Wenn die farbigen Oxide jedoch nur auf die Oberfläche des Glases aufgetragen werden, spricht man von *Überfang-* oder *Überfangglas*. Rubin ist aufgrund seiner Farbtiefe meist Überfangglas. Feine Blautöne werden oft überblitzt, und großartige Effekte werden durch das Aufblitzen von Rubin auf gelbem oder blauem Topfmetallglas erzielt. Überfangglas ist von größtem Wert, da auf einer einzelnen Glasscheibe vielfältige Tönungen erzeugt werden können und die Farbe auch durch Schleifen oder die Verwendung von Fluorsäure entfernt werden kann.

Die Überlegung des Glasmalers lautet: 1. Das im kleinen Maßstab dargestellte Schema der Komposition und Farbe . 2. Ein Cartoon in voller Größe in Kohle oder Schwarzweiß, in dem alle Details sorgfältig gezeichnet sind und die Führungslinien und Positionen der Eisenpfosten zur Verstärkung des Fensters zeigen. 3. Eine Zeichnung auf Stoff, die nur die Bleilinien zeigt, die sogenannte Schnittlinie, auf der die ausgewählten Glasstücke geschnitten werden. 4. Alle Details aus dem Cartoon nachzeichnen , mit brauner Emaille auf jedem Glasstück, die Stücke werden nach dem Brennen dann in der Führung befestigt und mit H-förmigen Minen zusammengehalten. Hier finden Sie ein Diagramm, das die Führung eines Beispiels aus Glas aus dem 13. Jahrhundert zeigt.

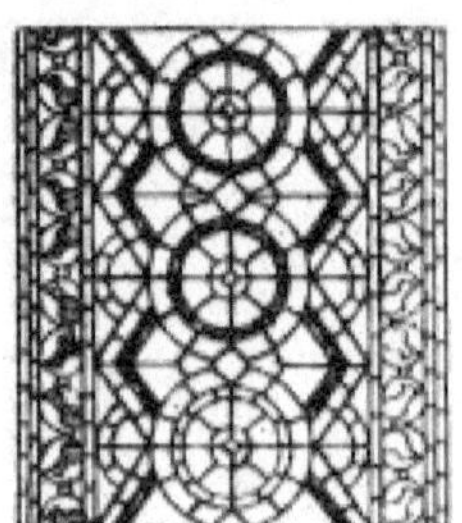

Die braune Emaille, die ausschließlich für Umrisse, Details oder Schattierungen verwendet wird, ist ein schmelzbares Glas in Kombination mit undurchsichtigem Mangan- oder Eisenoxid und Teeröl. Mit dieser Emaille wird Smear-Shading oder Stipple-Shading gearbeitet. Diese kann bei Bedarf vor dem Brennen mit einem spitzen Stock oder einer Feder entfernt werden, um die Details einer Stickerei oder heraldischer Formen zu erhalten.

Silberbeize (Silberoxid), die zu Beginn des 14. Jahrhunderts eingeführt wurde, wird hauptsächlich in Glasmalereien verwendet, meist auf der Rückseite davon. Je nach unterschiedlicher Hitzeeinwirkung beim Brennen entsteht ein hellgelbes oder sattes Orange mit großer Transparenz.

Farbiges Glas wurde vor 4000 Jahren von den Ägyptern hergestellt, aber die frühesten aufgezeichneten Buntglasfenster stammen aus Brionde aus dem Jahr 525 n. Chr. Es ist jedoch nicht bekannt, dass sie vor denen von St. Denis aus dem Jahr 1108 n. Chr. existierten. Weitere Beispiele finden sich in Norman Fenster mit kleinen Medaillons von Figuren und Ornamenten entschieden byzantinischen Typs, von extrem intensiver Farbe , die aufgrund ihres Behandlungsstils als Mosaikglas bezeichnet werden. Im 13. Jahrhundert, der frühen Gotik, gibt es einzelne Lanzettenlichter mit Medaillons mit kleinen Figuren, die von dem typischen Blattwerk des 13. Jahrhunderts umgeben sind. oder die Fenster waren vollständig mit *Grisaille*-Ornamenten verziert , symmetrisch angeordnet, mit schmalen rubinroten oder blauen Bändern und breiten Rändern. Diese *Grisaille-* Fenster bestehen aus grünlich-weißem Glas mit Ornamenten im Umriss und einem schraffierten Grund mit brauner Emaille in feinen Kreuzlinien (Abb. 1-2).

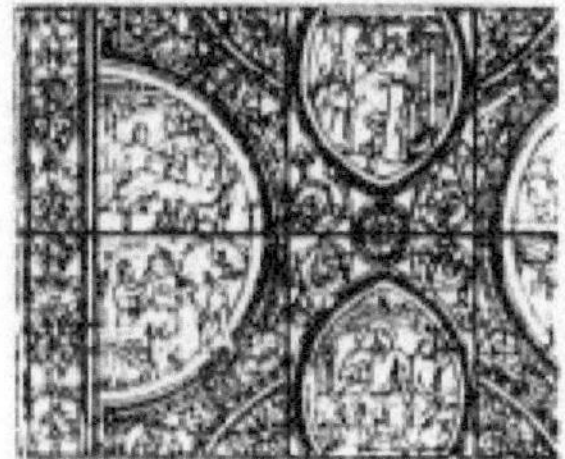

GLAS AUS DEM 13. JAHRHUNDERT. KATHEDRALE VON CHARTRES. Das Fenster im nördlichen Querschiff der Kathedrale von York, genannt „Die fünf Schwestern", ist typisch für dieses Grisaille-Glas. Die schönsten Beispiele finden sich jedoch in den Kathedralen von Salisbury und Chartres. Später in dieser Zeit wurden einzelne Figuren unter einem einfachen Baldachin oder Giebel, schlicht oder gekrönt, mit einem gewöhnlichen Kleeblattbogen eingeführt.

„Quarry-Glas", quadratisch oder rautenförmig, mit braunen Emaildetails, wurde häufig dort verwendet, wo einfache Massen gewünscht waren.

Im 14. Jahrhundert waren die Figuren größer und wurden in jedem Licht der zweibogigen Fenster unter Baldachinen platziert. Solche Figuren in satten Farben bildeten einen hellen Gürtel über dem Fenster, überragt von den Baldachinen, spitz zulaufend und gekrönt, und aus starkem gelbem Topfmetall. oder gelb überfangenes Glas. Die Ränder waren schmal, mit einer etwas natürlichen Wiedergabe der Rose, des Ahorns und der Eiche.

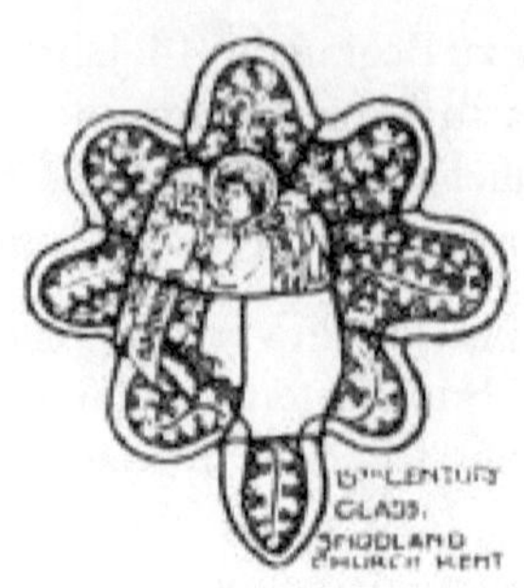

Im 15. Jahrhundert kam es zu einer weiteren Veränderung: Die Figuren wurden zahlreicher und der Baldachin bzw. Schrein größer und hauptsächlich aus weißem Glas, wobei die Spitzen und Endstücke mit gelben Flecken versehen waren. Der farbige Rand des früheren Glases fehlt vollständig, stattdessen ist der Schaft des Baldachins eingenommen, und die Kroketten, Endstücke und Ornamente sind quadratisch gestaltet und basieren hauptsächlich auf dem Weinblatt.

Die Fairford-Kirche enthält vielleicht die schönste Serie spätgotischen Glases aus der Zeit zwischen 1500 und 1530 n. Chr. Wie die zeitgenössische Architektur des 16. Jahrhunderts beeinflusste nun auch die Renaissance die Glasmalerei. Der Baldachin war noch erhalten, hatte jedoch eine horizontale oder giebelförmige Form mit rein klassischen Säulen und Details. Gute Beispiele aus dieser Zeit sind die Fenster der King's College Chapel in Cambridge (1520), wo reiche Renaissance-Arbeiten in spätgotische Sprossenfenster eingefügt wurden. Um 1540 wurden transparente Emailfarben mit Geschick und Zurückhaltung eingeführt, aber nach und nach begannen Glasmaler, mit der malerischen Ölmalerei in Licht- und Schatteneffekten zu wetteifern, wobei die Grundarbeit oder das Material die schöne durchscheinende oder durchscheinende Farbe verlor , die den größten Glanz der Glasmalerei ausmacht Glas. Ein Beispiel für den Verfall dieser Kunst ist das Westfenster des New College in Oxford, das 1777 von Jervas nach Entwürfen von Sir Joshua Reynolds gemalt wurde.

Die Verzierung von Buntglasfenstern folgte in der Stilbehandlung natürlich der zeitgenössischen Architektur und unterschied sich nur durch die technischen Notwendigkeiten des Materials. Beispielsweise weisen die Details des Ornaments im frühen englischen Glas (Tafel 31) die charakteristische Spiralanordnung und das Kleeblattwerk zeitgenössischer Architekturornamente auf, nur wird das Blattwerk stärker im Profil behandelt, da es den technischen Anforderungen besser entspricht Führung und Pinselarbeit.

Die meisten Details zeigen jedoch eine starke Affinität zur zeitgenössischen französischen Ornamentik, was zweifellos auf den Einfluss französischer

Handwerkskunst und Tradition auf die Glasmalerei dieser Zeit zurückzuführen ist.

Im 14. Jahrhundert erlangte der englische Handwerker eine gründliche Beherrschung seiner Materialien, und infolgedessen folgte die Art der Verzierung stärker der englischen zeitgenössischen Architektur.

Zusammenfassend lässt sich sagen, dass sich die Glasmalerei im Laufe der verschiedenen Epochen verändert hat: vom farbenprächtigen Mosaik der Normannen – den ebenso farbenprächtigen Medaillons und Grisaillegläsern der frühen Gotik – über die dekorierte Gotik mit Glas in helleren Farben und einer vorherrschenden gelben Beize, Ihren Höhepunkt erreichte die spätgotische Periode, als Größe, Leichtigkeit und silbrige Farbe die charakteristischen Merkmale waren. Eine wunderschöne Behandlung von Buntglas aus dem 15. Jahrhundert wurde von den Arabern verwendet; Dieses Glas, das eine einzigartige edelsteinartige Qualität aufweist und weder emailliert noch gebeizt ist, wurde in ein Gerüst aus Gips eingelassen, das mit geometrischen oder floralen Mustern geschnitten und durchbrochen war.

Moderne Glasmalereien haben unter Burne Jones, Walter Crane, Frederic Shields und Henry Holiday ein hohes Maß an Perfektion in Design und Material erreicht, mit Glas wie dem von Morris, Powell und Sparrow und dem amerikanischen Opalglas von La Farge und Tiffany .

Die Individualität ihrer Arbeit und die Angemessenheit der Behandlung, basierend auf der großartigen Tradition der Vergangenheit, markieren eine besondere Epoche in der Geschichte der Glasmalerei.

Prächtiges Wappenglas von AW Pugin ist im Houses of Parliament in Westminster zu sehen; und in der Halle und im Treppenhaus des Rathauses von Rochdale gibt es eine schöne Reihe von Fenstern von Heaton, Butler und Baine, die sich durch ihren würdevollen Stil und die Einheitlichkeit der Konzeption auszeichnen.

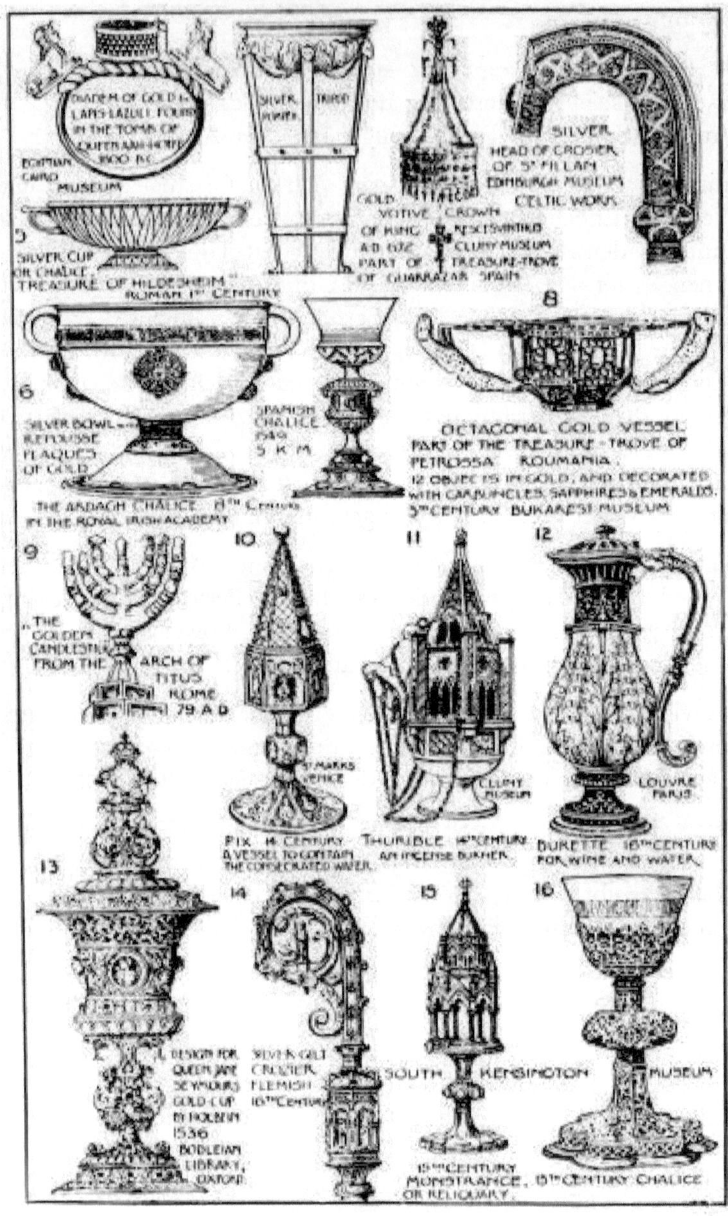

GOLD UND
SILBER.

Von allen Schätzen sind die aus Gold und Silber die wertvollsten und zeigen uns den Reichtum, die Kultur und die dekorativen Künste der Menschen, die vor Jahrhunderten diese wunderschönen Schmuck- oder Gebrauchsgegenstände verwendeten. Einer der frühesten und wertvollsten dieser Schätze wurde 1859 mit der Mumie der Königin Aah-Hotep, 1800 v. Chr. (Kairoer Museum), gefunden und bestand aus: Armbändern, Armreifen, Ringen, Ketten, einem Diadem (Abb. 1), ein kleines Modell einer zwölfruderigen Kriegsgaleere und ein Dolch, alle von exquisiter Handwerkskunst und aus reinem Gold, angereichert mit Jaspis und türkisfarbenen Glaspasten. 1837 wurden in Petrossa (Bukarest -Museum) zweiundzwanzig wunderschöne Goldgegenstände gefunden, aber nur zwölf wurden geborgen, darunter zwei Halsringe oder Torques ; ein großes Tablett, gehämmert und ziseliert; ein Krug; eine Schale mit Figuren in Repoussé-Optik; vier mit Edelsteinen angereicherte Fibeln; ein Ringkragen ; und zwei Doppelhenkelbecher (Abb. 4), allesamt byzantinische Arbeiten aus dem 5. Jahrhundert. In Guarrazar in Spanien wurden zehn goldene Votivkronen gotischer Arbeit gefunden; eines mit der Inschrift „König Suintila " aus dem Jahr 630 n. Chr. befindet sich heute im Museum in Madrid, die anderen im Hôtel Cluny in Paris. Das größte trägt den Namen „König Rescesvinthus" aus dem Jahr 670 n. Chr. in Pendelbuchstaben (Abb. 3). Unter den Silberschmiedearbeiten ist der „Schatz von Hildesheim" am bedeutendsten, der 1868 gefunden wurde (heute im Berliner Museum) und aus dreißig Objekten, Tassen, Vasen und Schalen besteht, die von wunderschöner Kontur sind und bewundernswert mit zarten Repoussé-Arbeiten des Greco bereichert sind -Römische Zeit (Abb. 5). Das British Museum enthält viele schöne Beispiele griechischer und etruskischer Goldschmiedekunst; Einige frühe griechische Werke weisen die für Mykene typische Spiralanreicherung auf. Wunderschöne griechische Tafeln aus dem 4. und 5. Jahrhundert v. Chr. wurden durch Pressen des Goldes in Steinformen erhalten und anschließend mit Goldfäden oder „Filigranarbeiten" angereichert, aus denen sich später die byzantinische Filigranarbeit entwickelte.

Die wunderschönen etruskischen Fibeln sind mit aufgelöteten winzigen Goldkügelchen angereichert, ein Verfahren, das die Etrusker im 7., 6. und 5. Jahrhundert v. Chr. zu einem bemerkenswerten Grad an Perfektion brachten. Von den Gold- und Silbergefäßen, die Salomo im Tempel verwendete, haben wir die Beschreibung in den Büchern der Könige und Chroniken, aber keine Spur der Originale, außer dass wir auf dem Titusbogen, 79 n. Chr., eine Darstellung des siebenarmigen goldenen Leuchters finden (Abb. 9). Aus dem Mittelalter werden in unseren Museen noch immer viele schöne Beispiele von Kirchen- und Firmenschildern aufbewahrt. Sie sind von großem inneren Wert, von wunderschöner Verarbeitung, ziseliert und graviert und mit Guss- und Repoussé-Arbeiten sowie den erlesensten Emails bereichert. Über den Handwerker oder Goldschmied wissen wir nur wenig, aber sein feines Gespür, sein gerechtes Verständnis für die Angemessenheit der Behandlung seines Materials und die einzigartige Anmut und der Charme seines Designs sind eine Hommage an seine Kultur und Persönlichkeit. Cellini schuf viele schöne Werke, aber vielleicht nicht schöner als seine vielen zeitgenössischen Goldschmiede. In unseren Museen gibt es einige bezaubernde Exemplare von Gravuren auf Silber, gefüllt mit schwarzer Emaille namens Niello, von Maso Finiguerre , um 1450, der einige frühe Drucke von einer gravierten Platte anfertigte.

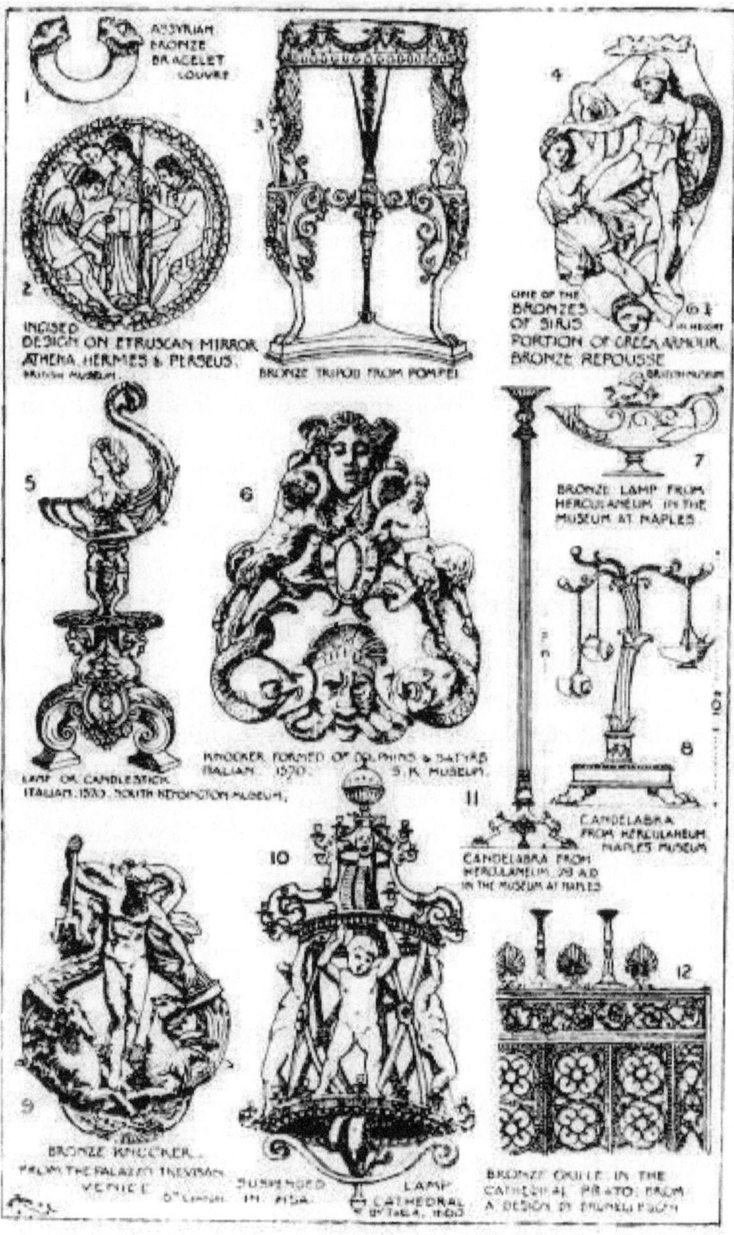

BRONZE.

Bronze, eine Legierung aus Kupfer und Zinn, wird seit langer Zeit in der Kunstgeschichte verwendet. Seine Anpassungsfähigkeit beim Gießen, seine Haltbarkeit, Nützlichkeit und Farbe haben dieses Material zu einem der nützlichsten und wertvollsten gemacht. Von den vielen schönen Beispielen früher ägyptischer und assyrischer Bronze, die sich heute im British Museum befinden, sind die Bronzen von Siris, zwei Rüstungsfragmente mit Repoussé-Reliefs, die schönsten (Abb. 4). Die vielen runden griechischen Statuen ihrer Götter und Helden zeigen die geschickteste Technik und Schönheit der Form. Die Etrusker waren geschickte Arbeiter in diesem Material und verwendeten eine äußerst ausdrucksstarke Behandlung der eingeschnittenen Linien, die ihre dekorativen Bronzen von denen Griechenlands mit ihren zarten Flachreliefs unterscheidet. Die Bronzespiegel (Abb. 2) und die Cista sind typische Beispiele der etruskischen Behandlung. Die beste bekannte Cista heißt „ Ficoroni" . Cista " von Morios Plantios (3. Jahrhundert v. Chr.) und befindet sich heute im Collegio Romano; Eine Beschreibung mit Abbildungen dieses Beispiels findet sich im „ *Magazin of Art* ", April 1884. Beschreibungen dieser Cista und der vielen schönen Beispiele im British Museum finden sich in „ *Murray's Handbook of Greek Archaeology* ". Von kleinen dekorativen Bronzen verfügt allein das Neapel-Museum über 13.000 Exemplare, darunter Kandelaber, Stative, Tische, Stühle und Sofas, die vor achtzehn Jahrhunderten von den wohlhabenden römischen Bürgern genutzt wurden. Von den bronzenen Reiterstatuen sind die des Marcus Aurelius aus dem Jahr 175 n. Chr. in Rom die bekanntesten; Bartolomeo Coleone , in Venedig, 1488 n. Chr., von Andrea Verrocchio; und Alessandro Leopardo ; und das von Gattamelata in Padua, 1453 n. Chr., von Donatello.

Eine bemerkenswerte Bronzefigur der Renaissance ist die des Perseus von Benvenuto Cellini (1500-1570) in Florenz und die Neptunfigur auf dem Brunnen in Bologna von Giovanni da Bologna (1524-90).

Die Bronzetüren von San Zenone in Verona (siehe Tafeln 1 und 3 in „ *Aratra Pentelici* " von John Ruskin) und die des Baptisteriums in Florenz von Andrea Pisano und Ghiberti (siehe Renaissance) sind typische Beispiele für Bronzen der frühen Renaissance. Der Guss dieser Bronzen erfolgte nach der „Cire Perdu"-Methode, d Entlüftungsöffnungen zum Entweichen von Dampf beim Gießen. Anschließend wird das Wachs mit einer Mischung aus feinem Ton und gemahlenen Tiegeln bis zu einer gewissen Dicke bestrichen und die so entstandene Form durch Bronzestäbe mit der inneren verbunden. Anschließend wird das Wachs ausgeschmolzen und es entsteht ein Hohlraum, in den die flüssige Bronze gegossen wird. Anschließend werden Kern und Form entfernt. Bronze wird auch in Stückformen gegossen, die dem Modell entnommen sind; Die Stückform wird dann mit Tonplatten ausgekleidet, zusammengefügt und der Kern eingelassen. Anschließend wird der Ton entfernt und die Bronze wie beim vorherigen Verfahren eingelassen. Das Sandgussverfahren hat mittlerweile einen hohen Grad an Perfektion erreicht, bei dem Kern und Form durch Druck in einem feinen, zähen Sand geformt werden.

SCHMIEDEEISEN. Tafel 34.

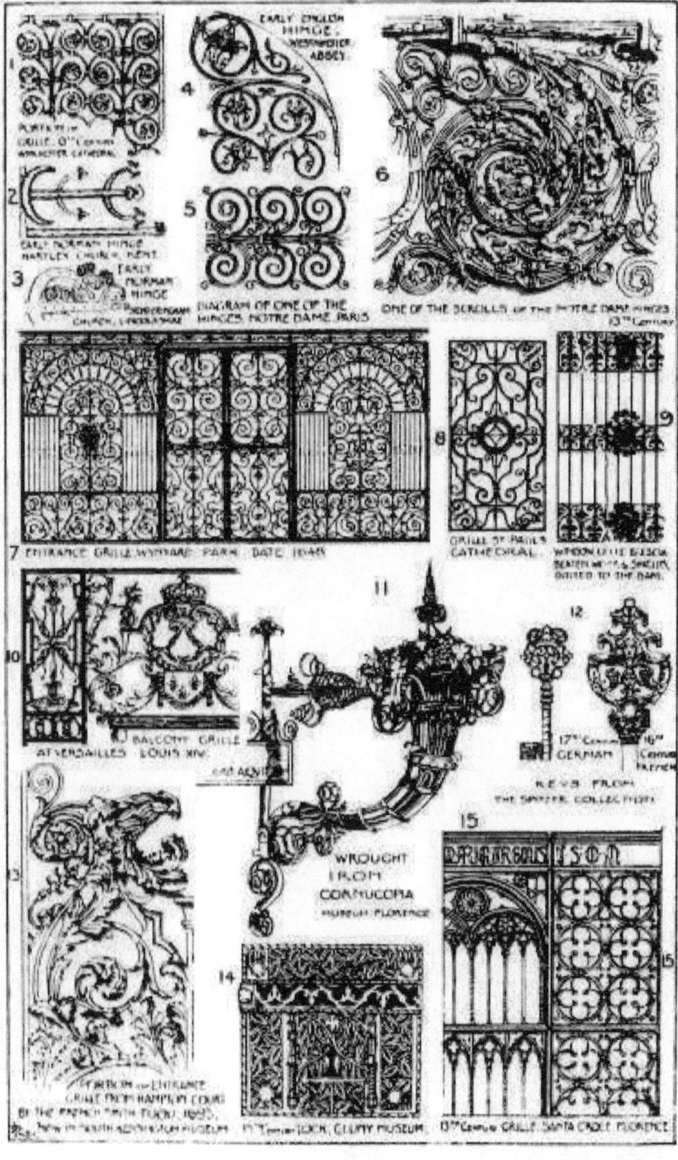

SCHMIEDEEISEN

·

Die dekorativen Eigenschaften von Eisen mit seiner Festigkeit, Haltbarkeit und vergleichsweise geringen Kosten haben es zu einem der nützlichsten Metalle in der angewandten Kunst gemacht. Schon früh wurde es für Kriegs- und Jagdgeräte verwendet, dann wurde es nach und nach mit Architektur und Möbeln in Verbindung gebracht und erreichte im 15. und 16. Jahrhundert einen bemerkenswerten Grad an Schönheit und kunstvoller Handwerkskunst, der nie übertroffen wurde. Es gibt noch viele schöne normannische Scharniere aus Schmiedeeisen mit einer geraden Mittelstange oder einem geraden Riemen und kleinen Spiralenden. Diese Mittelgurte wurden mit halbmondförmigen Stücken verstärkt, die in kleinen Schlangenformen endeten, wahrscheinlich ein Überbleibsel der Wikingertraditionen. Auf diese Form des Scharniers folgte das frühgotische Scharnier, bei dem es sich um eine Reihe von Spiralen handelte, die von der geraden Stange oder dem Riemen ausgingen, wobei die Spirale verschweißt oder mit Manschetten befestigt war; Diese Spiralen waren mit dem für die Frühgotik typischen dreilappigen Blattwerk oder Kleeblatt verziert; Schöne Beispiele dieses Scharniers finden sich an der Westtür von Notre Dame in Paris, wo diese typische Spirale das Kleeblattblatt mit Vögeln, Drachen und kleinen Rosetten aus geprägtem Eisen aufweist. Dieses geprägte Merkmal kann, wenn auch in geringerem Maße, in den schönen Scharnieren der Leighton Buzzard Church, der Eaton Bray Church, Bedfordshire, und dem Eleanor Grill in der Westminster Abbey von Thomas de Leghton aus dem Jahr 1294 gesehen werden. Im 14. und 15. Jahrhundert Als getäfelte Türen die früheren Türen ersetzten, war dieser frühgotische Scharnierstil nicht erforderlich (Abb. 5), so dass wir in dieser Zeit keine Spur davon finden, aber die Kunst des Schmiedens wurde mit den gehämmerten und gehämmerten Türen fortgesetzt gemeißelte Scharniere und Schlossplatten von unterschiedlichster und feinster Verarbeitung, die die schönen gotischen Truhen des 14. und 15. Jahrhunderts bereicherten. Der einfache schmiedeeiserne Paravent, der im 13. Jahrhundert so häufig verwendet wurde, wurde nun vor allem in Italien ausgearbeitet, und es gibt schöne Beispiele von Vierblattgittern mit massivem schmiedeeisernem Rahmen und einem reichen Fries aus Blattwerk, Amoretten und Tieren aus durchbrochenem und gehämmertem Eisen zu sehen in den Kathedralen von Orvieto, Prato und Siena aus der Zeit zwischen 1337 und 1350 sowie in Santa Croce in Florenz aus dem Jahr 1371; Doch in Spanien und Frankreich erreichte die Leinwand ihren Höhepunkt. Die spanischen Paravents oder „ Réjas " in den Kathedralen von Sevilla, Toledo und Granada verfügen über eine schöne Auswahl an gedrehten und gemeißelten vertikalen Stäben von etwa 30 bis 50 Fuß Höhe mit einem kunstvollen Fries und einer Bekrönung.

wunderschöne schmiedeeiserne und gemeißelte Tore für den Louvre und die königlichen Schlösser Anet und Econeu errichtet . In Hampton Court gibt es einige schöne schmiedeeiserne Tore von Jean Tijon , der 1693 einige Zeichnungen davon veröffentlichte, und in vielen Teilen des Landes sind noch viele gute einfache Tore aus dem letzten Jahrhundert erhalten.

Die schmiedeeisernen Torpfeiler in der St.-Georgs-Kapelle in Windsor mit ihrer architektonischen Gestaltung aus offenen Täfelungen , Wappen und massiven Strebepfeilern in Feilen, Bolzen und Nieten sind prächtige Beispiele flämischer Handwerkskunst und stammen wahrscheinlich von Quintin Matsys (1450- 1529).

MÖBEL.

Die Anpassungsfähigkeit und Universalität von Holz für häusliche und öffentliche Zwecke, seine Anfälligkeit für Schnitzereien und Veredelungen, seine schöne Textur, Maserung und Farbe haben es zu einem der nützlichsten Materialien in der Bau- und Dekorationskunst gemacht.

Die vielen Stühle, Tische und Truhen der Antike sowie die wunderschönen Chorstühle, Schränke und Paravents des Mittelalters sind eine Hommage an die Vitalität, den Erfindungsreichtum und das künstlerische Verständnis der alten Handwerker.

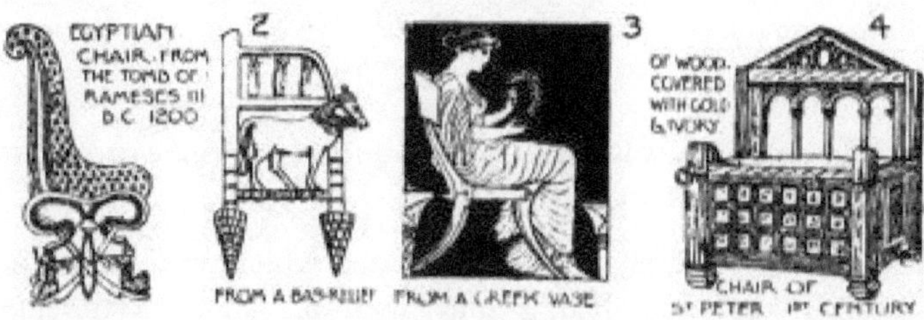

Die Universalität des Stuhls hat dazu geführt, dass seine Form über viele Jahrhunderte hinweg erhalten blieb. Der Stuhl hat verschiedene Modifikationen erfahren, vom verzierten ägyptischen Modell bis zum assyrischen Modell mit Tannenzapfenstützen. Im griechischen Beispiel ist die Schönheit und Einfachheit des Profils bemerkenswert, während der Stuhl von St. Peter aus dem 1. Jahrhundert n. Chr. rein architektonisch mit Verzierungen aus Gold und Elfenbein versehen ist.

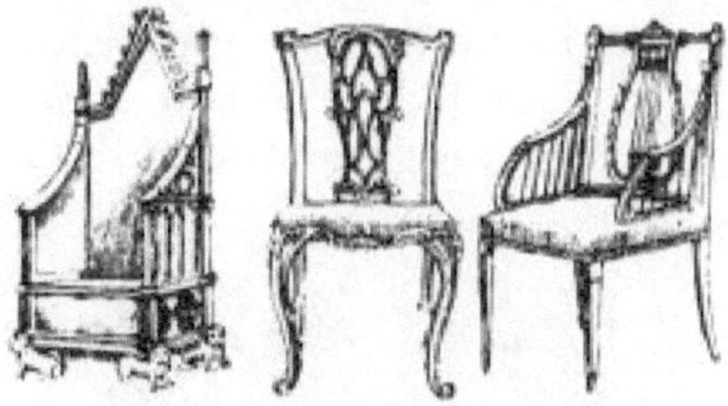

Der Krönungsstuhl in der Westminster Abbey aus der Zeit Eduards I. ist einer der frühesten in England und bietet einen starken Kontrast zu den Stühlen von Chippendale und Sheraton aus dem 18. Jahrhundert.

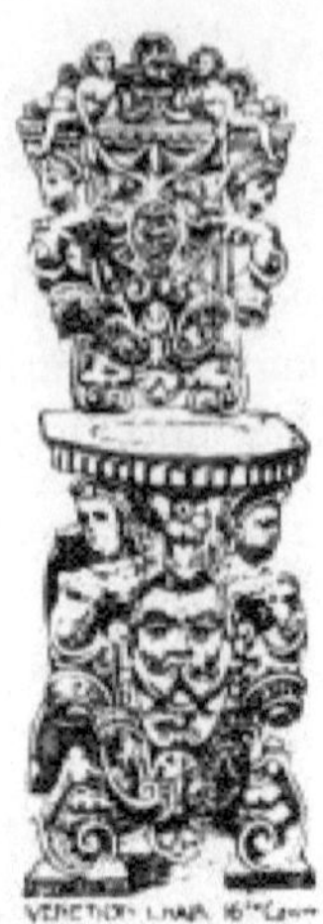

Ein venezianischer Stuhl aus dem 16. Jahrhundert zeigt eine geschickte , aber unangemessene Behandlung.

Die Araber in Kairo stellten im 15. Jahrhundert wunderschöne geometrische Holztäfelungen her , die häufig mit Ebenholz- und Elfenbeineinlagen versehen waren und eine wunderbare Komplexität der Linien und Details aufwiesen.

In Italien wurden im 16. Jahrhundert viele wunderschön geschnitzte Cassone oder Truhen aus Walnussholz mit Vergoldung hergestellt, ähnlich der hier abgebildeten aus dem South Kensington Museum.

In Italien wurden die wunderschönen geschnitzten Chorstühle des 16. Jahrhunderts häufig mit INTARSIEN BEREICHERT , einer hellen Holzeinlage auf dunklem Grund, wobei diese Intarsien anschließend leicht geätzt und schwarz eingerieben oder mit heißem Sand oder Eisen verbrannt wurden. Das Chorgestühl von St. Organo in Verona und die Certosa in Pavia sind schöne Beispiele für Intarsien.

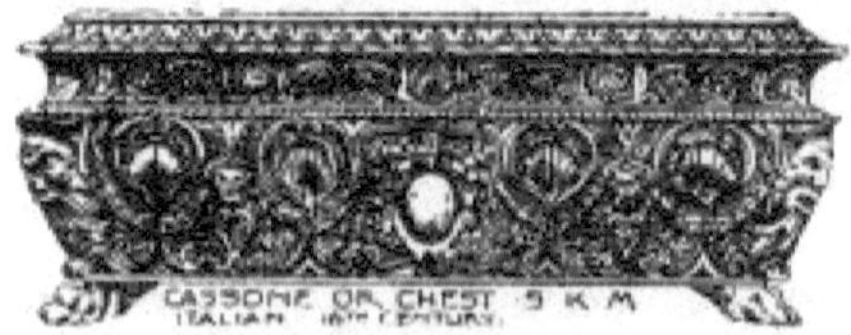

CASSONE ODER TRUHE SKM ITALIENISCH 16. JAHRHUNDERT

In der Renaissance Frankreichs stoßen wir auf viele Beispiele wunderschöner Möbel, bei denen großes Können, Geschmack und Einfallsreichtum zum Einsatz kamen. Jean Goujon, Bachelier und Philibert de l'Orme waren im 16. Jahrhundert für ihre Holzschnitzereien berühmt.

Im Jahr 1642 stellte André Charles Boule ein furniertes Werk vor, das aus dünnem Schildpatt und Messing bestand und häufig ziseliert oder graviert war. Dies wird heute als BOULE- Arbeit bezeichnet. In einigen späteren Arbeiten wird die Muschel auf einen zinnoberroten oder goldenen Grund gelegt, was ihre Wirkung erheblich verstärkt. Im 18. Jahrhundert wurden Boule-Arbeiten noch immer in Frankreich hergestellt, aber neue Methoden und neue Männer traten auf den Plan, unter anderem Riesener und David Roentgen, die prächtige INTARSIEN aus Blumen, Girlanden und Windelmustern mit Intarsien aus verschiedenfarbigen Hölzern herstellten . Beide Männer arbeiteten mit Mahagoni und Ebenholz, und ihre helleren Intarsien wurden häufig durch das Verbrennen mit heißem Sand beschattet. Diese Möbelstücke wurden in der Regel von Gouthière , einem zeitgenössischen Handwerker, mit Beschlägen aus Gold, Bronze oder Metall bereichert. Eine schöne Art, Holzarbeiten zu bereichern, wurde von Vernis Martin (1706-70) eingeführt; Dabei wurde ein goldener und grüner Lack verwendet, der durchsichtig und glänzend war und den wunderschönen Lackarbeiten Japans ähnelte.

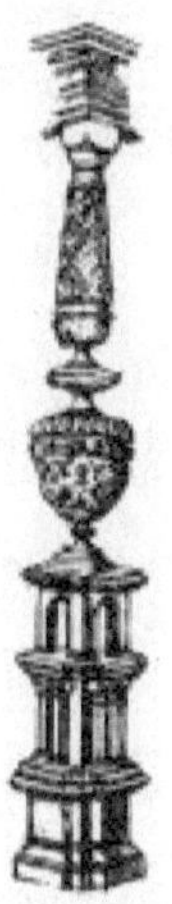

Von den englischen Männern dieser Zeit stellte Thomas Chippendale einige gute Möbel her und veröffentlichte 1764 ein Buch mit Entwürfen, das zweifellos einen Großteil der Möbel dieser Zeit beeinflusste; Mathias Lock war ein weiterer bekannter Tischler. Im Jahr 1789 veröffentlichte A. Hepplewhite ein Buch über Möbel und im Jahr 1795 veröffentlichte Thomas Sheraton ein Werk zum gleichen Thema.

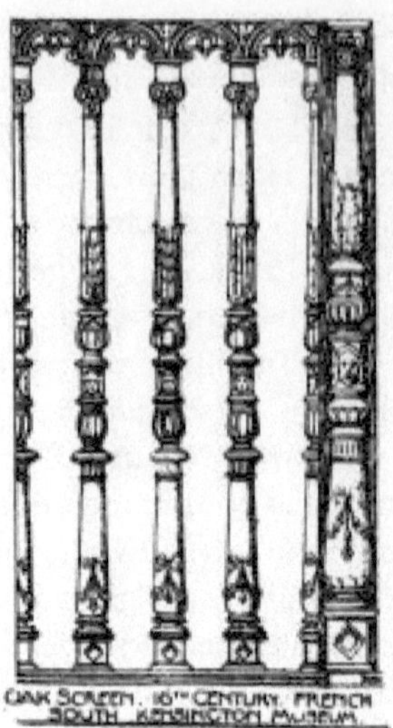

Die schönen Täfelungen und geschnitzten Kaminsimse der vielen schönen Säle aus der Zeit Elisabeths und Jakobs sind charakteristisch für die englische Kunst. Zeitgenössisch dazu sind die wunderschönen Truhen mit englischen Täfelungen und malerischen Bildern und Verzierungen sowie das merkwürdige jakobinische Bettgestell mit seinem durchbrochenen Sockel und der Balustersäule.

Mit Grinling Gibbons, der 1721 starb, erreichte die Holzschnitzerei ihren Höhepunkt in Sachen Feinheit und geschickter Handwerkskunst.

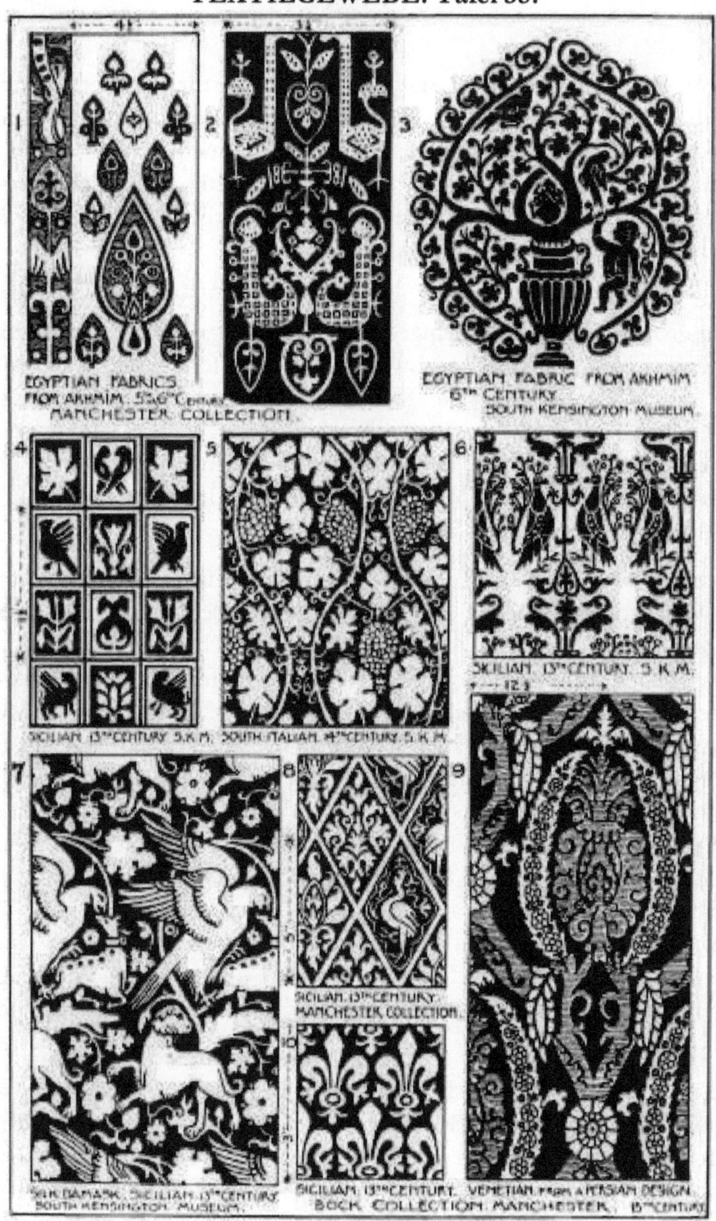

TEXTILIEN.

Der Nutzen, die Universalität, der Aufbau, die Textur, die Verzierung und die Farbe textiler Stoffe sind voller Interesse und Anspielung, denn in der bemerkenswerten Entwicklung textiler Stoffe können wir die Kontinuität von Stil und Tradition, die Vermischung von Rassen und Bräuchen und die Veredelung verfolgen religiöser Ideen mit dem Reichtum und der Üppigkeit der Vergangenheit.

Alle am Webstuhl hergestellten Stoffe werden als Textilien bezeichnet. Sie werden grob in drei Klassen eingeteilt: 1., einfarbige Stoffe, bei denen sich Kette und Schuss gleichmäßig abwechseln; 2. Stoffe, bei denen ein Muster durch die Vermischung von Kette und Schuss in unterschiedlichen Proportionen oder Farben entsteht , wobei gemusterte Stoffe und Wandteppiche in dieser Klasse enthalten sind; 3. jene Stoffe, bei denen das einfarbige Textil NR. 1 mit der Nadel oder durch Bedrucken veredelt wird, sogenannte Stickereien oder bedruckte Stoffe.

Aufgrund ihrer Vergänglichkeit sind nur wenige Überreste antiker Textilstoffe vorhanden. Die ältesten Beispiele finden sich in den Gräbern Ägyptens, wo aufgrund des trockenen Klimas noch einige Stoffe aus den frühen Dynastien erhalten sind. Sie sind meist aus feinem Leinen und ohne Verzierungen, doch auf denselben Gräbern finden sich viele gemalte Muster, die zweifellos auf einen gewebten Ursprung schließen lassen. Die ältesten in Ägypten gefundenen Figurenstoffe stammen aus dem 6. Jahrhundert n. Chr. und weisen eine bemerkenswerte Ähnlichkeit mit den frühen Mustern Persiens und Byzanz auf, denn in Indien, Persien und Arabien erreichten Textilien ihre handwerkliche Perfektion und ihren Materialreichtum . Diese großartige Tradition wurde im 5. Jahrhundert von Persien und Indien nach Byzanz getragen, und im 8. Jahrhundert übernahmen und assimilierten die Araber die Künste Persiens, Indiens, Ägyptens und Spaniens und brachten die Webkunst im 14. und 15. Jahrhundert zu ihrem Höhepunkt Jahrhunderte.

Die ornamentalen Designs textiler Stoffe verschiedener Nationen und Epochen zeichnen sich durch klar definierte Formen aus, die sich durch Rasseneinflüsse, klimatische Bedingungen sowie die Mythen und Traditionen der Menschen unterscheiden. Dennoch lässt sich der traditionelle östliche Ursprung in vielen Textildesigns nachvollziehen, denn es besteht kein Zweifel daran, dass Indien, Persien und Arabien die Designs von Textilstoffen stärker beeinflusst haben als alle anderen Nationen. Dies war zweifellos teilweise darauf zurückzuführen, dass die östlichen Weber ihre Kunst und Traditionen in verschiedene Teile Europas mitnahmen, und auch auf den Export ihrer prächtigen Stoffe, vor allem aber auf die schönen und interessanten Designs, die perfekt an den Webprozess angepasst waren . Es ist zweifellos dieser offenen Anpassung natürlicher Formen und ihrer Angemessenheit an die technischen Anforderungen gewebter Stoffe zu verdanken, die diesen östlichen Einfluss über viele Jahrhunderte hinweg in verschiedenen Teilen Europas so hartnäckig gemacht hat. Es ist bemerkenswert, dass selbst in Italien während der gesamten Renaissancezeit, mit den charakteristischen Schnörkelformen und Akanthusblättern seiner Architektur und dekorativen Künste, die Textilien einen ganz unterschiedlichen Stil hatten und die Merkmale des sizilianischen, persischen und indischen Ornaments aufwiesen.

Zu den frühesten figurbetonten Stoffen zählen jene aus Assyrien, deren Darstellungen in Layards Buch über Ninive zu sehen sind. Die Muster bestanden aus symmetrisch angeordneten Flügelfiguren mit dem Hom oder Baum des Lebens und der Rosette, die von Zoraster als Symbol verwendet wurde . Es ist wahrscheinlich, dass viele dieser Muster gestickt wurden, da die Babylonier Berichten zufolge geschickt in der Kunst des Stickens waren, aber es ist auch sicher, dass einige der Muster gewebt waren. Die in Ägypten gefundenen Figurenstoffe stammen lediglich aus dem 5. und 6. Jahrhundert n. Chr. und weisen einen deutlichen byzantinischen und persischen Einfluss auf (Abb. 1-7, Tafel 35). Charakteristische byzantinische Beispiele haben Medaillons und symmetrisch platzierte Figuren und Ornamente des „ Hom “. In Alexandria und Antiochia wurden vom 6. bis 10. Jahrhundert viele feine grüne und goldene Seidenstoffe mit Ornamenten in brauner Kontur hergestellt.

Unter den Sarazenen erreichten textile Stoffe ihre höchste Entwicklung; Die Pracht der Farben , die Schönheit und Perfektion des Materials und die einzigartig interessante Schönheit der Designs sind die Hauptmerkmale.

Die Eroberung Persiens im Jahr 632 n. Chr. durch Abu Bekr , den Nachfolger Mohammeds, die Gründung Bagdads im Jahr 762 als Hauptstadt der arabischen Kalifen und die Invasion Indiens im Jahr 711 gaben der dekorativen Kunst einen bemerkenswerten Aufschwung. insbesondere die Künste des Färbens, Webens und Stickens. Diese Künste erreichten ihren Höhepunkt in der glorreichen Zeit der Fatimy Khalifs, 909-1171 n. Chr. Obwohl Mohammed seinen Anhängern das Tragen von Seide verbot, wurde sie größtenteils von den Sarazenen verwendet und, um dem Verbot zu entgehen, wurde häufig Baumwolle damit verwoben, und auch in Indien Insbesondere haben die Stoffe oft eine Baumwollkette als Grundlage für die Schussmuster aus farbiger Seide und Goldfäden. Viele schöne Beispiele sarazenischer Stoffe aus dem 11. bis 15. Jahrhundert befinden sich heute in unseren Nationalmuseen. Der größere Teil stammt aus Sizilien und wird als sizilianisch oder sikulo-sarazenisch bezeichnet. Sie haben Bänder aus Vögeln, Tieren, Blattwerk und Inschriften in Blau, Grün und Gold auf rotem Grund. Wenn der Stoff vollständig aus Seide bestand, wurde er *Holosericum genannt* , und wenn er aus Seide und Gold bestand, wurde er *Chrysoclavum genannt Funddatum* . In den frühen Stoffen wurde kein gezogener Goldfaden verwendet, aber die sarazenischen Weber verwendeten größtenteils Blattgold, das auf Papier oder Haut gelegt und dann um einen feinen Seidenfaden gerollt wurde. Die Muster einiger späterer sizilianischer Stoffe aus dem 13. und 14. Jahrhundert haben einen violetten Grund aus Twillseide mit Vögeln und Blattwerk, die durch einen Schuss Goldfaden gebildet werden. Diese Muster waren in der Regel symmetrisch angeordnet, was zweifellos teilweise auf die traditionelle Kunst Assyriens zurückzuführen war, aber auch auf die einfachen Erfordernisse des Webens, denn in den frühen Webstühlen wurde häufig das Wenden des Musters verwendet. Die in Spanien hergestellten sarazenischen Stoffe werden Hispano-Mauresk genannt und zeichnen sich durch prächtige purpurrote oder dunkelblaue konventionelle Muster aus Seide auf einem gelben Grund von feiner Qualität und durch die häufige Verwendung von vergoldeten Pergamentstreifen anstelle des gerollten Goldfadens aus. In dieser Zeit wurden viele feine Samtstoffe auf Satingrund mit Gold überzogen

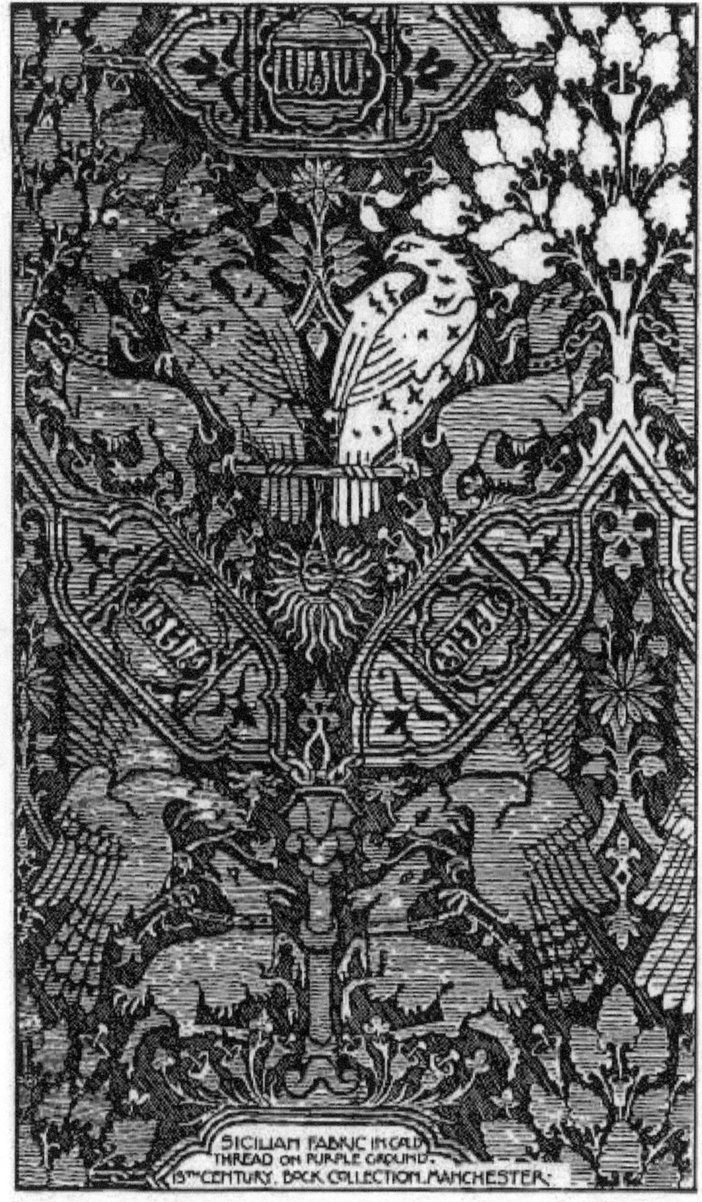

SICILIAN FABRIC IN GOLD
THREAD ON PURPLE GROUND.
13TH CENTURY. BOCK COLLECTION. MANCHESTER.

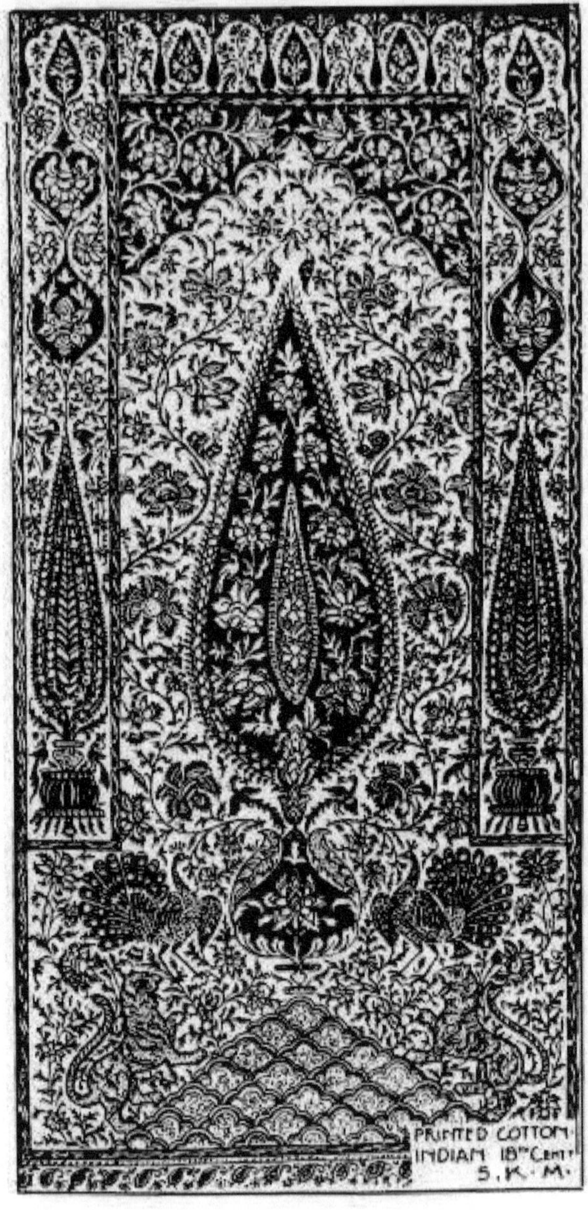

und Silberfäden wurden hergestellt. Im 12. Jahrhundert eroberte Roger II.,
der normannische König von Nordsizilien, Korinth und Argos, brachte viele
Weber und Sticker von Griechenland nach Sizilien und ließ sie in Palermo

nieder, wo sie schnell den sizilianischen Stil annahmen und viele feine Stoffe herstellten im 13. und 14. Jahrhundert.

Die Kreuzzüge begannen nun, die Künste zu beeinflussen; 1098 wurde Antiochia eingenommen und die Beute über ganz Europa verteilt; 1204 wurde Konstantinopel von Balduin, Graf von Flandern, und dem venezianischen Dogen Dandolo eingenommen und die riesige Beute an Textilien verteilt. Zweifellos stellten die sizilianischen Weber des 13. und 14. Jahrhunderts unter dem Einfluss der Kreuzzüge die vielen wunderschönen Stoffe her, die mit geflügelten Löwen, Blattkreuzen und -kronen, strahlenden Sternen, miteinander verbundenen Hirschen und Vögeln sowie mit der Einführung von Wappen verziert waren . Zu Beginn des 14. Jahrhunderts wurde diese großartige Tradition in Italien eingeführt und in Lucca wurden viele schöne Stoffe hergestellt, die die gleichen Eigenschaften und Techniken wie die sizilianischen Stoffe aufwiesen.

Der Umhang auf der liegenden Bronzefigur von Richard II. in der Westminster Abbey hat ein Laubmuster mit liegenden Hirschen und strahlenden Sternen und wurde höchstwahrscheinlich von der Originalseide kopiert, die für Richard in Lucca oder Palermo hergestellt wurde.

Die wunderschönen Materialien und Designs indischer Textilstoffe zeugen von der Liebe zur Natur und der Farbenpracht einer fernen Antike. Obwohl Indien zu verschiedenen Zeiten von griechischen, persischen und arabischen Traditionen beeinflusst wurde, bewahrte es dennoch eine einheimische Zierkunst von bemerkenswerter Frische und Vitalität, wobei die Designer ihre eigene Flora und Fauna mit seltener Selektionskraft und Anpassungsfähigkeit wählten. Mit einem instinktiven Gespür für ornamentale Kunst und unterstützt durch die herrlichen Farben der einheimischen Farbstoffe stellten sie Textilstoffe aus Seide, Brokat sowie Gold- und Silberspitze her, die sich durch Reichtum und Perfektion des Materials, Schönheit des Designs und Harmonie der Farben auszeichnen . Die Indische Kiefer ist eine bekannte Form der Anreicherung und unterscheidet sich von der Zypresse Persiens (Abb. 1, Tafel 22) durch die Spirale an der Spitze. Diese typische Kiefer wird mit einer wunderbaren Detailvielfalt behandelt (Abb. 4, 5 und 6, Tafel 23). Die prächtigen Teppiche Indiens wurden zweifellos von der persischen Tradition beeinflusst und folgen denselben Methoden und ornamentalen Anordnungen, indem sie Pflanzen, Blumen und Samen anpassen, konventionalisieren und betonen und sie mit einem feinen Gespür für Form und Farbe wiedergeben . Der Blockdruck wurde hauptsächlich für Seiden- und Baumwollstoffe verwendet, und viele prächtige Beispiele werden heute in unseren Museen aufbewahrt. Hier wird eine Illustration eines bedruckten Baumwoll- Palampore aus South Kensington gezeigt, die die wunderschöne Blumenbehandlung, die Vielfalt der Details und den Kontrast von Linie und Masse zeigt. Die Gold- und

Silberbrokate oder „Kincobs" von Ahmedabad und Benares mit reich verzierten Mustern aus Tieren, Blumen und Blättern; die zarten Musseline aus Dacca, die mit Gold und Silber grundierten Musseline aus Jaipur und die Wollstoffe

Tafel 38 .

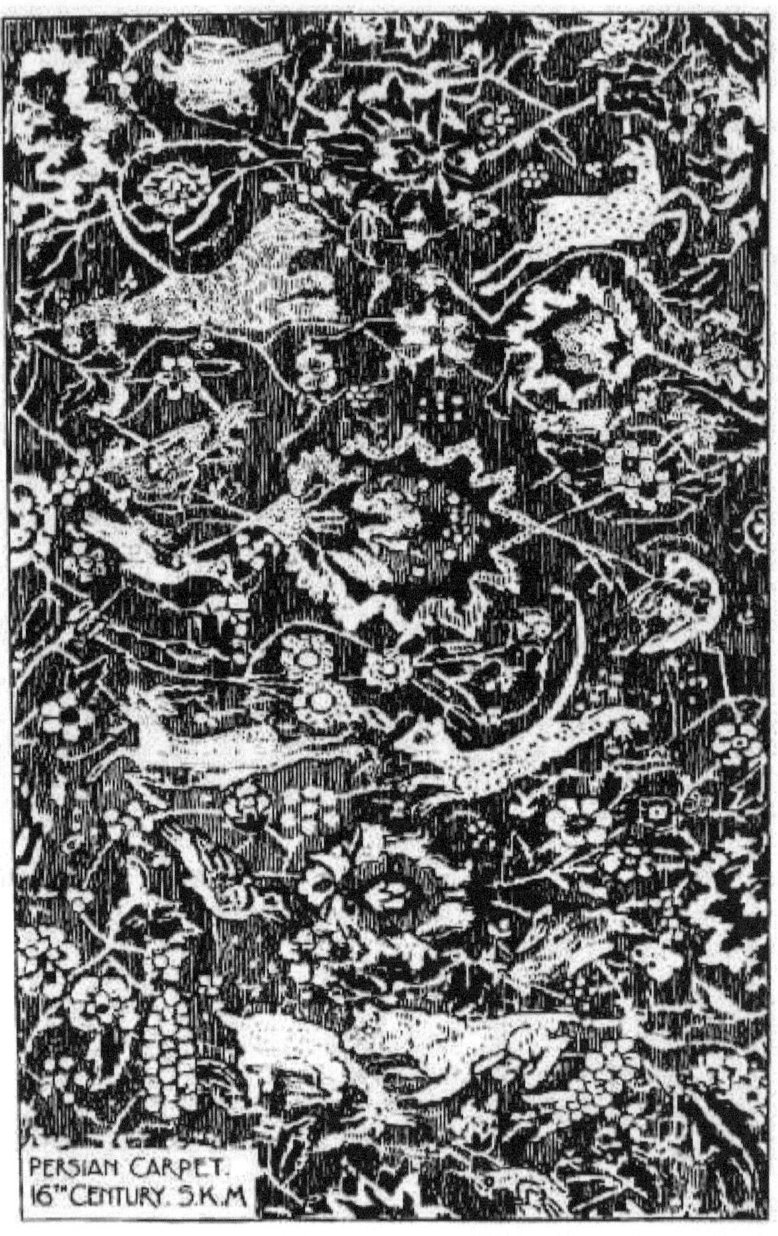

Schals aus Kaschmir mit dem bekannten Kiefernmuster sind hervorragende Beispiele für Materialreichtum, Feinheit und Geschicklichkeit der Technik sowie Schönheit und Angemessenheit der Verzierung.

Die Florteppiche Persiens, insbesondere die aus Kurdistan, Khorassan , Kirman und Ferahan , sind die schönsten der Welt. Sie zeichnen sich durch prächtige Farben und kräftige, konventionelle Muster ihrer wunderschönen Flora aus, wobei Vögel und Tiere mit dem Ornament durchsetzt sind, was ein besonderes Erscheinungsbild ergibt Größe der Masse und Interesse und Lebendigkeit des Details. Die Illustration auf der gegenüberliegenden Seite stammt von einem schönen Perserteppich aus dem 16. Jahrhundert und ist ein gutes Beispiel für ihre Methoden und Traditionen. Hyazinthen, Tulpen, Iris und Rosa werden häufig zusammen mit dem Baum des Lebens eingeführt. Es wird eine Abbildung (Abb. 2, Tafel 22) eines Genua-Stoffs gegeben, jedoch mit persischem Muster, das das typische „Rosa" mit seiner Einfachheit und Schönheit der Linien zeigt. Diese traditionelle Kunst Persiens hatte vom 12. bis 17. Jahrhundert einen deutlichen Einfluss auf die Textilstoffe Europas. Dies hatte zweifellos viele Ursachen, aber die perfekte Anpassungsfähigkeit an den Webprozess, das Interesse, der Erfindungsreichtum und die Schönheit der Verzierung sowie der einzigartige, offene Umgang mit Form und Farbe gefielen zweifellos den Handwerkern Europas und damit auch uns finden Sie viele persische Designs, die in Sizilien, Spanien, Italien, Frankreich und Flandern hergestellt werden.

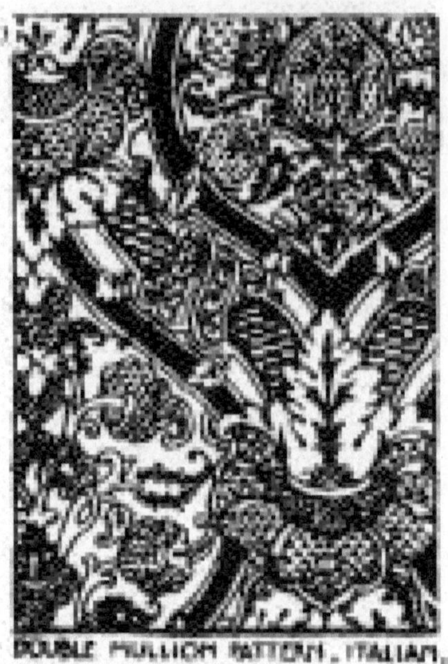

DOPPELPFOSTENMUSTER, ITALIENISCH.

Die feinsten Seidensamtstoffe und Damaststoffe, die auf den Webstühlen von Florenz hergestellt werden, zeigen in ihren kräftigen Artischocken- und Granatapfelmustern des 16. und 17. Jahrhunderts einen deutlichen persischen Einfluss. In Genua wurden ähnliche Muster in vielen farbigen Samtstoffen hergestellt, und es ist einzigartig, wie weitgehend diese Beständigkeit des Typs in allen Ländern vorherrscht.

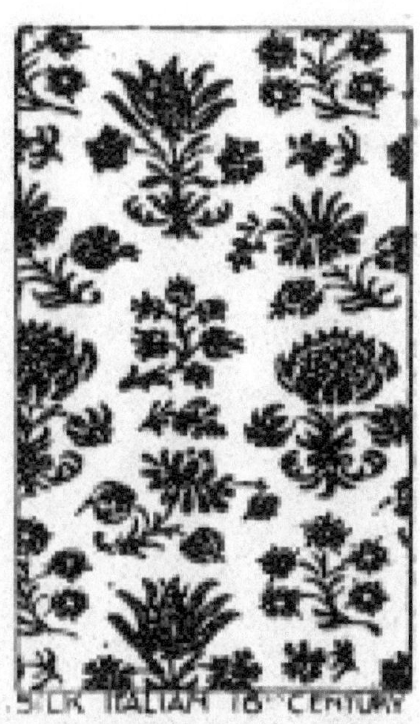

SEIDE ITALIENISCH 16. JAHRHUNDERT

Im Jahr 1480 ließ Ludwig XI. führte die Kunst in Frankreich ein, als in Tours Webstühle errichtet wurden, und 1520 wurden sie von Franz I. in Lyon errichtet, und die Kunst des Webens verbreitete sich schnell. Die frühesten Stoffe dieser Webstühle hatten ähnliche Muster wie die persischen und italienischen Stoffe; Doch bald begann das Vasenmuster, das zweifellos seinen Ursprung in byzantinischen Textilien hatte und von den Persern und Italienern verwendet wurde, französische Designs zu beeinflussen. Gegen Mitte des 17. Jahrhunderts wich dies jedoch rasch den Imitationen von Bändern und Spitzen in textilen Stoffen sowie einer naturalistischeren Behandlung floraler Formen, und die Schönheit, Andeutung und das Interesse der frühen Muster wichen nun dem Hübschen , Affektiertheit und eine naturalistische Behandlung, die in der Zeit von Madame Pompadour ihren Höhepunkt fanden.

Die bemerkenswerte Erfindung perforierter Karten zur Erleichterung des Webens gemusterter Stoffe wurde 1725 von Bonchon eingeführt und 1728 von Falcon, 1745 von Vancanson fortgesetzt und von Joseph Marie Jacquard (1752-1834) perfektioniert.

Die Aufhebung des Edikts von Nantes im Jahr 1685 durch Ludwig XIV. veranlasste eine große Zahl von Webern, nach England zu kommen und ihre Kunst und Tradition mitzubringen, und viele ließen sich in Spitalfields nieder, das bald eine gewisse Bedeutung erlangte. Die Muster waren zwangsläufig rein französischer Natur und bestanden aus natürlichen

Blumenarrangements; Hier wird eine Skizze eines Spitalfields-Entwurfs für Seidendamast gegeben.

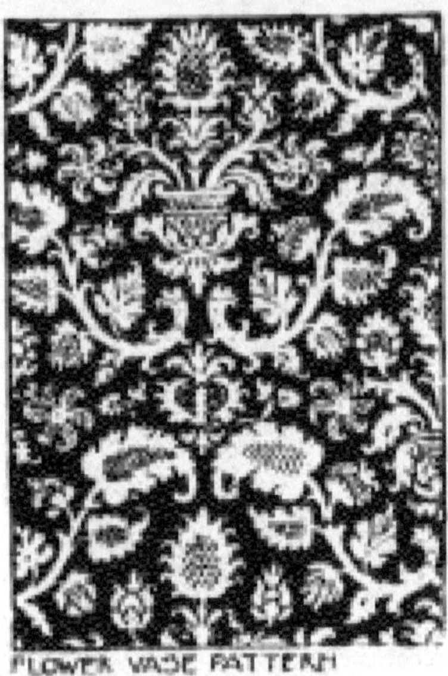

BLUMENVASE-MUSTER

Die Textilstoffe Flanderns erreichten im 16. und 17. Jahrhundert einen hohen Grad an Perfektion. Brügge war berühmt für seine Seidendamaste und Samte, deren Muster den traditionellen persischen Stil oder den Granatapfel- und Artischockentyp der florentinischen Textilien zeigen. Der Blockdruck wurde im 15. Jahrhundert in Flandern eingeführt und bis zum 17. Jahrhundert wurden viele feine Muster mit indischen Motiven hergestellt.

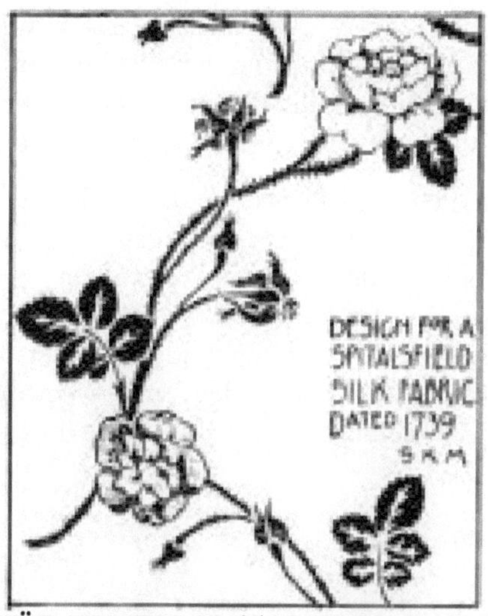

**ENTWURF FÜR EINEN SPITALSFIELD-SEIDENSTOFF
DATIERT 1739 SKM**

In Ypern wurde feines Windelleinen hergestellt und Gent war berühmt für seine Wollwaren , doch der bemerkenswerte Wohlstand Flanderns wurde durch die spanische Besatzung (1556-1648) zerstört.

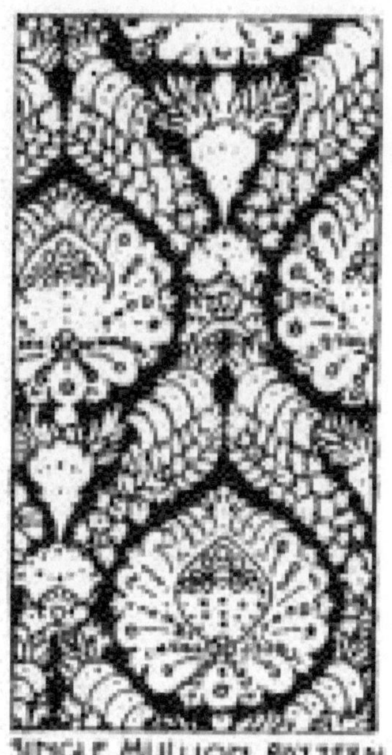

EINZELPFOSTENMUSTER

Dann kamen viele flämische Weber nach England und ließen sich in vielen Teilen des Landes nieder. Sie brachten ihre Traditionen und ihr Handwerk mit, die zweifellos einen äußerst deutlichen Einfluss auf die Herstellung von Textilstoffen aus Baumwolle und Wolle in England hatten.

Wandteppiche, von denen viele schöne Beispiele aus dem 16. und 17. Jahrhundert in unseren Museen und Palästen aufbewahrt werden, unterscheiden sich von den meisten gewebten Stoffen durch ihre Herstellungsmethode, bei der kurze Stücke farbiger Schussfäden , die das Muster bilden, miteinander verwoben und verknotet werden eine starke Kette, ein Grundschuss, der über jeden Schuss geworfen wird, um das Material gut zusammenzubinden;

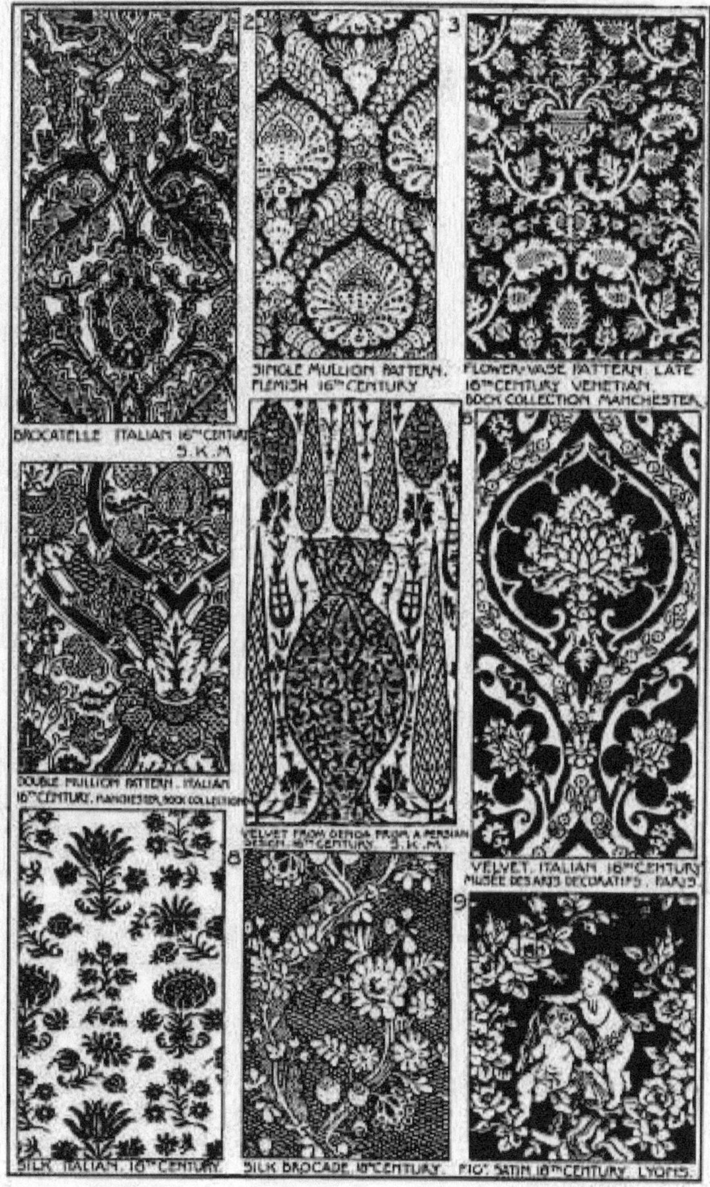

Dies ist fast die gleiche Methode wie bei der Herstellung indischer und persischer Teppiche. Im 14. und 15. Jahrhundert erlebte die Geschichte der Wandteppiche in Arras in Flandern ihren Höhepunkt und die Wandteppicharbeiter entwickelten sich zu einer äußerst mächtigen Zunft. Ab etwa 1480 wurden in Brüssel viele prächtige Wandbehänge nach Entwürfen der großen Meister der italienischen Renaissance hergestellt. Raffaels berühmte Cartoons, die sich heute im South Kensington Museum befinden, sind die Originalentwürfe für die zehn Wandteppiche, die in Brüssel für Papst Leo X. zur Bereicherung der Sixtinischen Kapelle im Vatikan hergestellt wurden; Die sieben Kartons, von denen drei verloren gingen, wurden von Karl I. gekauft.

Viele der großen flämischen Maler entwarfen auch Wandteppiche für Brüssel, darunter Van Orley , Van Leyden und Jan Mabuse.

1339 unter der Leitung des Italieners Serlio Gobelin-Webstühle in Fontainbleau aufstellen , doch erst 1603 gründete der Flame Marc de Comans im Faubourg Saint Marcel die Gobelin-Manufaktur für Gobelins . und François de la Planche , dass französische Wandteppiche irgendeine Bedeutung erlangten. Unter Minister Colbert stellte die königliche Gobelin-Manufaktur 1667 viele schöne Wandteppiche her, die vom Leiter der Einrichtung, Charles le Brun, entworfen wurden.

Um 1590 wurden im Louvre einige Savonnerie-Teppiche hergestellt. Die Technik ähnelte in gewisser Weise den Perserteppichen, die Muster waren jedoch malerischer und naturalistischer in der Behandlung. Auch in Beauvais und Aubusson wurden feine Wandteppiche hergestellt. Wandteppiche wurden in England bereits zur Regierungszeit von Eduard III. hergestellt, erlangten jedoch erst zur Zeit von Jakob I. Bedeutung, als Francis Crane in Mortlake eine Wandteppichmanufaktur gründete.

Einige schöne flämische Wandteppiche befinden sich im South Kensington Museum und acht große Stücke von Bernard Van Orley befinden sich in der Great Hall of Hampton Court. Die farbigen Cartoons von Mantegna in Hampton Court, die den Triumph von Cæsar darstellen , sollten als Wandteppiche für den Herzog von Mantua reproduziert werden. Es gibt einige schöne Gobelin- und Beauvais-Wandteppiche in Windsor Castle, die Geschenke des französischen Hofes waren, und sie alle zeigen die vollendetste Technik, Schönheit des Materials und Harmonie der Farben .

Der bekannte Teppich von Bayeux ist aus farbiger Wolle auf weißem Leinengrund gestickt. Es ist 214 Fuß lang und 22 Zoll breit und in 72 Abschnitte unterteilt, die Ereignisse darstellen, die die normannische Invasion Englands durch Wilhelm I. darstellen.

Obwohl es angeblich das Werk von Königin Matilda ist, ist es wahrscheinlich, dass es sich einige Jahre nach der Invasion um das Werk englischer Hände handelt. Diese Stickerei bzw. dieser Wandteppich ist noch heute in der Kathedrale von Bayeux erhalten.

Die bemerkenswerte Zivilisation der Inkas oder Peruaner zeigt sich in den vielen prächtigen Objekten der industriellen Kunst, die heute in unseren Museen aufbewahrt werden. Von diesen Relikten einer verschwundenen Zivilisation, dem Textil

PERUANISCHE TEXTILIEN. Tafel 40.

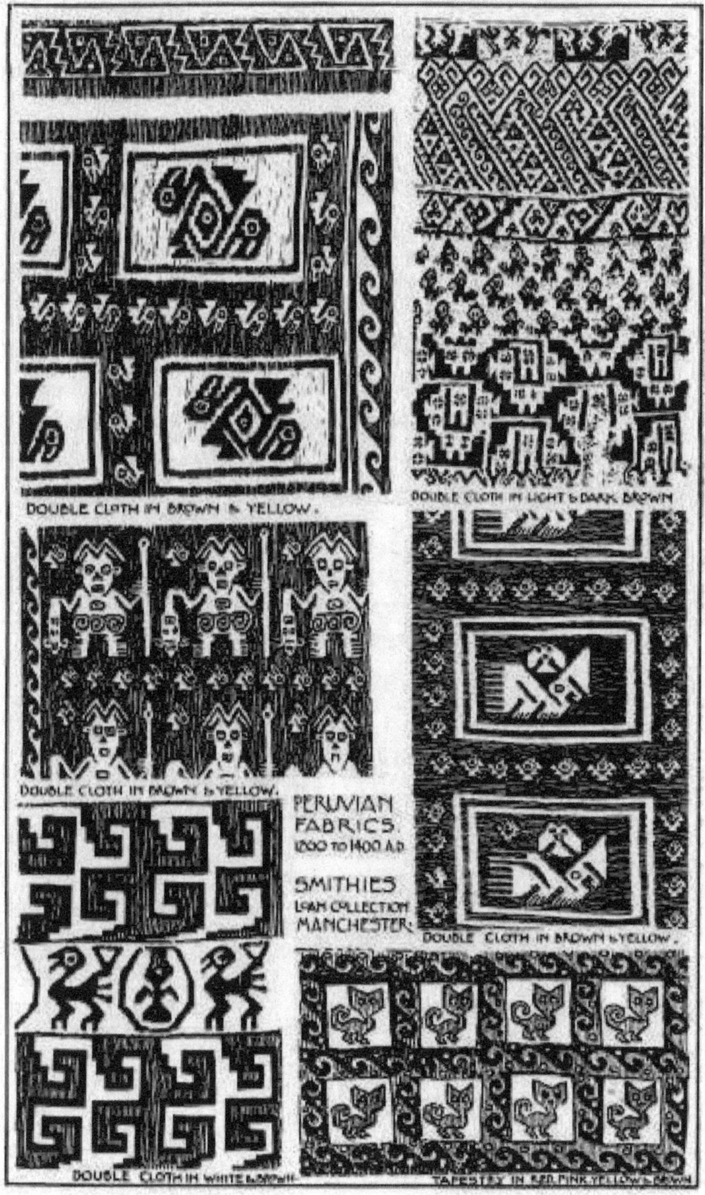

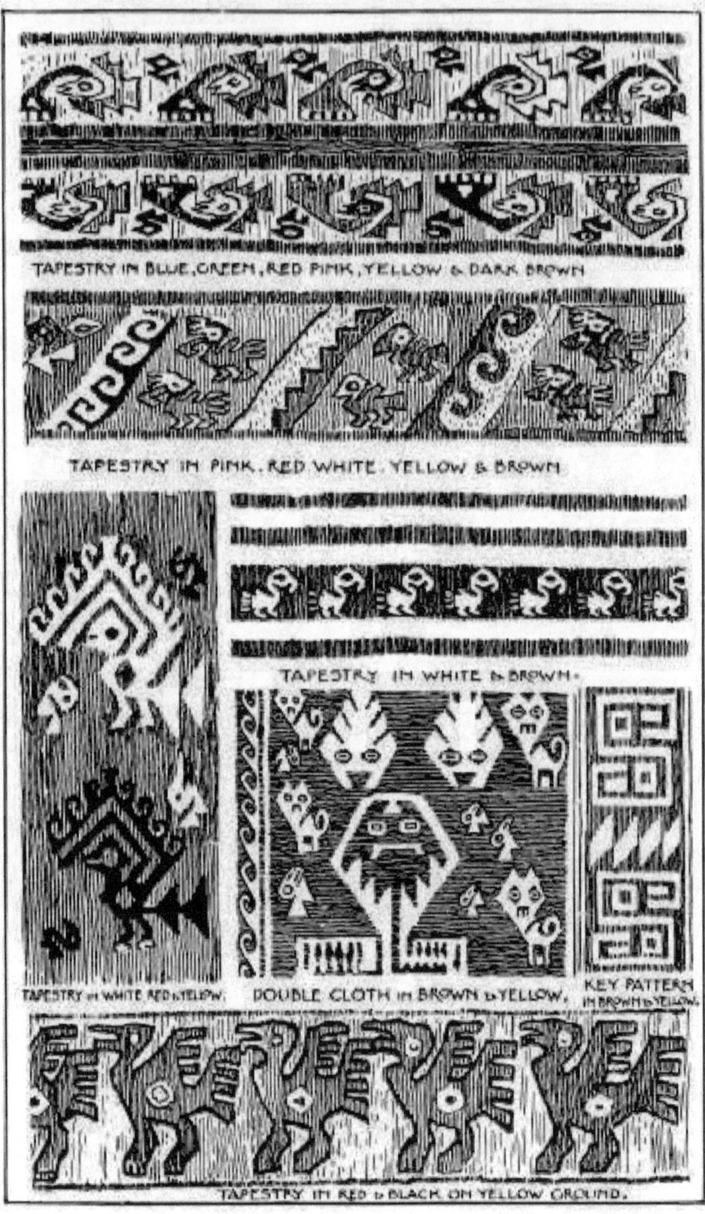

Stoffe sind vielleicht die lehrreichsten und interessantesten. Das hohe technische Können des Handwerks, das feine Spinnen von Wolle und Baumwolle und die Perfektion des Färbens des Garns sowie das geschickte

Weben der gemusterten Stoffe und Wandteppiche sind eine Hommage an die Vitalität und Zivilisation eines abgelegenen Volkes von allen asiatischen oder europäischen Einflüssen.

Viele der Stoffe sind aus doppeltem Stoff, von tiefbrauner und blasser Strohfarbe und weisen auf beiden Seiten des Stoffes die gleiche Farbe und das gleiche Muster auf. Bei einigen Stoffen handelt es sich um gewebte Gobelin-Stoffe, bei denen mit Hilfe der Nadel kurze Stränge farbiger Wolle in den Stoff eingearbeitet werden. In ihrer Herstellungsmethode ähneln sie ein wenig dem Gobelin-Wandteppich.

Einige dieser peruanischen Baumwollstoffe sind mit gebundenen oder geknoteten Stoffen verziert, ähnlich dem Bandhana oder geknoteten Stoff namens Chunti Cloth aus der Nordwestprovinz Indiens. Diese Knotenmuster bestehen aus einfachen Punkten, die in quadratischen, zickzackförmigen oder geschwungenen Linien angeordnet sind. Das Muster wird zunächst mit einer roten Erde auf dem Unistoff markiert; Dann werden das Muster oder die Flecken mit Baumwollfaden fest zusammengebunden und das Ganze in die Farbe getaucht, die nur auf die ungebundenen Teile des Stoffes einwirkt. Dadurch entsteht ein weißes Muster auf farbigem Grund, bei dem beide Seiten gleich sind.

Diese peruanischen Textilien zeichnen sich durch das Fehlen der wunderschönen peruanischen Flora als Dekorationselemente aus. Der Fylfot oder Bund ist eine häufige Form der Bereicherung (Tafeln 40–41) . Die für griechische Arbeiten so typische Wellenrolle ist auch ein bemerkenswertes Element in der peruanischen Ornamentik und veranschaulicht die einzigartige Entwicklung der gleichen Ideen und Aspekte der Form unter den Menschen voneinander entfernt wie die Griechen und Peruaner.

Aber die Muster, die peruanische Beispiele deutlich von allen anderen Stilen unterscheiden, sind die konventionelle Behandlung von Figuren, Vögeln, Fischen und Tieren. Das Lama fällt in vielen Mustern auf, am bemerkenswertesten sind jedoch die Vogelformen, die viele Variationen in Art und Behandlung aufweisen. Abbildungen finden sich auf den Tafeln 40 und 41 , alle stammen aus der Smithies Loan Collection in Manchester. Weitere Beispiele dieser interessanten Stoffe sind in der Smithies-Sammlung in South Kensington zu sehen und zeigen die wunderbare Vielfalt der Mustergestaltung durch ein so entlegenes Volk wie die Peruaner.

Es ist schwierig, ein Datum für diese peruanischen Beispiele festzulegen, aber da bekannt ist, dass die Keramikkunst während der Herrschaft des Inka Pachacutic (um 1390) ihren Höhepunkt erreichte, können wir davon ausgehen, dass die Schwesterkunst des Webens etwa ihre Vollkommenheit erreichte im gleichen Zeitraum und dauerte bis zur spanischen Eroberung im 16. Jahrhundert.

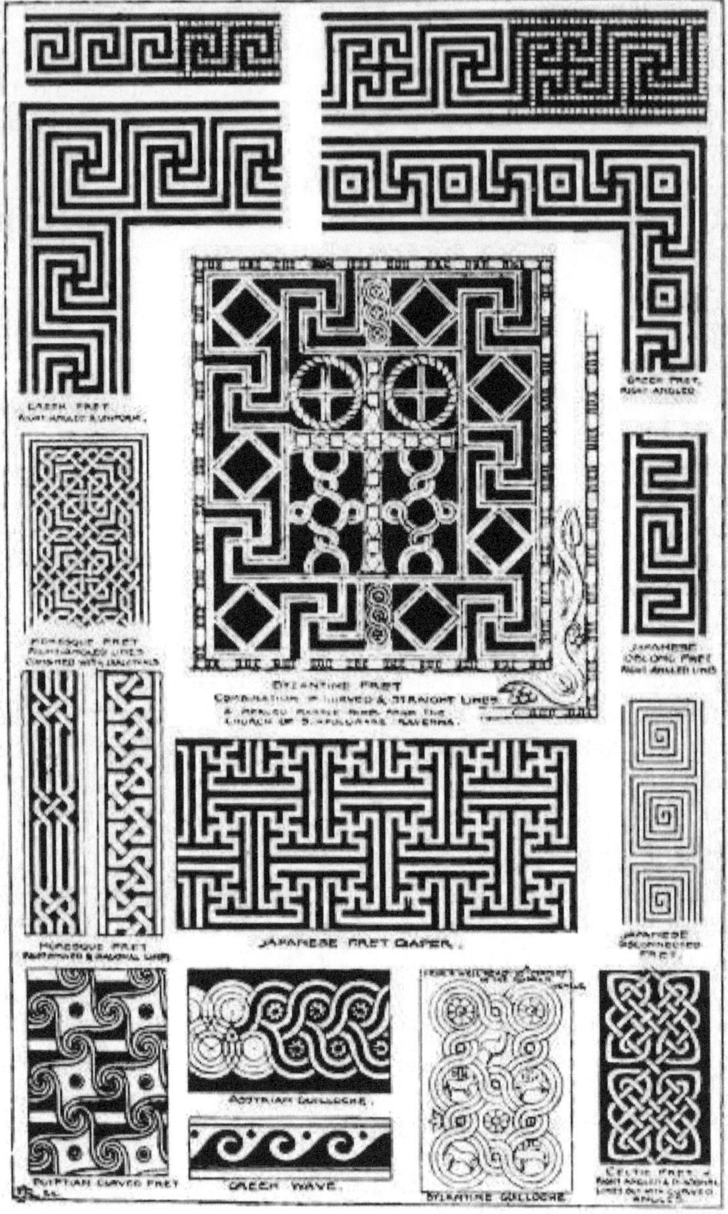

Bünde.

Die bemerkenswerte Universalität des Bundes, die Einfachheit und der Rhythmus der Details, seine Anpassungsfähigkeit und Nützlichkeit zur Oberflächenverschönerung haben den Bund zu einer der bekanntesten Formen der Verzierung gemacht. Es wurde für die Oberflächendekoration der Gräber in Ägypten, der Tempel in Griechenland und der Bürger- und Wohngebäude in Rom verwendet.

Die griechische Form mit ihren rechtwinkligen und gleichmäßig verteilten Tasten wurde auf dem einfachen Abakus und den einfachen Blenden der dorischen Architektur, in Bändern auf den bemalten Vasen und in konzentrischer Form im Inneren des rotfigurigen Rundschreibens verwendet Zylix. Ohne Frische zu verleihen, verwendeten die Römer das gleiche rechtwinklige Schlüsselmuster, hauptsächlich als Ränder für Mosaikböden und auf den horizontalen Untersichten ihrer Architektur. Die byzantinische Verwendung desselben Typs in Verbindung mit Kreuz und Kreis gab dem Bund eine größere Bedeutung.

Der arabische Bund unterscheidet sich durch die Verwendung der schrägen Linie zusammen mit der rechtwinkligen Klappe, wodurch ein wunderbarer Grad an Komplexität und Fülle erreicht wird.

Der keltische Bund ist hauptsächlich diagonal, aber der wiederkehrende Winkel ist zu einer Kurve abgerundet.

Chinesische und japanische Bünde sind normalerweise rechtwinklig und werden in großer Zahl verwendet, oft in einem sekundären Bereich oder Hintergrund.

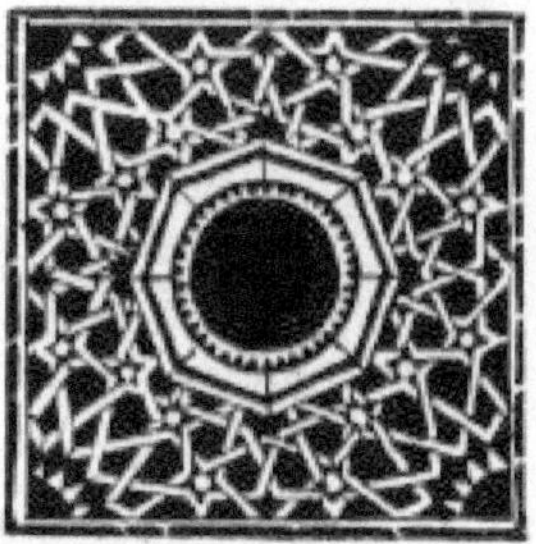

WANDMOSAIK AUS FARBIGEN MARMOR

Der japanische Schlüssel oder „ *Bundwindel* " wird am häufigsten verwendet; Es wird gleichermaßen auf Seide und Brokat verwendet, in Metall tauschiert, in Cloisonné-Email und in Lackarbeiten und ist häufig in unregelmäßig geformten Fächern oder Medaillons angeordnet.

Der griechische durchgehende Bundrand wird von den Japanern selten verwendet, sie verwenden im Allgemeinen den getrennten oder unregelmäßigen Bund. Ein ähnlicher unregelmäßiger Bundrand wurde von den Peruanern (Tafel 41), den Mexikanern und den Ureinwohnern Polynesiens verwendet.

Bei der assyrischen und byzantinischen Guilloche handelt es sich lediglich um einen gekrümmten Bund, aber die Einführung strahlenförmiger Formen in den Hauptzwischenräumen des Bundes verleiht ihm zusätzliches Interesse (Abb. 5, Tafel 11).

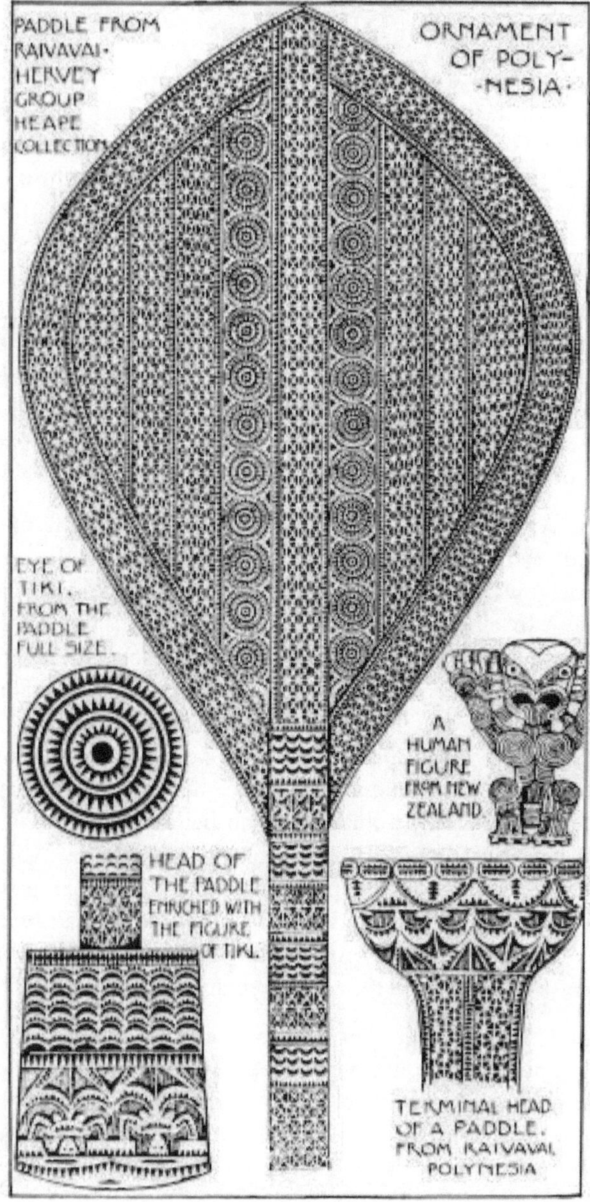
PADDLE FROM
RAIVAVAI·
HERVEY
GROUP
HEAPE
COLLECTION
ORNAMENT
OF POLY-
-NESIA·
EYE OF
TIKI.
FROM THE
PADDLE
FULL SIZE.
A
HUMAN
FIGURE
FROM NEW
ZEALAND.
HEAD OF
THE PADDLE
ENRICHED WITH
THE FIGURE
OF TIKI.
TERMINAL HEAD
OF A PADDLE.
FROM RAIVAVAI
POLYNESIA

KONTINUITÄT
DES STILS

in Architektur und Ornamentik wurde schon immer von Traditionen, Rasseneinflüssen sowie den Mythen und religiösen Überzeugungen der Menschen beeinflusst und entwickelte sich mit dem Fortschritt der Nation, was oft in einer großen Epoche ihren Höhepunkt fand. Häufig wurde die Kontinuität von einer zeitgenössischen oder nachfolgenden Rasse weitergeführt, die durch unterschiedliche Bedingungen und Umgebungen verändert wurde und dennoch den Stil in seinen allgemeinen Merkmalen beibehielt, oder dieser Kontinuitätsfaden ging gelegentlich eine Zeit lang verloren, nur um dann zu neuem Leben zu erwachen. ausgestattet mit frischer Lebenskraft und Schönheit, die wiederum in Pracht gipfelt . Dann prägten neue religiöse Ideen und Zustände ihre Symbolik und Traditionen in den Stil ein und bildeten so eine neue Periode in der Kunstgeschichte.

Ornament ist Ausdruck des Volkes oder der Priesterschaft und wurde in seiner Urform symbolisch verwendet. Die Ornamentik Polynesiens und Melanesiens zeigt wahrscheinlich diesen primitiven Zustand der Ornamentik. So isoliert diese Inselbewohner vom Einfluss der östlichen oder westlichen Kunst waren und es nur wenig Kommunikation zwischen den verschiedenen Inseln gab, hat die Zierkunst dieser Menschen ihre eigenen Traditionen und Merkmale, wobei jede Provinz oder Inselgruppe im Verhältnis unterschiedliche Ideen und Details aufweist Zu seiner Kultur bzw. seinem Zivilisationszustand weist Neuseeland die höchste und Australien die niedrigste Entwicklung auf, während es sich bei den Marquesanern bei den Ornamenten fast um reine Bildschriften handelt. Die Abbildung des wunderschönen Paddels der Heape- Sammlung mit seiner geometrischen Verzierung zeigt die Kontinuität und ornamentale Entwicklung der Darstellung der menschlichen Figur, die ursprünglich von der Priesterschaft aufgrund ihrer Bedeutung oder Göttlichkeit ausgewählt wurde.

In Europa und Asien gibt es von diesem Urstadium keine Spur mehr. Die Entwicklung und Kontinuität von Ideen und Bräuchen, die Stil- und Handwerkstraditionen, die über viele Jahrhunderte der Weltgeschichte hinweg fortgeführt wurden, haben den frühen oder primitiven Stil der Verzierung ausgelöscht, der zuerst aufgrund seiner Bedeutung oder seines symbolischen Charakters ausgewählt wurde.

Einige bemerkenswerte Beispiele von Töpferwaren und gewebten Textilstoffen wurden kürzlich auf den alten Friedhöfen Perus gefunden – Relikte der Inkas – lange vor der spanischen Eroberung. Viele schöne Beispiele dieser gewebten Textilien aus Baumwolle und Wolle befinden sich heute im South Kensington Museum und bilden die Smithies-Sammlung, und wie im Ornament Polynesiens fehlen florale Formen vollständig, das Ornament besteht aus konventionellen Darstellungen der menschlichen Figur, mit der Eule, dem Kondor und dem Tukan, vermischt mit der Wellenrolle und dem Bund, Elemente, die zweifellos aufgrund ihrer Bedeutung ausgewählt wurden.

Aus der Geschichte des Ornaments könnten viele schöne Illustrationen ausgewählt werden, die diese Kontinuität und Beständigkeit von Linie und Form und ihren bemerkenswerten Einfluss auf zeitgenössische und nachfolgende Rassen zeigen.

Vielleicht bieten die Form und Bereicherung der Architekturhauptstadt eines der interessantesten und lehrreichsten Studiengebiete in der Geschichte und Entwicklung der Architektur. Die bemerkenswerte Beharrlichkeit der Hauptstadt als charakteristisches Merkmal der Architektur lässt sich über viele Jahrhunderte hinweg verfolgen, auch wenn sie sich durch klimatische Bedingungen und Rasseneinflüsse unterscheidet und dennoch eine bemerkenswerte Ähnlichkeit in Form und Bereicherung zwischen den verschiedenen Nationen der Erde bewahrt bleibt.

Die Funktion des Kapitells besteht darin, das Gewicht des Gebälks oder der Archivolte zu tragen und auf die Säulen zu übertragen. Die Schönheit und Angemessenheit des Kapitelles hängt davon ab:

Erstens zu dieser funktionellen Behandlung der Kraft;

Zweitens auf die Schönheit des Profils oder der Masse;

Drittens von der Bereicherung und dem Anteil des Kapitals.

Die würdevolle dorische Hauptstadt der Griechen verdeutlicht diese Funktionen und Bedingungen durch ihre perfekte Anpassungsfähigkeit, einfache funktionelle Stärke, Schönheit des Profils, Angemessenheit der Bereicherung sowie Proportion und Harmonie der Teile, Eigenschaften, die für die Schönheit der Architektur wesentlich sind. Im Parthenon, 438 v. Chr., finden wir die beste Behandlung dieser Hauptstadt – eine Behandlung voller Würde, Zurückhaltung und einheitlichem Profil (Tafel 6). Die vielen Beispiele des dorischen Ordens in Griechenland und seinen Kolonien zeugen von der Wertschätzung, die dieser Orden bei den Griechen genoss. Die indische Hauptstadt (Tafel 24) zeigt die gleiche funktionale Behandlung durch die Verwendung von Klammern oder Modillionen, die zweifellos ein Überbleibsel einer Holzkonstruktion sind und typisch für die östliche Architektur sind.

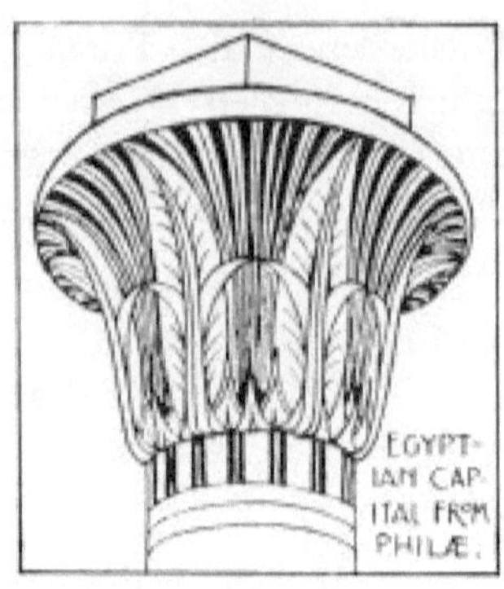

Die bemerkenswerte Beständigkeit des Profils und die Bereicherung der Hauptstadt über einen Zeitraum von 4.000 Jahren können durch eine Reihe von Diagrammen typischer Beispiele veranschaulicht werden. Das Profil der Hauptstadt hat sich in den hier aufgeführten Beispielen nicht nennenswert verändert, und die Bereicherung der Glocke zeichnet sich durch ihre Beständigkeit aus, auch wenn sie durch rassische Einflüsse unterschiedlich ist. Die korinthische Hauptstadt mit ihren Voluten und Akanthusblättern ist nur die architektonische Kontinuität der ägyptischen Hauptstadt. Das einzige rein griechische Beispiel dieser Ordnung ist das Denkmal des Lysikrates , aber die Römer setzten die Tradition fort, assimilierten und verfeinerten sie, bis sie die prächtigen Kapitelle des Portikus des Pantheons und des Tempels von Castor und Pollux schufen. In diesen Beispielen sind die Blätter in einer Reihe von zwei Reihen zu je acht Blättern angeordnet, wobei die Voluten aus Hüllen und Stielen zwischen den Blättern entspringen, die den Winkel der Voluten stützen. Das Beispiel der frühen französischen Gotik weist ähnliche Merkmale auf und verdeutlicht die Kontinuität des Stils.

Obwohl die ionische Hauptstadt eine der beständigsten in der Geschichte der Architektur war, erreichte sie nie die architektonische Perfektion anderer Hauptstädte. Dies lag zweifellos daran, dass der Holzursprung nicht mit den Anforderungen von Stein und Marmor vereinbar war. Es besteht ein Mangel an Einheit zwischen den Voluten und dem Ovolo der Hauptstadt; Kurz gesagt, es gibt weder Kohärenz noch Harmonie der Teile. Die exquisite Handwerkskunst der Kapitelle des Erectheion mit ihrer Anthemion-Anreicherung von größter Reinheit, die Schönheit des Ovolo und die Subtilität der Voluten kompensieren bis zu einem gewissen Grad den Mangel an Gleichklang (Tafel 6). Die Bereicherung des architektonischen Kapitells ist zweifellos ein Überbleibsel des ursprünglichen Brauchs, florale Formen um das einfache funktionale Kapitell zu binden und diese Formen anschließend in Stein oder Marmor fortzusetzen.

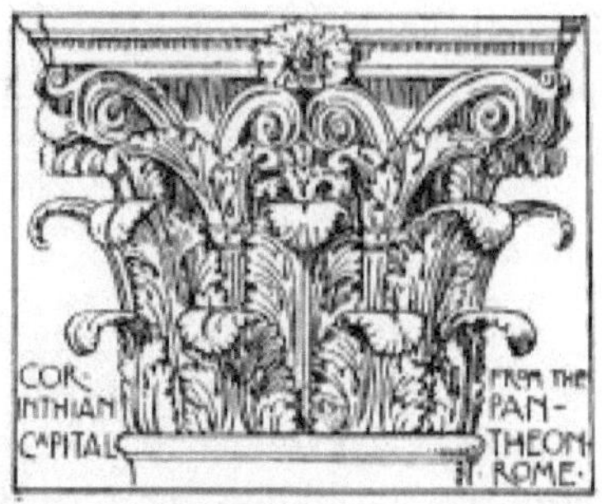

KORINTHISCHES KAPITAL AUS DEM PANTHEON ROM.

In frühen korinthischen Beispielen bestanden diese Blumenformen häufig aus geschlagenem Metall, das wiederum dem schönen Marmorblattwerk der Griechen und Römer Platz machte.

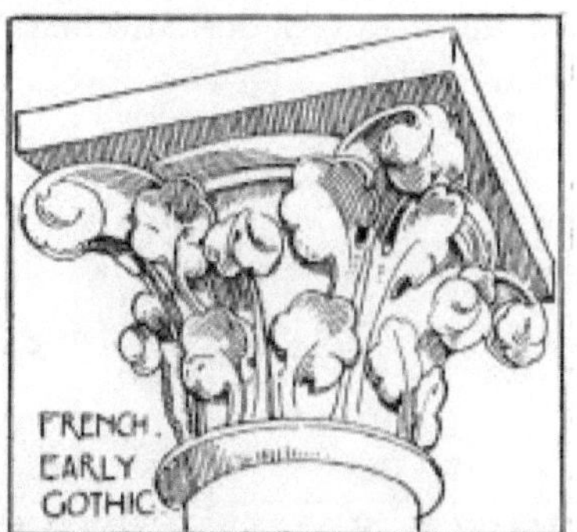

FRANZÖSISCH. FRÜHGOTIK.

Dass die Antike in ihren Hauptstädten Metallarbeiten verwendete, haben wir in Hülle und Fülle bewiesen. In den Beschreibungen des Baus von Salomos Tempel lesen wir von „zwei Kapitellen aus geschmolzenem Messing, die auf die Säulen gesetzt werden, und Netzen aus Schachbrettmuster und einem Kranz aus Kettengeflecht, die auf die Säulen gesetzt werden.“

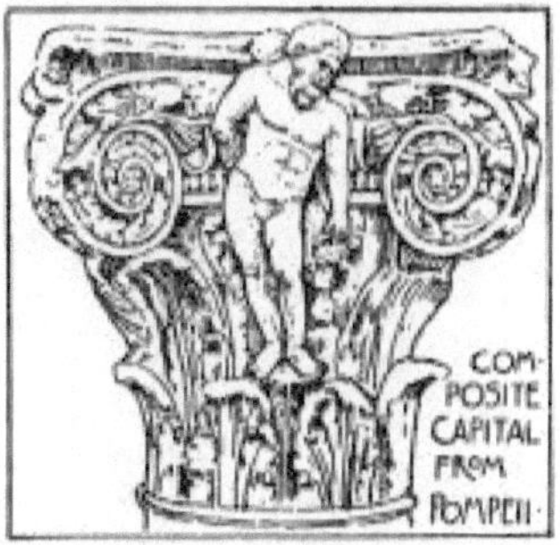

ZUSAMMENGESETZTES HAUPTSTADT AUS POMPEII.

Dem zusammengesetzten Kapital mangelt es an Kohärenz und Einheit der Teile und es weist dieselben Mängel auf wie sein Prototyp, das Ionische. Die beigefügte Illustration aus dem antiken Rom bietet eine ungewöhnliche Behandlung durch die Einführung der menschlichen Figur in der Mitte der Vorderseite der Hauptstadt.

Die byzantinische Hauptstadt unterscheidet sich von der der Griechen und Römer durch ihre ausgeprägte Detailsymbolik und die vorherrschende Kissenform. Funktionell ist diese Art von Hauptstadt bewundernswert, doch fehlt ihr das kräftige Aufwärtswachstum der ägyptischen und frühgotischen Hauptstädte.

Die byzantinischen Hauptstädte weisen eine wunderbare Komplexität und Vielfalt an Details auf, wie z. B. ineinander verschlungene Kreise und Kreuze mit ihrer mystischen Symbolik, Korbgeflecht, karierten Details und das traditionelle scharfe Akanthusblattwerk der Griechen.

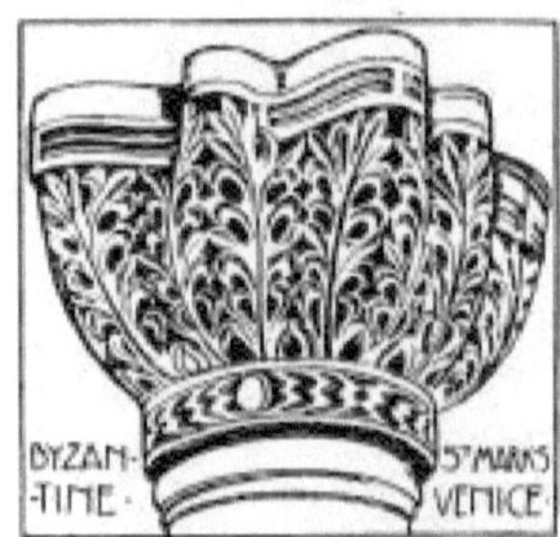

BYZANTINISCH. S ᵀ MARKIERT VENEDIG.

Diese Merkmale sind in der größten Fülle an der Hagia Sophia in Konstantinopel zu sehen; S. Apollinare und S. Vitale in Ravenna und S. Marco in Venedig. Diese prächtigen Hauptstädte einer großartigen Zeit sind überaus schön in ihrer fruchtbaren Erfindungsgabe und Bereicherung und zeigen die Assimilationskraft der byzantinischen Handwerker. Die reichliche Verwendung von Schachbrettmustern , Kränzen aus Ketten und Lilien in byzantinischen Kapitellen, von denen viele in Ruskins „Steine von Venedig" zu sehen sind, zeigt die Kontinuität von Stil und Tradition in der Architektur.

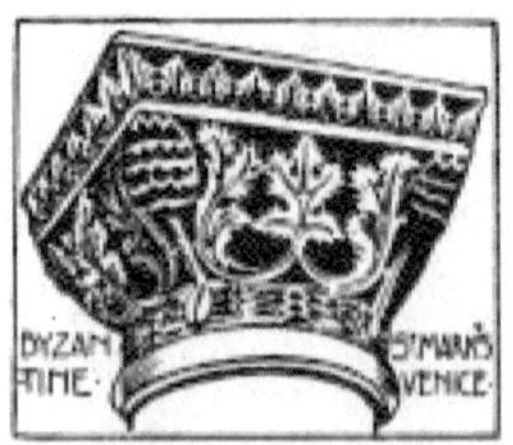

Das byzantinische Heiligtum markiert Venedig.

Die byzantinischen Kapitelle haben den quadratischen Abakus, der normalerweise aus einer einfachen Kehle und einer Fase besteht, die mit dem Knüppel-, Dentil- oder Sternmuster versehen sind. In dieser Zeit wurde das Dosseret , eine einzigartige Ergänzung zur Hauptstadt, eingeführt. Es handelte sich um einen kissenförmigen oder kubischen Stein, der auf den Abakus des Kapitells gelegt wurde, um ihm zusätzliche Höhe zu verleihen (Tafel 11).

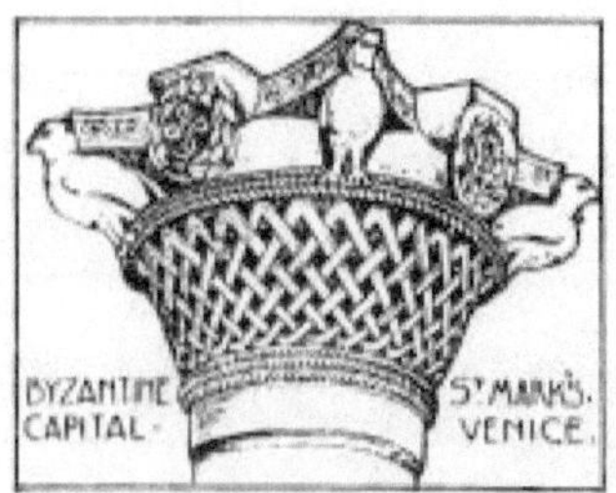

BYZANTINISCHE HAUPTSTADT ST · MARCUS VENEDIG.

Der byzantinische Einfluss ist an den normannischen Kapitellen mit ihrem quadratischen Abakus aus Hohlkehle und Fase sowie dem Kissenprofil des Kapitells zu erkennen. Einige bemerkenswerte sikulormannische Hauptstädte befinden sich in den Kreuzgängen des Benediktinerklosters Monreale auf Sizilien (1174–1184 n. Chr.). Der große Erfindungsreichtum der 200 Hauptstädte, ihre Geschichte , die Vermischung von Figuren, Vögeln und Tieren mit der klassischen und byzantinischen Vegetation machen diesen Kreuzgang zu einem der bemerkenswertesten in der Geschichte der Welt. Das arabische Kapitell, das häufig die traditionelle Volutenform aufweist, unterscheidet sich von der typischen Glockenform durch sein ausgeprägtes quadratisches Profil mit farblich angereicherten flachen oder niedrigen Reliefs .

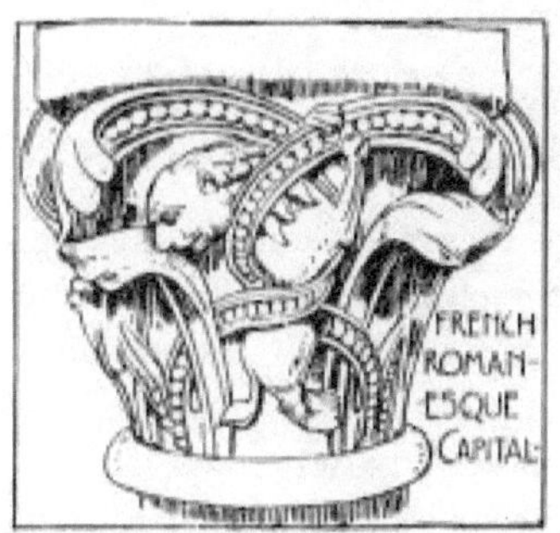

FRANZÖSISCHE ROMANISCHE HAUPTSTADT.

Die frühgotische Hauptstadt ist eine der lebendigsten und schönsten. Die perfekte Anpassungsfähigkeit seines Laubwerks an Steinmetzarbeiten, die Bedeutung seiner Details als Sinnbild der Dreifaltigkeit, das spiralförmige

Wachstum seines Laubwerks und der kräftige Kontrast von Licht und Schatten sind die Hauptmerkmale dieser Zeit. Es fehlte vielleicht an der Feinheit oder Detailvielfalt der byzantinischen Zeit oder der späteren Gotik, aber es übertraf sie durch die Angemessenheit seiner Bereicherung, die in den frühen englischen Beispielen mit ihrem kreisförmigen Abakus schöner ist als in zeitgenössischen französischen Hauptstädten, in denen die Quadratischer Abakus war vorherrschend. Der Übergang von der runden Säule zum quadratischen Abakus wurde immer als Schwierigkeit empfunden und konnte selten überwunden werden, aber beim runden Abakus der frühen englischen Kapitelle haben wir einen Bruch in der Kontinuität des Kapitellstils.

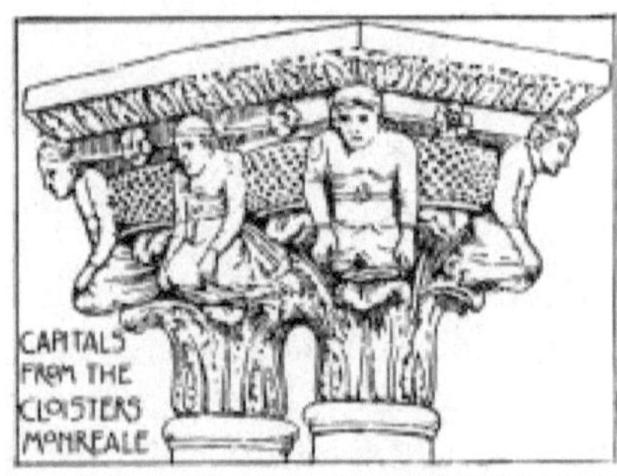

KAPITALE AUS DEN KLOSTERN MONTREALE.

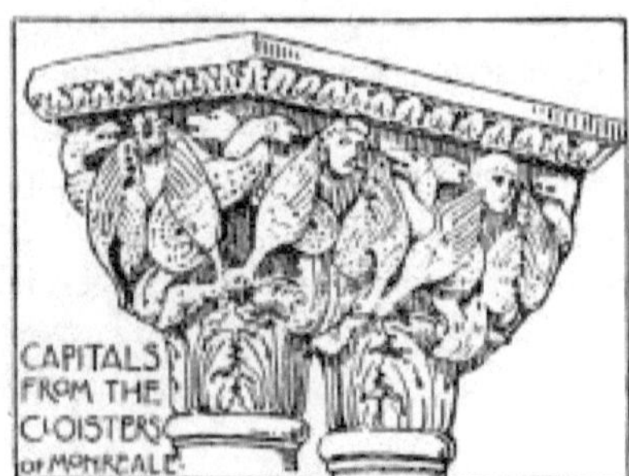

KAPITALE AUS DEN KLOSTERN VON MONTREALE.

Das englische Blattwerk dieser Zeit unterscheidet sich vom französischen durch die Verwendung einer tiefen Mittelrippe und eines einfachen Kleeblattblatts. Die französischen Exemplare haben eine weniger ausgeprägte Mittelrippe, und das Blatt ist konvex geformt und in drei Lappen unterteilt, und das Blattwerk haftet enger an der Glocke, was zu dem brillanten Licht- und Schattenspiel führt, das für frühe englische Arbeiten so charakteristisch ist , fehlt im Allgemeinen in französischen Beispielen (Abb. 12, Tafel 16).

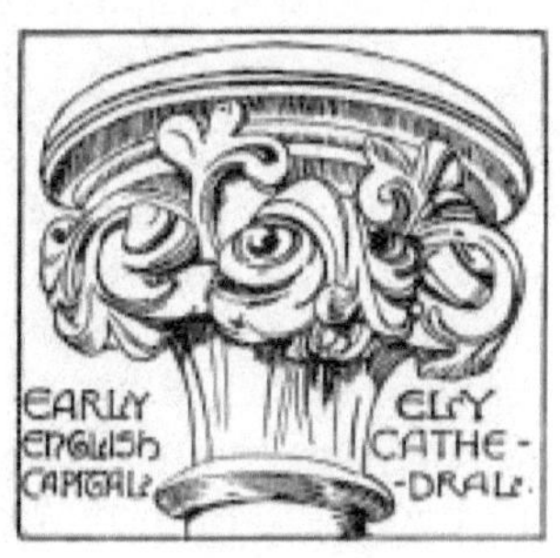

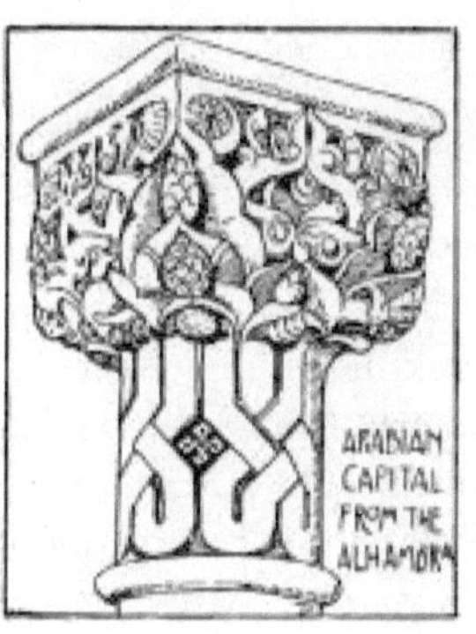

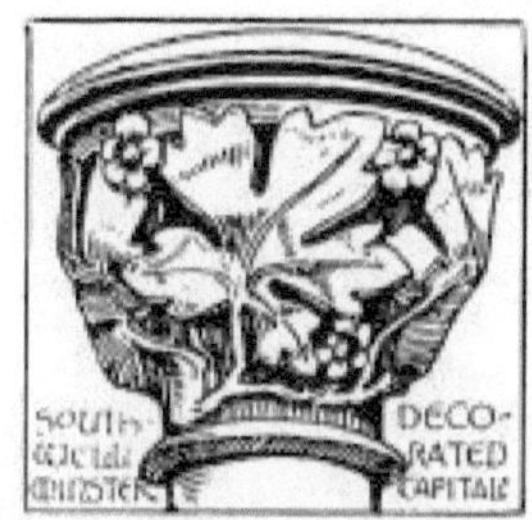

SOUTH-WESTMINSTER DEKORIERTE KAPITALE

Die dekorierten gotischen Kapitelle unterscheiden sich wesentlich von denen der Frühgotik, da eine natürlichere Laubart verwendet wird, bestehend aus Briony, Ahorn, Malve und Eiche. Dieses Blattwerk wurde mit einzigartiger Feinheit der Haptik und Anmut des Profils geschnitzt und ist wunderschön in seiner Modellierung und seinem Spiel von Licht und Schatten. Dennoch sind die Kapitelle häufig trivial in Konzeption und Anordnung und es fehlt ihnen der architektonische Charakter, der für alle architektonischen Konstrukte so wichtig ist Merkmale.

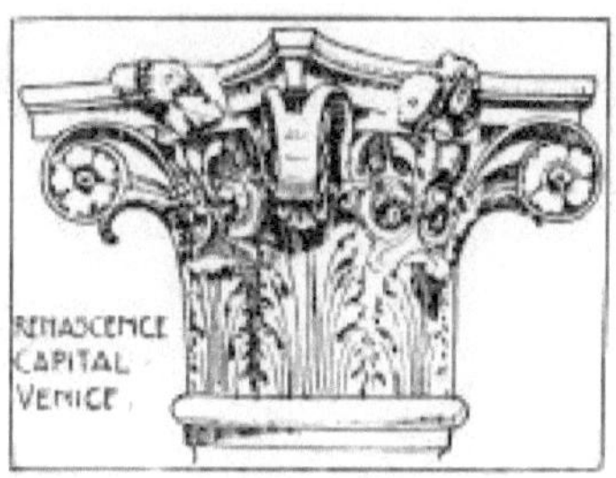

RENASZENZ-HAUPTSTADT VENEDIG.

Das senkrechte oder spätgotische Kapitell hatte normalerweise eine achteckige Form mit quadratischem, konventionellem Laubwerk der Ranke, was einen deutlichen Verfall von Tradition und Handwerkskunst zeigt (Abb. 9, Tafel 17).

Die Hauptstadt der Renaissance zeichnete sich häufig durch ein feines Gespür für Profil, hervorragende Handwerkskunst, vielfältige Bereicherung und Vitalität der Konzeption aus, insbesondere in Italien, wo die Tradition der Architektur in den Werken so bemerkenswerter Männer wie Leon Battista Alberti, Bramante, Baldassare Peruzzi, San Micheli , Serlio , Palladio und Sansovenio . Die Tradition wurde in Frankreich von Pierre Lescot, Jean Bullant , Philipert de Lorme und De Brosse und in England von Inigo Jones, Wren und Chambers würdig fortgeführt .

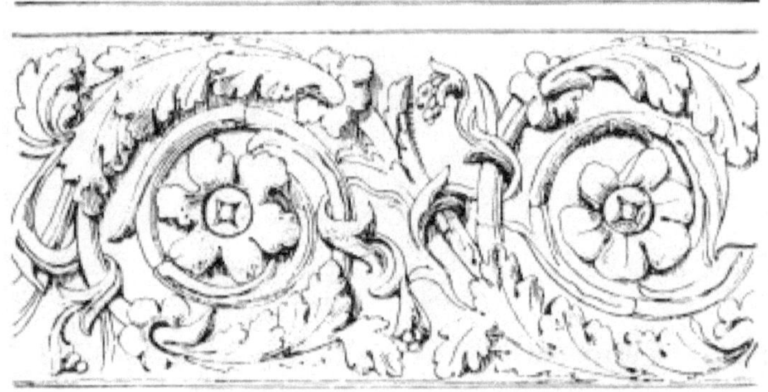

RÖMISCHE SCHRIFTROLLE.

IN ORNAMENTALART VERWENDETE BEGRIFFE

.

Ornament ist das Mittel, durch das Schönheit oder Bedeutung dem Nutzen verliehen wird. Es ist entweder symbolisch oder ästhetisch. Symbolische Ornamente bestehen aus Elementen oder Formen, die aufgrund ihrer *Bedeutung ausgewählt wurden* . Ästhetische Ornamente bestehen aus Formen oder Elementen, die allein aufgrund ihrer *Schönheit* oder ihrer Fähigkeit, die Sinne anzusprechen, ausgewählt wurden.

Von den historischen Ornamentstilen sind die ägyptischen, assyrischen, byzantinischen, skandinavischen, persischen, indischen, gotischen, polynesischen und viele der chinesischen und japanischen Stile symbolisch und haben Elemente und ornamentale Details aufgrund ihrer Bedeutung ausgewählt; während im griechischen, römischen und Renaissance-Ornament das rein ästhetische Motiv charakteristisch ist.

Ornament wiederum kann natürlich oder konventionell sein – nachahmend oder erfinderisch. Die Begriffe „natürlich" und „nachahmend" haben die gleiche Bedeutung – nämlich die exakte Nachahmung natürlicher Formen, so dass sie zur Hauptsache werden – und nicht zweitrangig, wie perfekte Verzierung sein sollte. Konventionelle Ornamente sind die Anpassung natürlicher Formen an dekorative und technische Anforderungen und zeigen ihre größte Schönheit in der offenen Behandlung ihrer Flora und Fauna durch die Indianer und Perser zur dekorativen Bereicherung ihrer Textilstoffe, Töpferwaren und Schmuckstücke .

Ein erfinderisches Ornament besteht aus Elementen, die nicht aus natürlichen Quellen stammen. Der Moresque-Stil ist ein gutes Beispiel für diesen Typ.

Die *Elemente* des Ornaments sind die für ornamentale Motive gewählten Details oder Formen, und die *Prinzipien* des Ornaments sind die Anordnung dieser Formen und Details; Sie umfassen Wiederholung, Wechsel, Symmetrie, Ausstrahlung, Gleichgewicht, Proportion, Vielfalt, Eurythmie, Kontrast, Schnittmenge, Komplikation, Fitness und Nützlichkeit.

Wiederholung ist die Verwendung von Elementen in einer fortlaufenden Reihe; *Abwechslung* ist die Wiederholung eines Elements in Abständen, wobei andere dazwischenkommen; *Symmetrie* : wenn die Führungslinien auf beiden Seiten gleich oder ähnlich (oder reziprok) sind; *Strahlung : wenn die Linien von einem* Zentrum ausgehen , zum Beispiel vom Flügel eines Vogels und der Blüte des Gänseblümchens; *Gleichgewicht* und *Proportion* : wenn die Beziehung und

Harmonie der Teile auf Naturgesetzen basiert; *Vielfalt* impliziert Unterschiede in den Details, hinsichtlich Form oder Typ; *Eurythmie* bedeutet Rhythmen oder Harmonie im Ornament; *Kontrast* ist die Anordnung von Farben oder Formen entgegengesetzter Zeichen in unmittelbarer Nähe, wie die gerade Linie mit der Kurve oder hell mit dunkel; *Schnittpunkt* ist die Kreuzung der Führungslinien; der arabische, maurische und keltische Stil sind Beispiele für dieses Prinzip; *Komplikation* ist der Effekt, der durch Elemente entsteht, die so angeordnet sind, dass sie mit bloßem Auge mehr oder weniger schwer zu erkennen sind: wie beim japanischen Schlüssel und dem maurischen Sternmuster. *Fitness* und *Nützlichkeit* sind, wie der Name schon sagt, in allen guten Perioden der Ornamentik unerlässlich.

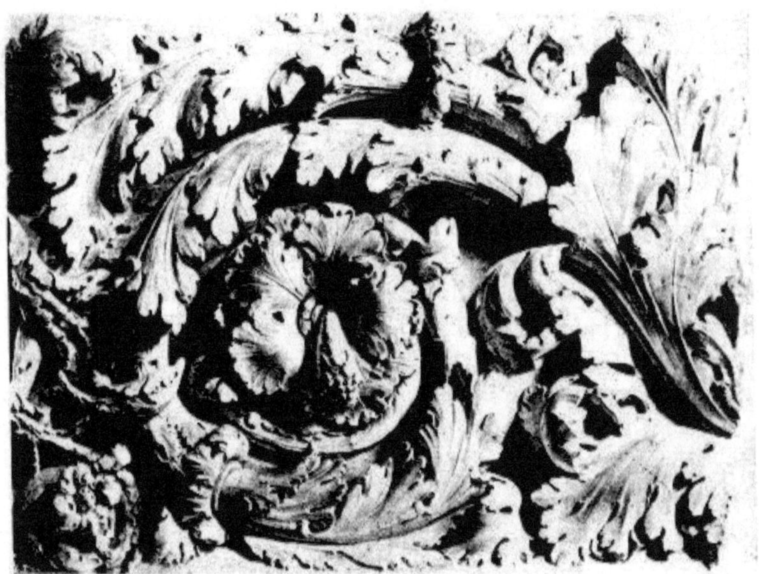

RÖMISCHE SCHRIFTROLLE.